高等学校法学系列教材
Gaodeng Xuexiao Faxue Xilie Jiaocai

The General Theory of Commercial Law

商法总论

张　璎／主编

图书在版编目(CIP)数据

商法总论/张璎主编. —北京：北京大学出版社，2009.8
(高等学校法学系列教材)
ISBN 978-7-301-15529-5

Ⅰ.商…　Ⅱ.张…　Ⅲ.商法-中国-高等学校-教材　Ⅳ.D923.99

中国版本图书馆 CIP 数据核字（2009）第 121178 号

书　　名　商法总论
SHANGFA ZONGLUN
著作责任者　张　璎　主编
责任编辑　张兴群　丁传斌　王业龙
标准书号　ISBN 978-7-301-15529-5
出版发行　北京大学出版社
地　　址　北京市海淀区成府路 205 号　100871
网　　址　http://www.pup.cn　　新浪微博：@北京大学出版社
电子信箱　sdyy_2005@126.com
电　　话　邮购部 010-62752015　发行部 010-62750672　编辑部 021-62071998
印 刷 者　北京虎彩文化传播有限公司
经 销 者　新华书店
730 毫米×980 毫米　16 开本　17 印张　320 千字
2009 年 8 月第 1 版　2019 年 8 月第 5 次印刷
定　　价　38.00 元

编写说明

本书是一本适用于高等教育法学本科商法总论课程教学使用的教科书,由华东政法大学经济法学院及法律学院的一批民、商法学者编写而成。内容不仅包括了商法的基本概念、基本知识和基本理论,还结合我国现行法律,深入浅出地阐述了商事主体、商行为、商事登记、商号、商业账簿等具体商事制度。因此,它不仅可用作法学院的教科书,还可作为一般读者了解商法知识的读物。

本书由张璎担任主编,具体分工如下:第一章、第七章由伍坚撰写,第二章、第三章、第四章、第五章由张璎撰写,第六章由陈康华撰写,第八章、第九章、第十章由蒋虹撰写。书中不足之处,敬请广大读者和专家批评指正。

本书的编写得到北京大学出版社的大力支持,在此表示感谢。

张　璎

2009 年 4 月

目　　录

第一章 商法概述

第一节 商法的概念及特征

一、商法的概念

（一）“商”的含义

简单地说，商法就是关于“商”的法律。因此，要准确把握商法的概念，必须首先了解“商”的含义。在不同的社会历史条件下，在不同的学科中，“商”具有不同的含义。

1. 词义学上的解释

在古代汉语中，商是一种计时单位，一刻称为一商，古语有谓：“商，刻也”。同时，商还有“估量”、“推测”之义，“商，从外知内也”。后来，商发展为与“量”合用，称为“商量”，进而引申为协商之义。①

随着生产力的发展，在古代中国，“商”已经在经济生活中被使用，并至少具有以下两种含义：第一，指商品交易活动。如《汉书·食货志上》载：“士农工商，四民有业。学以居位曰士，辟土殖谷曰农，作巧成器曰工，通财鬻货曰商。”第二，指从事商品交易活动的人，即商人。例如，《周礼·天官·冢宰》中有“六曰商贾，阜通货贿”之说，汉代名儒郑玄注：“行者为商，坐者为贾”②。详言之，商为行商，指携带货物前往某地进行交易的商人；贾为坐商，指将货物置于固定场所销售的商人。应当说，“商”的这两种含义不是同时出现的。从人类社会的发展过程看，商品交换的出现应当早于商人阶层的形成。早期的商品交换常以满足基本生存需要为目的，人们只是偶尔为之，以此为业无从谈起。生产力的发展促进了社会分工，一部分人开始以从事商品交易活动作为经常性职业，并获取一定的利益，商人阶层开始形成，并进一步拓展了“商”的含义，它不仅可以指交易行为，也可以指从事这一行为的主体。

在外文中，“商”(Commerce)一词的含义与其中文含义不尽相同。根据《韦伯斯特新国际辞典》的解释，“商”指的是商品交换或买卖行为(exchange or buying and selling of commodities)；《布莱克法律辞典》则认为，“商”是指货物、产品

---

① 参见范健、王建文：《商法的价值、源流及本体》，中国人民大学出版社 2004 年版，第 159—160 页。

② 《辞源》，商务印书馆 1986 年版，第 521 页。

或任何种类财物的交换。因此,“商”在外文中一般是指商品交易行为,而不是从事商品交易活动的主体。

2. 经济学上的解释

从经济学的角度理解,“商”是指以营利为目的,直接媒介财货交易的行为。详言之,“商”即介于农业、工业等生产者与消费者之间,直接媒介财货交易、调剂供需,而从中获取利润的行为。[①] 经济学上的“商”通常被称为“买卖商”,或者是一些学者所说的“固有商”。

在现代市场经济社会中,商业贸易和商品经济获得了长足发展,人们已将营利视为“商”的本质,这种行为不仅表现在买卖中,也发展到批发商、货物运送、仓库业、银行业、损害保险业等。并且,发展到与商业没有直接关系的人身保险、旅客运送、制造加工业、印刷业、出版业等。[②] 因此,传统经济学中对“商”的界定已经不能反映社会经济的现实,具有较大的局限性。

3. 法学上的解释

对于“商”在法学上的含义,我们可以从商事立法和学术研究两个角度加以认定。无论是商事立法还是学术研究,都是围绕“商”的本质和“商”的范围界定其含义。

(1) 各国商事立法中的“商”

第一,关于“商”的本质,即“商”是什么。依据各国规定,凡以营利为目的的事业和以营业的方式从事的行为就是“商”。例如,我国台湾地区 2009 年修正的“商业登记法”第 3 条明确规定:“本法所称商业,指以营利为目的,以独资或合伙方式经营之事业。”1998 年修改的《德国商法典》第 1 条第 2 款也规定:“商事经营是指任何营利事业,除非企业依其种类或范围不需要以商人方式进行经营。”

第二,关于“商”的范围,即哪些营业或者行为属于“商”。对于这个问题,各国立法确定的范围不尽一致。例如,《法国商法典》在第 632 条和 633 条中详细列举了几十种属于“商”的行为。我国国家级立法至今未对“商”的范围作出明确规定,但地方立法早有涉及。如 1999 年 6 月 30 日深圳市第二届人民代表大会常务委员会第三十三次会议通过的《深圳经济特区商事条例》第 5 条规定:“……本条例所称商行为,是指商人从事的生产经营、商品批发及零售、科技开发和为他人提供咨询及其他服务的行为。”据此可以看出,《深圳经济特区商事条例》中规定的“商”的范围包括商人从事的生产经营、商品批发及零售、科技开发和为他人提供咨询及其他服务行为。

---

① 参见张国键:《商事法论》,台湾三民书局 1980 年版,第 4 页。

② 参见王保树主编:《中国商事法》,人民法院出版社 1996 年版,第 4 页。

(2) 商法学术研究中的“商”

我国商法学界对“商”的本质的界定,有两种不同的看法。例如,赵万一教授认为:“现代商法上所称的商是指营利性主体所从事的一切营利性活动和事业之总称。”[①]王作全教授认为:“只要是营利性主体(即商事主体)所开展的,以营利为目的的,并且是一种持续性的营业活动,就是商法意义上的‘商’概念。”[②]学者李功国也认为:“‘商’是经过商业登记的商主体,在法律规定的范围内所从事的经营活动。”[③]这些学者所理解的“商”,不仅强调商主体,而且强调商行为。而赵中孚教授认为:“法律意义上的‘商’或‘商事’,乃是指一切营利性营业活动和事业的总称。”[④]这一看法强调的是商业行为本身,并不强调从事商业行为的主体。我们认为,现代商法的主要内容不仅包括对商行为(如票据、保险)的规范,而且包括对商主体(如公司)的规范,因此,对商法上“商”本质的界定应结合主体进行。

至于商法中“商”的范围,根据我国商法学界的通说,大致包括以下四种类型:

一是“固有商”,指的是直接媒介财货交易的行为,主要包括证券交易、票据交易、海商交易等行为,亦称“第一种商”。

二是“辅助商”,指的是间接媒介财货交易的行为,或者说是使“固有商”得以实现其目的的某种辅助行为,包括货物运送、仓储保管、代理、居间、行纪、包装、装卸等行为,亦称“第二种商”。

三是指虽然不属于直接或间接媒介财货交易的行为,但从事与商品交易有关的资金融通,如银行、信托业务等,或从事与商品交易媒介行为密切相关的活动,如加工承揽、制造、出版、印刷及摄影等营业。[⑤] 一些学者将之称为“第三种商”。

四是“第四种商”,包括广告宣传、人身与财产保险、旅馆、饭店酒楼、戏院舞厅、旅游服务、娱乐、信息咨询等。一种观点认为,此种商事营业仅与辅助商或第三种商有牵连关系,与固有商的联系已极为间接。[⑥] 另一种观点则认为,这些商事营业与媒介货物并无连带关系,仅与“第三种商”有关系。[⑦]

显然,法学上“商”的含义要比经济学上的“商”更为丰富。而且,随着现代

---

① 赵万一主编:《商法》,中国人民大学出版社 2006 年版,第 3 页。

② 王作全主编:《商法学》,北京大学出版社 2006 年版,第 2—3 页。

③ 李功国:《商人精神与商法》,载王保树主编:《商事法论集》(第 2 卷),法律出版社 1998 年版,第 9 页。

④ 赵中孚主编:《商法总论》,中国人民大学出版社 2007 年版,第 4 页。

⑤ 参见覃有土主编:《商法学》,中国政法大学出版社 2006 年版,第 3 页。

⑥ 参见赵中孚主编:《商法总论》,中国人民大学出版社 2007 年版,第 4 页。

⑦ 参见覃有土主编:《商法学》,中国政法大学出版社 2006 年版,第 3 页。

经济的飞速发展,“商”的范围和种类仍然会不断扩大,因此,从本质而非范围入手更有助于我们把握“商”的含义。综上所述,商法上的“商”是指经商业登记的商主体(商人)在法律规定的范围内所从事的一切营利性营业活动(商行为),它由四种要素构成:(1) 经登记的商主体;(2) 以营利为目的;(3) 以商业方法进行营业;(4) 从事规定范围内的营业。①

与“商”密切相关的另一概念是“商事”。对于两者之间的关系,我国学者说法不一。一种观点认为两者属于同一概念,如范健教授认为:“法学上的‘商’也称为‘商事’”;赵中孚教授也认为:“商事又称为‘商’。”②另一种观点则主张,“商”与“商事”存在一定的区别。例如,顾功耘教授认为:“当‘商’解释成商行为时,可与‘商事’通用;但当‘商’解释为商人时,则不能通用。”③雷兴虎教授认为:“商法中的‘商’泛指营业行为,商事则指商法所规定的关于商事组织与商事活动的诸种事项的总称。”④还有学者主张,“从范围上分析,商事有广义和狭义之分。广义的商事是指有关商的一切事项,如商事登记、商事组织、商事合同、商事账簿、商事管理、商事征税、商事诉讼、商事仲裁等。而狭义上商事专指传统商法所规范的事项,主要是公司、票据(证券)、保险、海商和破产等事项。”⑤

(二) 商法的概念和分类

1. 商法的概念

尽管“商法”这一名词由来已久,但人们对什么是商法至今未能达成共识,反映出商法概念具有高度的不确定性。

在英美法国家,人们常常使用“Commercial Law”和“Business Law”称呼商法,然而,不论是“Commercial Law”还是“Business Law”,它们都只是一个概括性的概念而不具有公认的内涵。一般而言,它们指的是与商业有关的法律,包括公司法、合伙企业法、破产法等有关商业交易的主体的法律,也包括合同法、财产法中与企业和商业惯例有关的内容。

在大陆法系国家,尽管很多国家制定了商法典,但在法律中明文表述商法概念的却极其罕见。不同的学者选择不同的角度,得出的概念也就不同。例如,有日本学者认为,商法在被确认为一个法律部门时,被认为是以商法典为中心的有关法律的总称。⑥ 这一概念关注的是商法的表现形式。还有日本学者声称,商

① 参见顾功耘主编:《商法教程》,上海人民出版社、北京大学出版社 2006 年版,第 5 页。

② 参见范健、王建文:《商法的价值、源流及本体》,中国人民大学出版社 2004 年版,第 159—160 页;赵中孚主编:《商法总论》,中国人民大学出版社 2007 年版,第 3 页。

③ 顾功耘主编:《商法教程》,上海人民出版社、北京大学出版社 2006 年版,第 6 页。

④ 雷兴虎主编:《商法学教程》,中国政法大学出版社 1999 年版,第 3 页。

⑤ 官欣荣主编:《商法原理》,中国检察出版社 2004 年版,第 25 页。

⑥ 参见〔日〕龙田节编:《商法略说》,谢次昌译,甘肃人民出版社 1985 年版,第 1 页。

法就是企业关系上特有的法律的总称。[①] 这一概念强调的是商法的实质内容。德国学者多基于主观主义立场,认为商法就是适用于商人的特别私法。[②] 法国学者则多采取客观主义立场,认为商法是有关商行为的法律,是“在民法之外,专门规范大多数生产、销售与服务活动的一个私法分支”[③]。

在我国,学者们大多从商法的调整对象入手阐述商法的概念。由于对商法调整对象的认识不同,对商法的概念也就有不同的表述,归纳起来最主要的观点有三种:(1)商法是调整商事关系的法律规范的总称。这一定义模式符合国内关于法律部门的一般定义模式,即“某法是调整某社会关系的法律规范的总称”。(2)商法是调整市场交易关系,包括交易组织关系和交易行为关系的法律规范的总称,是市场交易的规则。[④] (3)商法是调整商人以及商事活动的法律。

应当说,上述三种观点之间不存在根本差异。可以看出,第一种观点和第二种观点采取的定义模式是一样的。而商事关系具体而言,就是商事主体在商事交易活动中所发生的社会关系,包括商事组织关系和商事行为关系,因此,“商事关系”和“市场交易关系”只是表述上的不同而已。第三种观点表面上看采取二元结构定义商法,主张商法既规范商主体又规范商行为。但是,社会关系本来就是人与人之间基于行为联系而发生的关系,它不可能脱离特定的主体和行为而孤立存在,因此,第三种观点和前面两种观点也只是在定义模式上不同。鉴于国内学者通常是以法律调整的社会关系定义某一法律部门,本书也采取第一种定义模式:所谓商法,是调整商人在商事交易活动中所发生的社会关系的法律规范的总称。

2. 商法的分类

基于不同的标准,可以将商法分成不同的种类。通常,商法被划分为以下几类:

(1)形式意义上的商法与实质意义上的商法。根据商法表现形式的不同,可以将商法划分为形式意义上的商法与实质意义上的商法。形式意义上的商法是指民商分立的国家所制定的并以“商法典”命名的法律规范。形式意义上的商法着眼于规范的表现形式和法律的编纂结构,并最终表现为商法典。在大陆法系国家中,法国、德国最早制定了自己的商法典,其后,日本、西班牙、葡萄牙、韩国、意大利等国家也陆续制定了商法典。据统计,世界上大约有四十多个国家

① 参见〔日〕我妻荣等编:《新法律学大辞典》,董璠舆等译,中国政法大学出版社 1991 年版,第 500 页。

② 参见〔德〕卡纳里斯:《德国商法》,杨继译,法律出版社 2006 年版,第 2—3 页。

③ 〔法〕伊夫·居荣:《法国商法》,罗结珍、赵海峰译,法律出版社 2004 年版,第 1 页。

④ 参见徐学鹿主编:《商法学》,中国人民大学出版社 2008 年版,第 3 页。

具有商法典。[①] 在这些国家中,商法典于民法典之外独立存在自成体系,其内容一般包括总则、公司、票据、保险、破产、海商等基本制度。实质意义上的商法是指所有调整商事关系的法律规范。它着眼于规范的性质、构成和作用理念的统一,不仅包括形式意义上的商法,而且包括不以商法典形式出现但也调整商事关系的各种法律规范。通常,实质意义上的商法表现为各商事单行法,或散见于宪法、民法、行政法、经济法、刑法以及其他法律法规中,甚至出现在判例或国际公约中。无论是大陆法系国家还是英美法系国家,也无论是民商分立还是民商合一的国家,都存在实质意义上的商法。

我国目前尚无形式意义上的商法,但实质意义上的商法已大量存在,自20世纪90年代以来,我国陆续制定了《公司法》、《合伙企业法》、《票据法》、《保险法》、《破产法》、《海商法》等商事单行法,实质意义上的商法体系在我国已经构建形成。

(2) 国内商法与国际商法。根据商法的制定机构与适用范围的不同,可将其划分为国内商法与国际商法。国内商法是由一国的有权机关制定的商事法律规范,通常仅在该国地域范围内发生效力。国际商法主要指国际上有关商事的法规,包括国家之间的商事条约、商事公约以及国际商事惯例等。例如,调整国际买卖的《联合国国际货物销售合同公约》、调整国际货物运输的《海牙规则》及《汉堡规则》等,都是较为著名的国际商事规范。一国在制定自己的商法规范时,往往会注意吸收、借鉴国际商法中的相关内容,这在票据法、海商法中体现得尤为明显。

(3) 商公法和商私法。商公法是指公法上调整商事关系的法律规范,其本身没有形成一个完整的体系,相关规范散见于宪法、行政法、刑法等公法中,或者存在于公司法等商事单行法中。例如,刑法中关于公司犯罪的规定、公司法中关于公司登记管理的有关规定,它们都属于商公法。商私法是指私法上调整商事关系的法律规范。

二、商法的特征

商法的特征是商法不同于其他法律部门的特质。在国内商法学界,学者们对商法的特征有多种意见,大致可以归纳为以下四大类:

(1) "四特征说"。该说认为,商法具备四大特征:复合性(亦称兼容性、公法性,指本质上属于私法的商法兼有公法属性)、技术性、营利性和国际性。国

---

① 参见郭锋:《民商分立与民商合一的理论评析》,载《中国法学》1996年第5期。

内很多学者赞成此说。[①]

(2)“五特征说”。该说认为商法具备五大特征。但是,学者之间对这些特征的认识存在一定的分歧。例如,徐学鹿教授界定的商法特征是兼容性、技术性、国际性、进步性和资本经营性。[②] 赵中孚教授界定的商法特征是兼容性、营利性、技术性、国际性、组织法与行为法相结合。[③] 侯怀霞教授认为,商法的特征应为营利性、技术性、多变性、公法性和国际性。[④] 高在敏教授等人则认为,商法是倡导营利的功利法、是具有经济意义的身份法、是市场经济的基本法、是包含大量强制性规范的私法、是最具开放性质的国内法。[⑤] 还有学者主张,商法的特征包括自治性、协调性、技术性、国际性和进步性。[⑥]

(3)“六特征说”。该说认为商法具备六大特征。与“五特征说”一样,学者们对这六大特征的界定既有相同之处,也有不同之处。例如,顾功耘教授认为,商法的特征应包括:“规范的重点是商人的营利活动、组织法规范与行为法规范相结合、规范的技术性、对经济生活的适应性、含有公法化因素、规范的可借鉴性。”[⑦]任先行教授认为,商法的特征可以概括为营利性、技术性、公私法性、国际性、静态与动态相结合、变动性。[⑧] 施天涛教授则主张,商法的特征是私法性与公法性、国内性与国际性、实体性与程序性、冲突性与协调性、伦理性与技术性、稳定性与进步性。[⑨]

(4)“八特征说”。该说界定的商法八个特征是:营利性、技术性、公法性、协调性、国际性、整体性、发展性、变动性。[⑩]

本书赞同顾功耘教授的观点,商法的特征应包括:

(一)规范的重点是商人的营利活动

在市民社会中,商人从事商事活动的最终目的就是为了营利,营利可谓“商”的本质。所谓“营利”,是指为了谋取超出资本的利益并将其分配给投资者。尽管古代中国和西方都曾经在相当长的时期内对商人和商业持歧视态度,但实践证明,商人对于经济利益的不懈追求,是人类社会得以维系和向前发展的

---

① 这些学者的详细观点,可参见赵万一主编:《商法》,中国人民大学出版社 2006 年版,第 5—6 页;覃有土主编:《商法学》,中国政法大学出版社 2006 年版,第 5—7 页;柳经纬主编:《商法》,厦门大学出版社 2002 年版,第 14—16 页;王作全主编:《商法学》,北京大学出版社 2006 年版,第 6—7 页。

② 参见徐学鹿主编:《商法学》,中国人民大学出版社 2008 年版,第 43—49 页。

③ 参见赵中孚主编:《商法总论》,中国人民大学出版社 2007 年版,第 29—32 页。

④ 参见侯怀霞主编:《商法学》,中国政法大学出版社 2008 年版,第 7—9 页。

⑤ 参见高在敏、王延川、程淑娟编著:《商法》,法律出版社 2006 年版,第 4—5 页。

⑥ 参见官欣荣主编:《商法原理》,中国检察出版社 2004 年版,第 19—23 页。

⑦ 顾功耘主编:《商法教程》,上海人民出版社、北京大学出版社 2006 年版,第 7—9 页。

⑧ 参见任先行主编:《商法总论》,北京大学出版社、中国林业出版社 2007 年版,第 26—29 页。

⑨ 参见施天涛:《商法学》,法律出版社 2003 年版,第 12—18 页。

⑩ 参见任先行、周林彬:《比较商法导论》,北京大学出版社 2000 年版,第 19—25 页。

持续动力。因此,现代商法必须正视商人天生的营利需求,并要通过合理的制度设计,保障商人营利目的的顺利实现。

需要指出的是,商法的这一特征亦被很多人称为“营利性”。但是,法律在本质上体现的是公平、正义,说法律具有营利性质是不准确的,商法作为一个法律部门也不例外。正如我国台湾地区学者张国键所言:“商事法所规定者,乃在于维护个人或团体之营利。”[①]换言之,商法只是为商人的营利活动提供一套法律机制,以促进其营利目的的实现。

自改革开放以来,我国陆续制定了多部单行商事法律,相关法规、规章等更是数不胜数。在肯定这些立法成就的同时,如果以商法应具备的这一特征为标准衡量相关商事规范,无疑会发现一些商事规范明显不符合商业社会的运行需要,对商人营利目的的实现起到的不是促进而是阻碍作用,尚有进一步修订的必要。在此举禁止企业法人借贷的规定加以说明。1996 年中国人民银行发布的《贷款通则》第 61 条规定:“各级行政部门和企事业单位、供销合作社等合作经济组织、农村合作基金会和其他基金会,不得经营存贷款等金融业务。企业之间不得违反国家规定办理借贷或者变相借贷融资业务。”同年发布的《最高人民法院关于对企业借贷合同借款方逾期不归还借款的应如何处理问题的批复》也明确规定:“企业借贷合同违反有关金融法规,属无效合同。”由于企业之间借贷被禁止,企业只能通过向银行等金融机构贷款或是发行股票、公司债券的方式筹集资金。然而长期以来,上述融资渠道事实上主要考虑国有企业,大量民营企业尤其是中小企业很难借此获得外部资金支持,因此,实践中很多企业仍然进行各种形式的变相借贷操作。此类操作固然可以定性为“违规”,但当一项法律规范在现实中无法获得有效遵守时,或许规范制定者应该反思:该项规范是否能够满足商人的正当需要?

还要指出的是,商法仅仅维护商人合法、正当的营利,对于非法营利则不加保护,反而要予以坚决制止。

(二) 组织法规范与行为法规范相结合

商事组织是商事交易的基础,商事交易是商事组织的基本活动,商事组织要想营利,必须首先从事商事交易行为,因此,商事组织与商事交易均成为商法规制的基本内容。

公司法、合伙企业法、个人独资企业法是最主要的商事组织法,其主要任务包括:(1) 界定商事组织的类型。现代各国一般奉行商主体形态法定主义,商事组织必须采取该国法律允许的形态方能设立。例如在我国,由于《公司法》只允许设立有限责任公司和股份有限公司,商事组织就不可能采取无限公司的形态。

---

① 张国键:《商事法论》,台湾三民书局 1980 年版,第 23 页。

(2) 明确商事组织的法律地位。在我国,根据《公司法》的规定,所有依法设立的公司均为法人,股东原则上承担有限责任;而依照《个人独资企业法》的规定,个人独资企业不是法人,其投资者(一个自然人)承担无限责任。(3) 厘清组织内部各机关、各参与方之间的权力(利)、义务、责任。这在公司法中体现得最为明显。我国《公司法》详细规定了股东(大)会、董事会、监事会等机构各自拥有的职权,并明确了股东、董事、监事、经理等人的权利、义务和责任,以保障股东的投资安全,实现公司经营的效率。当然,公司法虽然主要为组织法,其中也有行为法的内容,如公司发行股票的规定即属此类。

票据法、保险法、证券法等是主要的商事行为法,其主要任务在于提供商事交易规则。当然,保险法、证券法中有关保险公司、证券公司的规定属于商事组织法的范畴。

(三) 规范的技术性

法律规范可以分为伦理性规范和技术性规范。伦理性规范反映了特定群体的基本生活经验和常理,一般社会公众即使没有专业知识,凭借常识也能了解并接受。例如,人们常说的"欠债还钱"即属伦理性规范。在一国法律体系中,民法、刑法中的绝大多数规范属于伦理性规范。相反,商法是对商业交易规则的法律反映,而商业交易规则从本质上说是商人们在交易时逐步发展出来的,非商人对此并不熟悉,仅凭一般常识甚至不能理解。因此,商法规范具有很强的技术性、操作性特征。

商法规范的技术性特征既体现在组织法中,也体现在行为法中。前者如公司法对股东(大)会召集程序和议事规则、董监事选任方法以及公司合并、分立程序的规定。后者如票据法中对票据行为的要式性和独立性、票据抗辩的限制以及票据追索权和再追索权的规定;证券法中对虚假陈述行为造成的损害赔偿数额如何计算的规定;保险法中关于保险费率的确定以及理赔的规定;海商法中关于共同海损的认定以及理算的规定等。

商法规范极强的技术性、操作性特征,要求创制者在设计商法规范时应为当事人提供尽可能细致周全的条文,尤其是对一些程序性事项的规定应使其具有较强的可操作性。但长期以来,我国商事立法和其他领域的立法一样,奉行"宜粗不宜细"的模式,往往只规定框架性、原则性的东西,对一些问题没有细化。当然,粗放式的立法路径有其历史必然性。在改革开放和市场经济发展初期,立法经验相对欠缺,对很多问题本就不可能作出详细规定。加之各种社会关系变动不居,即使在技术上对某些问题细致规定,也可能会因灵活性的丧失而失去其适应性。但不可否认的是,粗放式立法导致很多条款因可操作性差而无法适用。例如,《公司法》第 98 条规定:"股东有权……对公司的经营提出建议或者质询。"这一规定的缺陷在于:第一,没有明确质询权的行使时间;第二,将股东质询的事项界定为“公司的经营”，这一表述弹性过大，实务中容易产生争议；第三，说明义务人是谁？说明应达到何种程度？若义务人拒绝说明，股东可以寻求何种救济措施？立法的疏漏导致股东的该项权利在实践中根本不被尊重，很多公司的高管面对股东的质询往往以“无可奉告”应付。

不过，说商法规范具有很强的技术性特征，并不意味着商法中就没有伦理性规范。例如，保险法中对保险利益原则的规定，就是为了防止赌博和不当得利，抑制道德风险，伦理性色彩相当明显。

（四）对经济生活的适应性

众所周知，法律应具备一定的稳定性，以使人们对法律有较为明确的预期。如果法律朝令夕改，人们将无所适从。作为一个法律部门，商法同样应保持相对的稳定性。

但是，与包括民法在内的其他法律部门相比，商法更加强调对经济生活的适应性。这是因为，商法调整的对象——商事关系是社会经济关系的重要构成，在社会经济关系发生了较大变动的情况下，即使商法原先的规范确属先进、合理，也不能继续适用而应作出相应的调整，否则不仅不能满足商业社会的需要，甚至还可能成为一种束缚。拉德布鲁赫就指出：“和其他任何法律领域相比较，商法更能表现出法律与利益之间的较量以及利益对法律的影响，对此事实予以规范的有限力量和这一事实最终规范性——简而言之，表现了经济历史观对经济与法律关系的解释。它表明在个人主义法律时代，商法必然扮演着整个私法发展中开路先锋的角色。”①

以《日本商法典》为例，一战后该法典进行了30多次修改，为补充商法典还颁布了30余项单行商事法规。相比之下，《日本刑法》自1908年施行以来只有十余次修订。又如，《法国商法典》在1807年颁布时有648条，经多次修改后，目前继续有效的条文不过140余条，其中只有约30个条款保留了1807年的行文。

反观我国商事立法，它在及时应对社会经济关系的变化方面表现不佳。以《公司法》为例，该法制定于1993年，在时代背景的制约下，该法不可避免地存在很多缺陷，因此受到了诸多学者的抨击。但是，该法一直保持超级稳定状态，1999年和2004年虽然进行了两次小改，却只涉及寥寥数个条文。直到2005年，该法才进行了一次较大规模的修订。又如破产法，我国的《企业破产法（试行）》制定于1986年12月，于1988年11月1日起实施，共43条，调整对象限于全民所有制企业。1991年颁布的《民事诉讼法》第十九章设“企业法人破产还债程序”，一共只有8条，适用于非全民所有制的企业法人。直到2006年8月27

① 〔德〕拉德布鲁赫：《法学导论》，米健、朱林译，中国大百科全书出版社1997年版，第75—76页。

日，我国才制定通过了新的《企业破产法》。在这20年的时间里，我国经济生活发生了极其巨大的变化，企业因不能清偿到期债务而退出市场也成为常见之事。很难想象，两部法律中总共五十余项条文是如何适应这一经济现实的。

（五）含有公法化因素

公、私法的划分源于西方法学传统。尽管人们对公、私法划分的标准争论不休，但国内学者大多接受对法律体系的这种区分。商法调整的是商人之间的交易活动，商人之间的关系本质上属于私的关系，以意思自治和契约自由为基本特征，因此，商法本质上属于私法，其最终价值取向在于保护并促进商人的营利。

现代商法虽以私法规定为中心，但也含有公法化的因素。19世纪末20世纪初，西方经济从自由资本主义阶段过渡到垄断资本主义阶段，对个人意志和利益的极度追捧引发了许多社会问题。有鉴于此，国家加强了对商事活动领域的干预，商事立法中出现了许多公法性质的条款和内容。例如，商法总则中的商事登记制度、商事账簿制度；公司法中的公司资本制度；证券法中的证券监管制度；保险法中的责任准备金制度；票据法中对票据记载事项的规定等，均为公法性质的规定。

商法是公法与私法的二元结构，与此相对应，商事法律规范是任意性规范与强制性规范的对立统一。商事活动直接关系到交易当事人的切身利益，交易内容、交易方式等应由当事人自主决定，因此，立法上应多设任意性规定。但为维护交易安全，商法中也必须存在一些强制性规定。大陆法系学者一般认为，商事组织法原则上属于强制性规范，而商事行为法原则上属于任意性规范。“从历史角度看，有关企业活动法部分，因属行为法，主要规范企业活动中特定人相互间行为，本应尊重当事人意思，并以自由与迅速为依归，故大都采任意性规定；至于有关企业组织法部分，因企业组织健全与否，直接、间接影响第三人利益及社会安全，应以严格与确实为必要，故多采强行规定。”①需要指出的是，不能将组织法就等同于强制法，行为法就等同于任意法。组织法中也可以有任意性的规范，如我国《公司法》第43条规定：“股东会会议由股东按照出资比例行使表决权；但是，公司章程另有规定的除外。”行为法中也可以有强制性的规范，如《保险法》第12条规定：“人身保险的投保人在保险合同订立时，对被保险人应当具有保险利益。财产保险的被保险人在保险事故发生时，对保险标的应当具有保险利益。”如果相关人对保险标的不具有保险利益，保险合同即为无效。

就我国商事立法而言，长期以来的一个大问题就是过分突出商法的公法色

① 赖源河：《学习商法与经济法需有宏观的企划能力》，载赖源河教授六秩华诞祝寿论文集编辑委员会：《财经法专论》，五南图书出版公司1997年版，第4页。

彩和强制法属性,忽略了商法本质上属于私法,商法规范主要应当是任意性规范。以1993年《公司法》为例,该法中有大量条款包含“不得”、“禁止”、“必须”、“应当”等用语,只有少数条款赋予当事人“可以”的选择,公司当事人自治的空间被极大地压缩。正因如此,2006年新《公司法》对此作出了具有意义深远的修正。

(六)规范的可借鉴性

商法的这一特征也被很多学者称为商法的“国际性”。在今天,各国商法的许多规范正在或已经趋同,市场经济发达国家的商事立法,或者国际公约中的商事规范,对很多国家的商事立法产生了很大的影响,具有极强的可借鉴性。

商事规范之所以具有很强的可借鉴性,与以下几个原因是分不开的:(1)商法规范偏重于技术性规范,是为商事交易的当事人提供“游戏规则”。不论资本主义国家还是社会主义国家,也不论大陆法系国家还是英美法系国家,商事交易必定存在许多共同的问题,也就需要共同的规则。商法既不像宪法那样具有强烈的政治色彩,也不像刑法、民法那样受到一个国家或者民族的历史、文化、社会、心理等诸多方面传统因素的影响,借鉴起来较为容易,受到的阻力也较小。(2)从商法的发展历史看,现代商法中的许多内容(如关于商号、公司、票据、保险、海商等方面的规定)都起源于中世纪的商人习惯法,这些商事习惯对各国后来的商事立法有很大影响,导致各国商法中的许多内容较为接近。(3)随着商事交易逐渐超越国界,为统一商事交易规则,国际上订立了大量的国际商事公约,如1910年的《船舶碰撞及海难救助统一公约》、1924年的《共同海损规则》、1930年的《统一汇票本票法公约》、1964年的《统一国际货物买卖法公约》、1978年的《联合国海上货物运输公约》等。并且,一些国际商事组织也纷纷成立,如国际海事委员会、世界贸易组织等。在国际商事公约和国际商事组织的影响下,各国商法的许多规定也逐渐趋同。因此,商法虽属国内法,其规范却有很强的可借鉴性和趋同性。正如德国学者李佩斯所言:“尽管20世纪以来世界各国所经历的私法统一化过程可能包含更广泛的含义,但这一法律统一化过程首先是从商法开始的。”①

基于商法的这一特征,我国的商事立法应充分注意两个问题:(1)对于已被证明符合商事交易基本规律的法律规范,应大胆借鉴而不是刻意强调我国的特殊性。改革开放以来,我国在商事立法时对国外商事规范多有借鉴,但出于政治、意识形态等方面的考虑,立法者时常对一些规范进行不适当的改造,导致此类规范不伦不类。1993年《公司法》第4条第3款“公司中的国有资产所有权属于国家”的规定,即属此类。(2)法律移植与本土化。法律移植是人类文化交

① 转引自刘凯湘:《论商法的性质、依据与特征》,载《现代法学》1997年第5期。

流的正常现象,后发国家可以借此继受一些较为成熟的规范,但各国、各民族独特的地理环境与人文环境增加了规范移植的难度,因此,在进行法律移植时必须注意本土化的问题。我国不仅具有悠久的历史文化传统,而且目前还处于体制转轨时期,在引进国外商法规范时必须考虑到这些特殊性,否则甚至可能出现南橘北枳的结果。

第二节 商法的地位和渊源

一、商法的调整对象

(一) 商法调整对象的本质

国内商法学者一般认为,商法有其独立的调整对象,但对该调整对象的认定不完全相同。

有学者认为,商法的调整对象是商事关系,商事关系具有下列特征:(1) 商事关系是平等的商事主体之间的社会经济关系。(2) 商事关系是商事主体基于营利动机而建立的。(3) 相当多的商事活动是偶尔发生的,不具有持续性,因此不会产生商事关系。除明显的营利性外,只有在那些反复进行的营业活动中才能产生商事关系。[①]

也有学者认为,商法调整的对象是市场交易关系。该学者反对将商法的调整对象表述为商事关系,因为"这是民法'形式理性'在商法领域的表现。民法将其调整对象界定为'民事关系',根据同一逻辑,商法的调整对象自然应为'商事关系'"。"这种从概念到概念的推演方法,不仅使商法调整的对象变得模糊不清,也使得商法从实践性、开放性、国际性的体系,便成了'陈旧乏味'、'丧失了来自实践中的灵感和与商业现实的联系'的体系"。将商法的调整对象界定为市场交易关系的意义在于:(1) 明确、没有歧义;(2) 通俗易懂;(3) 具有实践性;(4) 具有永久开放性。[②]

还有学者认为,商法调整的是"以社会公共利益为本位平等主体营利性的商业流通经济关系"。民法调整的是个体本位平等主体间的财产关系和人身关系,而且民法调整的财产关系是平等主体非营利性的财产关系;经济法调整的是以整体为本位,国家的管理、组织和协调经济过程中所发生的经济关系。这些法律的调整对象不同,三者共同构成了市场经济立法结构体系,都处于市场经济法

---

① 参见王保树:《商事法的理念与理念上的商事法》,载王保树主编:《商事法论集》(第1卷),法律出版社1997年版,第2—5页。

② 参见徐学鹿主编:《商法学》,中国人民大学出版社2008年版,第5—6页。

律体系中的基本法地位。[①]

亦有学者认为,商法调整对象是指“因从事营业行为所引起的社会经济关系及与此相联系的社会关系的总和”[②]。“由营利性商事主体从事商事行为所引起的财产经营关系及与此相联系的社会关系的总和”[③]。

上述几种观点虽然存在差异,但都是将商法的调整对象表述为一定的社会关系。与此不同的是,有学者认为,商法的调整对象是“市场经济关系中的商人及其商事活动”[④]。

综合以上各种观点,可以将商法的调整对象界定为商事关系,这其实已经是国内商法学者的普遍观点。任何法律都以一定的社会关系作为自己的调整对象,商法亦不例外。具体而言,商事关系是商事主体按照商事法律的规定从事商事交易活动所发生的社会关系,或者说,商事关系是商事主体以营利为目的从事营业过程中发生的社会关系。

（二）商法调整对象的范围

将商法调整对象界定为商事关系,只是完成了“定性”的任务,要想获得对商事关系的直观清晰认识,尚需完成“定量”的工作,即对商事关系进行分解,了解商事关系的具体构成。

商事关系的范围如何?许多学者对此进行了研究,形成了“两分法”、“三分法”、“五分法”等多种观点。

“两分法”即将商事关系区分为两种关系。如有学者认为,商事关系包括商事财产关系和与商事财产关系密切联系的商事人身关系。[⑤] 有学者认为,商事关系包括商事组织关系和商事行为关系。[⑥] 还有学者认为,商法的调整对象严格限定于两种关系,一为商人人格创制关系,一为商事营业实施关系。[⑦]

“三分法”就是将商事关系区分为三种类型,如有学者认为,商法调整对象包括以下三种关系:(1) 调整商事主体基于营利性行为所产生的各种关系;(2) 调整商事主体内部在商事运营中对自身的管理关系和组织关系;(3) 商事管理关系,即国家与商事主体之间所发生的行政管理和监督关系。[⑧] 有学者虽然将商事关系概括为商业组织关系和商行为关系两大类,但在具体划分时却表述了六种类型的关系:(1) 在商流转过程中发生的交易关系;(2) 在物流过程中

① 参见任先行、周林彬:《比较商法导论》,北京大学出版社 2000 年版,第 19—25 页。
② 赵中孚主编:《商法总论》,中国人民大学出版社 2007 年版,第 29—32 页。
③ 官欣荣主编:《商法原理》,中国检察出版社 2004 年版,第 26—27 页。
④ 赵万一主编:《商法》,中国人民大学出版社 2006 年版,第 3 页。
⑤ 参见王卫国主编:《商法概论》,中国政法大学出版社 1999 年版,第 20 页。
⑥ 参见王作全主编:《商法学》,北京大学出版社 2006 年版,第 13 页。
⑦ 参见高在敏、王延川、程淑娟编著:《商法》,法律出版社 2006 年版,第 8 页。
⑧ 参见官欣荣主编:《商法原理》,中国检察出版社 2004 年版,第 27 页。

发生的交易关系;(3) 在资本流转过程中发生的交易关系;(4) 在商业服务过程中发生的关系;(5) 商业组织关系;(6) 商事管理关系。①

"五分法"将商事关系区分为五种类型,具体而言,包括商事组织关系、商事交易关系、商事代理关系、商事自律关系和商事监管关系。②

对于将商事关系区分为商事财产关系和商事人身关系,有学者提出了不同的意见,认为商事关系只能是一种财产关系,商法并不调整人身关系,因为商事关系是以营利为目的的经营关系,人身关系不具有营利性特征。商法之所以对商业名称权提供保护,仅仅是基于商业名称权的专用性和财产性,即商法是将商业名称权作为一种财产权利加以保护,而不是作为一种人格权进行保护。③ 应当说这一观点具有一定的道理。

我们认为,对商事关系的具体构成的理解,不能脱离商法的概念和特征。从商法的概念看,商法调整的是商事主体在商事活动中发生的社会关系。基于营利目的发生的商事交易关系属于商事关系,这毋庸置疑。就商事主体而言,现代商人多体现为各种组织体,如个人独资企业、合伙企业和公司,这些组织体的内部构造异常复杂、精巧,需要商法对此作出规范,因此,商事组织关系也应当属于商事关系。而从商法的特征看,现代商法兼有公、私法属性,国家对商事领域的干预大大加强,由此发生的社会关系也应当属于商事关系的范畴。

二、商法的地位

商法的地位是指商法在整个法律体系中所处的位置和重要程度。研究商法的地位,主要应研究商法究竟是法律体系中一个独立的法律部门,还是从属于某一法律部门。

在大陆法系国家,关于商法的地位主要有两种立法模式:(1) 民商分立模式。这一立法模式由法国开创,并由四十多个国家采用。这些国家既有民法典,也有商法典,商法是其法律体系中一个独立的法律部门。(2) 民商合一模式。即只制定民法典,不再另行制定商法典,商法被认为是民法的组成部分,商法规范要么见于民法典中,要么见于单行商事法规中。一般认为,这一立法模式由瑞士开创。

国内学者对商法是否是或者是否应当是一个独立的法律部门存在很大的争论。

赵中孚教授反对民商分立,他认为:"自成一体的部门法应有它自身固有的

① 参见任先行、周林彬:《比较商法导论》,北京大学出版社 2000 年版,第 34—39 页。

② 参见雷兴虎主编:《商法学教程》,中国政法大学出版社 1999 年版,第 4 页。

③ 参见施天涛:《商法学》,法律出版社 2003 年版,第 3—4 页。

一般原理,这些一般原理与适用于其他部门法的一般原理有泾渭分明的区别,法的每一领域都有它自身的精神实质和基本特征。而民法和商法之间根本不存在明确的划分,随着生产社会化的发展,它们之间的划分越来越困难。我们发现:民商分立的国家商法所选定的那些标准本身就缺乏明确的定义,如何规定'商人'和'商业交易'等术语的定义,法学界对此几乎是一筹莫展。所有抽象定义都是含糊其辞。由于经济生活发展迅猛,这些定义往往很快过时,从而给社会生活造成诸多不便,繁复冗杂的标准、层出不穷的例外规定只能使定义显得毫无科学价值。重新开始有关商法自立的论战现在看来毫无价值了,商业交易在本质上属于民法范畴。相比之下,民商合一是进步的趋势,特别是对于避免民事法院和商事法院在司法管辖上的争议,是十分必要的。"①

相反,顾功耘教授坚持认为商法应当也可能成为一个独立的法律部门,理由主要是:(1) 各国都存在实质意义上的商法,商法是市场经济发展的必然选择。(2) 民法只能调整简单商品经济时期以自然人、家庭为中心的商品交换关系,其基本理念和原则不能适应现代市场经济的要求,市场交易要求商法予以系统调整。(3) 民法规范偏重于伦理性,反映了一国民族的文化特征,带有很强的地区性、传统性;商法规范偏重于技术性,反映了现代经济讲求效率和便于国际贸易交往的要求,带有很强的通用性和创新性。(4) 商法有自己独立的调整对象,可以和民法的调整对象分清界限。更为重要的是,商法调整对象以其独特的市场调节机制保证市场运行的整体性和协调性,而民法只能分散地、个别地保障私法主体利益。(5) 中国的民法制度也是在改革开放后逐渐建立起来的,难为商法提供足够的立法基础。中国商法完全可以在借鉴国际上最先进的商法制度的基础上直接创新,独立发展。②

通常而言,判断某种法能否成为一个独立的法律部门的标准,就是该法是否具有独立的调整对象。商法的调整对象是商事关系,那么,商事关系是否能够独立于民事关系呢?我们认为,商事关系与民事关系存在本质区别,这些区别是:(1) 从主体上看,民事关系大多是以自然人为基本主体,商事关系则以商法人为基本主体。(2) 从客体上看,民事关系的客体一般为特定物,而现代社会化的生产以批量和规模的极大化为基本追求,各类商品普遍采用行业、国家甚至国际标准,所以,商事关系的客体具有明显的种类化趋势。金融产品的定型化、标准化则更是与传统商品的特征相异。(3) 从目的性上看,民事关系一般以满足主体的自身消费需求为目的,而商事关系则以营利即资本增值为目的。(4) 从对价关系上看,民事关系受市场波动影响较小,对价关系基本上由价值决定。而商事

---

① 赵中孚主编:《商法总论》,中国人民大学出版社 2007 年版,第 53 页。

② 参见顾功耘主编:《商法教程》,上海人民出版社、北京大学出版社 2006 年版,第 15 页。

关系完全受市场的操纵,其对价关系主要由供求关系决定。(5) 从交易链上看,民事关系以消费为目的,追求使用价值,交换一经完成,便进入消费过程,所以民事关系一般形不成交易链。而商事关系以营利为目的,追求交换价值,买进是为了卖出营利,所以一宗商品往往要几经转手,形成一定的交易链。从交易形式上看,民事交易具有个别和偶然的性质,而商事交易则表现为同种交易大量反复进行,从而具有集团交易和个性丧失的特点。(7) 从交易方式上看,民事交易均是现货交易,商事交易既有现货交易,也有期货期权交易,还有其他复杂的金融衍生产品的交易。(8) 从交易种类上看,民事交易只有简单的买卖、租赁、借贷等几种,商事交易的种类繁多,从买卖商发展到投资商、服务商,从制造商发展到经纪商、运输商、保险商、证券商、广告商、管理商等。(9) 从功能上看,民事交易是为了稳定个人、家庭等基本的生活秩序,商事交易则是为了建立一种以现代企业组织为核心的合理利用有限资源的市场运行机制和社会经济秩序。[①] 显然,现代商法具有自己独立的调整对象,完全可以成为一个独立的法律部门。

三、商法与邻近部门法的关系

(一) 商法与民法的关系

商法与民法的关系最为密切,人们常常以"民商法"合称之,但两法也有显著区别。我们可以从以下几个方面认识两法之间的复杂关系。

第一,从调整对象看,两者都调整商品经济关系(财产关系)。但民法主要调整简单商品经济关系,反映简单商品经济的规律和要求。商法主要调整发达的商品经济关系,反映发达商品经济的规律和要求。民法调整平等主体之间的财产关系和人身关系,而商法只调整财产关系。民事关系是发生在平等主体之间的关系,商事关系可以发生在平等主体之间,也可以发生在不平等主体之间,如商事管理关系。

第二,从法律属性看,民法是纯粹的私法,商法是以私法为主,但兼有公法的内容。因此,民法是私法的主要组成部分,在整个私法体系中居于核心地位。民法属国内法,不具有国际性。商法基本上属于国内法,同时具有较强的国际性。

第三,从立法价值取向看,虽然一部法律可以同时具有多种价值追求,但民法关注的主要是民事主体之间的地位平等和利益平衡,公平是其首要目标。商法关注的主要是商事主体的营利动机实现,效率是其首要追求。对此不妨举例加以说明。在民事买卖中,如果卖方误标价格,他可以根据《民法通则》和《合同法》中有关"重大误解"的规定请求变更或者撤销合同。但在商事交易(如证券交易或者期货交易)中,如果一方错误表示价格,以此为由变更或者撤销合同的

① 参见顾功耘主编:《商法教程》,上海人民出版社、北京大学出版社 2006 年版,第 11—12 页。

主张不应受到支持。

第四,从法律原则看,民法中的一些基本原则也是商事主体在商事活动中应遵守的基本原则,如自愿原则、等价有偿原则、公平原则以及诚实信用原则等。

第五,从法律内容和法律适用看。在民商合一的国家,商法是作为民法的特别法而存在。即使在民商分立的国家,商法同样具有民法特别法的属性。民法为一般社会生活确立了基础性的制度,如法人、所有权、债权制度,而商法常常对这一基础性的制度作出细化补充或者变更,从而确立特殊性的制度。由于商法属于特别法,根据特别法优于普通法的原则,有关商事的事项应首先适用商法,仅在商法无规定时方可适用民法。例如,《日本商法典》第 1 条规定:"关于商事,本法无规定者,适用商事习惯法,无商事习惯法者,适用民法典。"

(二) 商法与经济法的关系

在我国学术界,经济法是一个尚未获得统一认识的概念。通常认为,经济法是指调整国家在管理社会经济运行过程中发生的社会关系的法律规范的总称。

虽然商法与经济法都要调整一定的社会经济关系,但它们是两个独立的法律部门,两者之间的区别主要有以下几点:

第一,从产生原因看,商法的形成是因为民法不能承担调整复杂商品经济关系这一任务。由于民商法过度张扬意思自治、行为自由,市场机制的自发运行产生了诸多弊端,包括垄断、限制竞争等问题,于是政府开始介入市场运行以弥补市场机制的缺陷,经济法也随之产生和发展。

第二,从调整对象看,商法主要调整发生在平等主体之间的关系,商事管理机关与商人之间的管理关系只是商法调整对象的一小部分,因此商法调整的社会关系基本上是横向的。经济法则不同,它调整的是国家在管理经济的过程中发生的社会关系,这种关系基本上是纵向的。

第三,从法律属性看,商法基本上以个人为本位,偏重于保护商事主体的合法权益,本质上属于私法,商法规范更多的是任意性规范。而经济法是以社会为本位,偏重于维护社会公共利益,本质上属于公法,经济法规范更多的是强制性规范。

第四,从调整方法看,商法尊重当事人的意思自治,很多问题交由当事人自己决定,政府的角色较为消极。经济法更加强调发挥政府的作用,政府需要基于社会整体利益的考虑干预经济生活。

四、商法的渊源

法的渊源又称法源,是指法律规范的表现形式。商法的渊源,就是指商法表现为哪些形式,具体可以分为国内渊源和国际渊源。

（一）商法的国内渊源

1. 商事制定法

商事制定法又叫商事成文法，是指由国家立法机关或行政机关依据一定程序制定的各种规范性文件。商事制定法包括商法典、单行商事法规以及民法典中包含的商法规范。商事制定法是国内商法的重要渊源。

2. 商事习惯法

商事习惯法属于不成文法，在商法发展初期一直是商法的主要渊源，但后来逐渐让位于商事制定法。但是，由于社会关系的复杂性和变动性，商事制定法不可能为所有的商事交易提供细致明确的规范，此时商事习惯法可以发挥重要作用。《日本商法典》第1条的规定就反映出商事习惯法的重要性，“关于商事，本法无规定者，适用商事习惯法，无商事习惯法者，适用民法典”。

3. 商事自治法

商事自治法是商事主体（企业）就其组织、运作、成员权利义务、相对人权利义务等自主制订的规则。[①] 一般而言，商事自治法主要有三种形式：(1) 公司章程。公司章程是关于公司组织和运作最基本的法律文件，对公司、股东、董事、监事、高级管理人员具有约束力。(2) 交易所规则。证券交易所、期货交易所等制订的各项业务规则，对上市公司、证券公司或期货经纪公司以及其他交易当事人均有约束力。(3) 商业行会规约。为实现自我约束和自我发展，各商业行会常制订自治性的行业规范，对行业成员也有一定的约束力。

4. 商事判例法

在英美法系国家，商事判例法一直都是商法的重要渊源。在大陆法系国家，人们对商事判例能否成为商法渊源有不同的看法。

（二）商法的国际渊源

1. 国际商事条约

国际商事条约是指两个或两个以上的国家所签订的商事协议，包括双边国际商事条约和多边国际商事条约（国际商事公约），如1980年的《联合国国际货物多式联运公约》。国际商事条约是商法的重要渊源，就涉外商事关系而言，国际商事条约通常优先于国内商法适用。而针对国内商事关系，国际商事条约一般需要通过国内商法的规定间接适用。

2. 国际商事惯例

国际商事惯例是指在国际商事领域被普遍认可并广泛适用的交易习惯，它是由两种非政府机构提出的具体商事规则：其一，附属于联合国的许多组织机构，如联合国国际商法委员会、联合国工业发展委员会；其二，某些专业性质的国

① 参见王书江主编：《中国商法》，中国经济出版社1994年版，第7页。

际组织,如伦敦谷物贸易协议、利物浦棉花协会等。[①] 作为商法的一种渊源,国际商事惯例的适用通常需要当事人的明确意图。

第三节 商法的历史发展

商法历史悠久亘长,其形成和持续发展的根本原因在于商品经济和商业贸易的不断发展。法国学者丹尼斯·特伦就曾指出,商法的形成实际上来自于实践,它们的系统化过程不是由于民法学者的传播,而是由于其推行者的努力。[②]或者说,只要存在商业贸易的地方就会存在商法。

一、大陆法系商法

一般认为,在大陆法系国家,商法经历了一个从古代商法到中世纪商人法到近代商法再到现代商法的演变过程。

1. 古代的商事法

古代商法一般是指欧洲中世纪以前的商法。关于古代商法的最早起源,人们迄今尚无定论。一种说法认为商法起源于古巴比伦的《汉穆拉比法典》,该法典由公元前 18 世纪古巴比伦第六代国王汉穆拉比在位期间制定,包括买卖、租赁、借贷、寄存、雇工以及商人等诸多规定。另一种说法认为商法起源于古希腊。由于海上贸易的繁荣,古希腊形成了大量的海事习惯,这些海事习惯经过汇编成为法典,即著名的《罗得法》。该法中有许多关于海商方面的规定。例如,根据该法,如果船舶遇难,为保全船舶及剩余货物的需要将一部分货物抛弃,那么所有的船主和货主必须分担损失,此即现代共同海损法之渊源。[③] 还有一种说法则认为,商法的最早起源应为古罗马法。公元前 2 世纪到公元 1 世纪,罗马成为西方世界最强大的国家。凭借着军事、地理优势,罗马境内的商业贸易获得了极大的发展,商人这一特殊的利益集团也开始形成,调整商事关系的法律规范因之大量产生。在当时的罗马法尤其是万民法中,就有关于代理、冒险借贷、海运赔偿等内容的商业习惯法,一些重要的商法原则和商法规范已经初步形成,并"支配着罗马帝国范围内绝大多数类型的商业交易,尤其是涉及远距离货物运输的商业交易"[④]。"无论从法律内容的发达状况,还是从法律技术的精细程度考虑,与以往的法律相比,罗马法中关于商品交换的法律规定已达到了一个崭新的、较

① 参见张民安:《商法总则制度研究》,法律出版社 2007 年版,第 87 页。

② 参见《中国大百科全书·法学卷》,中国大百科全书出版社 1985 年版,第 505 页。

③ 参见任先行、周林彬:《比较商法导论》,北京大学出版社 2000 年版,第 144 页。

④ 〔美〕伯尔曼:《法律与革命——西方法律传统的形成》,贺卫方等译,中国大百科全书出版社 1993 年版,第 413 页。

高的水平。这些法律被后人所推崇和接受,从而对近现代欧洲商法,以至整个世界的贸易法都产生了较大的影响。"①

从人类社会的发展规律看,古代商法规范是随着社会分工和简单商品交换的出现而形成的,今天的人们实难考证商法究竟起源于何时何地。由于当时的生产条件较为简陋,商品经济关系较为简单,古代商法规范与民法规范相互交错,商法尚未形成一个独立的法律部门,但实质意义上的商法规范是存在的。

2. 中世纪的商人法

国内外商法学者普遍认为,欧洲中世纪的商人法(Lex,Law of Merchant)才是近代商法的直接起源。所谓商人法,是指产生于中世纪西欧商人中间,调整他们彼此间关系的一系列习惯和法律。② 它的出现和发展有着深刻的社会背景。

随着罗马帝国分裂为东、西罗马以及西罗马帝国在公元476年灭亡,在中世纪开始以后的几百年时间里,欧洲范围内庄园经济盛行,大量民众被束缚在土地上。商人也备受教会以及教会控制之下的世俗政权的歧视和压迫,有偿借贷等行为被严厉禁止,商业贸易极度萎缩。这种情况从公元11世纪开始逐步改变。11世纪以后,欧洲农业经济获得了很大的发展,提供了大量剩余农产品用于交换,这为商业经济的复兴提供了物质基础。在西欧尤其是地中海沿岸、北海沿岸和波罗的海沿岸,出现了定期的集市,这些集市的数量和规模也日益扩大。除陆上贸易外,十字军东征打通了欧洲通向东方的商路,东西方海上贸易再次兴起,这促进了地中海沿岸、亚地里亚海沿岸等许多城市的商业贸易的繁荣。

商业贸易的繁荣也促进了商人阶层的形成。商人需要法律承认并保护其利益,但是,当时占主导地位的封建法和教会法对于商人、商业总体上持抵制态度,许多商事交易行为被明令禁止,而且既有法律中也缺乏调整一些新型商事交易的规则。于是,商人们就组建了自己的团体——商人基尔特(Merchant Guild),其中比较著名的如汉萨同盟。这些商人基尔特团体凭借经济实力,争取到一定范围内的自治权和裁判权。它们发布调整商事活动的自治规约,编辑商事惯例,组建商事法院裁决商人之间的纠纷。正是在这些商会规则、商业习惯和商事法院的判决的基础上,商人法逐渐形成。最初,各地的商人法之间存在较大的差异。例如,中世纪盛行的海商法实际上可以分为流行于地中海及其沿岸的康苏拉度海法,流行于大西洋沿岸的奥勒伦法以及流行于波罗的海和北海沿岸的威

① 〔德〕海曼:《商法典评纂》,第53页。转引自任先行、周林彬:《比较商法导论》,北京大学出版社2000年版,第146页。

② 参见〔英〕戴维·M.沃克主编:《牛津法律大辞典》,北京社会与科技发展研究所译,光明日报出版社1988年版,第524页。

斯比海法。[1] 但在人们的努力下，各地的习惯法逐渐统一，成为适用于各城市的共同商法。例如，位于海岸的阿马尔非共和国采用的海商法汇集——《阿马尔非表》就被意大利所有的城市共和国采用。因此可以说，商法从一开始就具有"国际性"特征。在内容上，现代商法中的诚信原则、商人资格及公示规则、商事合伙、商事代理、票据、海商等许多内容，在中世纪商人法中已具雏形。

就其本质而言，中世纪的商人法不是国家法律，而是适用于商人团体内部的商事习惯法，具有自治性的特征。

3. 近代商法

这一阶段商法发展的最大特征体现在成文化和国家化方面。15、16 世纪以后，商品经济的进一步发展促使欧洲范围内统一的民族国家纷纷成立，自治城市逐渐消亡。与此相适应，商法也由习惯法过渡到成文法和国家法。

1673 年 3 月，由太阳王路易十四颁布的《商事条例》开创了国家立法的先河。该条例主要规范陆上商事活动，共计 12 章 112 条，内容涉及商人、票据、破产、商事裁判管辖等。对于条例未规定的事项，商人习惯法仍可适用。商事法院的法官也由商人担任。1681 年 8 月，路易十四又颁布了《海事条例》，主要规范海上商事活动，共五编，内容包括海上裁判所、海员及船员、海事契约、港口机场和海上渔猎。该法的主要目的是加强王室对海上贸易活动的控制，排除奥勒伦法和康苏拉度海法等商事习惯法对法国海商活动的适用。

德国在 1871 年统一前分裂为许多邦，其中，普鲁士从 18 世纪开始就以商人习惯法为依据制定成文商法，包括 1727 年《普鲁士海商法》、1751 年《普鲁士票据法》、1776 年《普鲁士保险法》和 1794 年的《普鲁士普通法》等。

4. 现代商法

(1) 法国商法典

19 世纪以后，随着法国资产阶级革命的成功，为巩固革命成果，适应资本主义商品经济发展的需要，进一步规范商事活动，拿破仑于 1801 年任命了一个七人委员会负责起草《法国商法典》。1807 年 9 月，《法国商法典》正式通过。《法国商法典》共分四篇，共 648 条。第一篇为通则，其内容包括商人、商业账簿、公司、夫妻财产的分割、商业交易所、票据经纪人、行纪、买卖、汇票本票及时效，共九章。第二篇为海商，其内容包括船舶、船舶抵押、船舶所有人、船长、海员、佣船合同、载货证券、租船合同、以船舶抵押而设定的借贷、海上保险、海损、货物投弃、时效、拒诉，共十四章。第三篇为破产，其内容包括家资分散、破产、复权，共三章。第四篇为商事裁判，内容包括法院的设立、管辖范围、诉讼方法等，共四章。

[1] 参见董安生等编著：《中国商法总论》，吉林人民出版社 1994 年版，第 11—12 页。

《法国商法典》是在《商事条例》和《海事条例》的基础上经过系统编纂而成，其重要的历史意义在于：(1) 它是世界上第一部商法典，首创民商分立体制，标志着现代商法已经形成；(2) 采取客观主义的立法模式，只要行为人的行为属于商行为，就适用商法，从而打破了中世纪以来商法只适用于商人阶层的传统，变商人法为商行为法。这一立法模式反映了法国大革命所确立的自由平等观念，并为许多国家效仿，如比利时、卢森堡 1811 年的商法，西班牙 1829 年的商法，葡萄牙 1832 年及 1888 年的商法，希腊 1835 年的商法，土耳其 1850 年的商法，埃及 1875 年的商法，阿根廷 1889 年的商法，秘鲁 1902 年的商法。此外，意大利、波兰、南斯拉夫、罗马尼亚、巴西、智利的商法都直接或间接受到法国商法的影响，美国路易斯安那州的商法也受到法国商法的影响，从而形成了法国商法法系。

然而，《法国商法典》也存在相当大的局限性：(1) 体系不甚合理。该法公法与私法不分，实体法与程序法不分，对陆商的规定要比对海商的规定更为简单。(2) 内容较为简单。公司和票据制度是商法中的两项基本制度，该法仅在通则篇的第三章和第八章作了简单规定。涉及公司的条文只有二十多条，其中，最为重要的股份有限公司只有十三条，这反映出资合公司在当时尚未获得充分发展。与《法国民法典》相比，《法国商法典》的影响力要小得多。

《法国商法典》目前仍然有效，只是它毕竟制定时间较早，很多条款因后来不能适应现实情况而被修改或者废除。此外，法国还制定了不少商事单行法以应对现实中的新情况，如 1867 年颁布的《股份公司法》、1919 年颁布的《商业登记法》、1925 年颁布的《有限责任公司法》、1955 年修订的《保险契约法》、1988 年修订的《证券交易所法》等。

(2) 德国商法典

在德国尚未统一时，商法的统一运动已经展开，人们试图“通过编纂统一法来推动德国政治统一运动”[①]。1861 年，《德国商法典》颁布，此即“德国旧商法典”。该法以《普鲁士普通法》和《法国商法典》为蓝本制定，沿袭客观主义立法模式。在结构上，该法共分五编，911 条，第一编为商人地位，第二编为商事公司，第三编为合伙，第四编为商行为，第五编为海商。该法典颁布后，德意志的大部分邦通过立法将其转化为邦法。

1871 年德意志帝国成立，不久之后就启动了修改旧商法典的工作。1897 年，新的商法典编纂完成，并于 1900 年 1 月 1 日起与民法典同时施行，此即“德国新商法典”。新商法典共四编三十一章，计 905 条。第一编为总则，共八章，内容包括商人、商业登记簿、商号、商业账簿、经理权和代理权、商业辅助人和商

① 〔英〕施米托夫：《国际贸易法文选》，赵秀文译，中国大百科全书出版社 1993 年版，第 9 页。

业学徒、代理商、商事居间人。第二编为商事公司及隐名合伙，共五章，内容包括无限公司、两合公司、股份公司、股份两合公司、隐名合伙。[①] 第三编为商行为，共七章，内容包括总则、商业买卖、行纪业、承揽运输业、仓库业、货物运送、铁路运送。第四编为海商，共十一章，包括总则、船舶所有人及船舶共有人、船长、货物运送、旅客运送、风险借贷、共同海损、海难救助、船舶债权人、海上保险和时效。

与旧商法典不同的是，德国新商法典改采主观主义立法模式，即以商人为立法基础。按这种立法模式，同一行为若是商人所为则适用商法，若非商人所为则适用民法或其他法律。根据德国学者的解释，"《德国商法典》的制定者以'商人'概念作为出发点，是因为他们持有一种十分陈旧的观点，即一个社会中的不同职业构成了相互独立的身份集团，而每一集团都有其专门的法律。"[②]那么，何谓商人？根据德国法律，公司（股份有限公司和有限责任公司）不管从事什么业务或活动，都因其法定的组织形式而一概具有商人身份。个人和合伙只有在具备了《德国商法典》第1条至第3条所规定的条件后，才能取得商人资格。《德国商法典》第1条第2款列举了九种商业活动（基本商职业），从事这些活动的人将被毫无例外地赋予商人身份。至于从事其他业务活动的经营者，须经登记才能被作为商人对待。[③] 德国商法的这种区分不仅有违平等观念，而且不能涵盖新型的商事经营活动。因此，1998年修订的《德国商法典》没有对从事基本商营业与其他营业的人作出区分，根据该法第1条，商人是指商事经营者，而商事经营是指任何营利事业，除非企业依其种类或范围不需要以商人方式进行经营。据此，只要行为人的行为属于商事经营，他就是商人。

必须指出的是，新商法典中的商人与中世纪商人法中的商人有所不同。商人法中的商人实际上是一个阶层或者阶级，商人法只适用于这个阶层或者阶级。新商法典中所谓的商人，是指经营营业的人，这种概念具有普遍性。[④]

《德国商法典》在世界上也产生了很大的影响，许多国家效仿德国的立法模式制定商法典，从而形成了德国商法法系。属于这一法系的国家有奥地利、土耳其（原属法国法系，后改德国法系）等。

（3）日本商法典

日本自明治维新后走上了资本主义的道路，为适应经济发展的需要，日本开始了法典的编纂工作。1881年，日本政府聘请德国人赫尔曼·罗斯勒起草商法

---

① 德国新商法典未规范有限责任公司，这是因为德国在1892年已经制定了《有限责任公司法》。

② ［德］罗伯特·霍恩、海因·科茨、汉斯·G. 莱塞：《德国民商法导论》，楚建译，中国大百科全书出版社1996年版，第232页。

③ 同上书，第232—234页。

④ 参见施天涛：《商法学》，法律出版社2003年版，第38页。

典。1890 年 4 月 27 日,议会讨论通过并公布该法典,并决定于 1891 年 1 月 1 日起实施,此为日本旧商法典。该法典共分三编,共 1064 条,第一编为总则,第二编为海商,第三编为破产。由于该法典被认为完全无视日本本国的商事习惯,与日本民法典也很不协调,日本学者对是否如期施行该法典产生了激烈的争论,并迅速波及政界和实业界。最后,延期派取得了议会的主导地位,该商法典两次被延期施行,但其中的公司(第一编第六章)、票据(第一编第十二章)和破产一编自 1893 年起实施。

为了打破僵局,既解决就商法存在的问题,又尽快确立商法制度,日本政府采取了名义上修改商法,实际上重新起草新商法的方针。1893 年,日本成立法典调查委员会,成员为梅谦次郎等日本著名的法学专家。1899 年 3 月 9 日,新商法典获得议会通过,并于同年 6 月 16 日起施行,此为日本新商法典。新商法典共五编三十四章,共 689 条,第一编为总则,第二编为公司,第三编为商行为,第四编为票据,第五编为海商。

日本新商法典自施行以来,为适应国内外的新形势进行了三十多次修改和补充。在 1932 年和 1933 年,日本根据 1930 年日内瓦《汇票和本票统一法公约》和 1931 年日内瓦《支票统一法公约》,分别制定了汇票本票法和支票法,原来属于商法典第四编的票据法也予以废除。①

现行《日本商法典》分为四编,即总则、公司、商行为和海商,共三十一章、851 条。其中,"总则"编分七章,内容包括商人、商业登记、商号、商事账簿、商业使用人、代理商等。"公司"编也分为七章,内容包括总则、无限公司、两合公司、股份有限公司、股份两合公司(1950 年该章规定已全部删除)、外国公司、罚则。② "商行为"编分十章,内容依次为总则、买卖、交互计算、隐名合伙、居间营业、行纪营业、承揽运输营业、寄托、保险等。"海商"编分为七章,内容为船舶和船舶所有人、船员、运输、海损、海难救助、海商保险和船舶债权人。

《日本商法典》在体制上仿效法国商法,内容上则采德国商法。在立法模式上,兼采客观主义与主观主义,既重视商人,也重视商行为。例如,《日本商法典》第 4 条第 1 款规定:"商人是以自己的名义,以从事商行为为职业的人";而第 501 条和第 502 条则具体列举了商行为。因此,日本商法仅适用于商人,非商人只能适用民法,这是主观主义模式。但是,商人必须以从事商行为为职业,不以从事商行为为职业的人不是商人,这又是客观主义模式。由于《日本商法典》

---

① 参见吴建斌:《现代日本商法研究》,人民出版社 2003 年版,第 5—6 页。

② 《日本商法典》"公司"一编并不包含有限责任公司的内容,这是因为有限公司制度是由德国在 1892 年创设,日本旧《商法典》中不可能含有这一内容,日本新《商法典》因袭了这一传统。为不打乱商法典的结构和体系,其后的修改也不便将有限公司的内容插入商法典之中,因此只能在 1938 年单独制定《有限公司法》。参见吴建斌:《现代日本商法研究》,人民出版社 2003 年版,第 5 页。

同时以商人和商行为作为立法基础,这种立法模式又被称为折中主义模式。

上述法国、德国、日本等国家的商法典尽管立法模式不一,但都属于民商分立体制。此外,有一些大陆法系国家奉行的是民商合一体制。例如,瑞士于1872年颁布《瑞士债务法》,该法第一编为总则,第二编为契约分则,包括行纪、仓库、寄托、运送、承揽等,第三编为公司、有价证券及商号、商业合伙、票据、商业登记、商业账簿等内容。1907年《瑞士民法典》颁布,1911年《瑞士债务法》被纳入民法典中成为其第五编,首创民商合一体制。意大利等国也采取这一立法体例。

二、英美法系商法

在英美法系国家,一般不存在大陆法系意义上的民法典和商法典,因此在这些国家,不存在民商分立或者民商合一的问题。

(一) 英国商法

英国一向不以成文法为主,其商法传统上以判例法和习惯法为主要法律渊源。17世纪早期,商法是涉及海外贸易的商人的法律,是商人在国际贸易活动中发展起来的惯例和通则,并在商事法院(海事法院)中使用。1606年,爱德华·科克爵士成为上诉法院大法官后,普通法院也逐渐开始受理商事案件。在曼斯菲尔德爵士担任王座法院大法官时,他将原来的商法全部纳入普通法,由此奠定了英国现代商法的基础。

19世纪以来,为适应商业经济发展的需要,英国开始在判例法和习惯法之外大量制定商事单行法,这些法律主要涉及公司、破产、票据和保险等领域。在公司法方面,英国在1844年制定了《合股公司法》,改变了只有通过皇家特许状或议会法案才能设立公司的局面,确认了设立公司的自由。1855年,英国颁布《有限责任法》,赋予股东以有限责任的庇护,该法后来并入1856年《合股公司法》。1862年,英国通过第一部以"公司法"命名的法律,此后该法经历多次修改,最近的一次修改发生在2006年。在保险法方面,由于英国是现代保险的发源国家之一,保险法在英国的历史也较为久远。早在1746年,英国就颁布了《海上保险法》,1746年又通过了《人寿保险法》。此后,英国又制定了1876年《保险单法》、1906年《海上保险法》、1909年《保险法》、1923年《简易人身保险法》、1958年《保险公司法》等,其中,1906年《海上保险法》对世界各国的保险立法产生了深远的影响。

尽管英国商法中已经存在大量的制定法,但判例法仍然在其商法体系中居于非常重要的地位,习惯法也是如此。在20世纪初,还有英国法官强调习惯法的作用:"商人习惯法并没有完全丧失它原来的性质,也并未忘记它是从中世纪自然法传下来的,它是各种形式的习惯法做法中所体现出来的普遍合理的规则。

由于符合英国的程序和法律方法,因而它还可以从已经确定的一般惯例中得到加强。"①

（二）美国商法

由于美国历史上曾为英国的殖民地,美国法律受到了英国法律很大的影响,美国商法尤其是早期商法也因此主要由判例法和习惯法构成。在19世纪以后,随着经济的不断发展,美国也开始制定了一些成文的商事法律。

美国实行的是联邦制,根据宪法规定,联邦和州均有涉及商事的立法权。其中,属于联邦立法权的事项有进出口贸易、海商、州际通商、破产等,属于州立法权的事项有公司、保险、票据等。由于各州立法颇不一致,商事交易受到不利影响。为解决这一问题,从19世纪末起,美国掀起了统一州法的运动,由全国州法统一委员会起草并颁布各种法律草案以推动法律统一,其中比较重要的有1896年的《统一流通票据法》、1906年的《统一买卖法》、1909年的《统一提单法》和《统一股份转让法》、1922年的《统一信托收据法》、1926年的《统一商事公司法》(该法于1951年修正,改为《示范商事公司法》,它不具有强制性,是否采用由各州决定)。

美国统一州法运动产生的最为重要的成果,就是《美国统一商法典》(Uniform Commercial Code,UCC)。该法典由美国法学会和全国州法统一委员会共同起草,从1940年开始酝酿,至1952年公布第一个文本,历时12年之久。经过修改,该法典先后有1958年文本、1962年文本、1966年推荐本和1972年文本。该法典在1966年公布后,首先由纽约州议会确认为本州的法律,以后各州纷纷效仿。目前,除路易斯安那州因奉行法国商法而不接受该法典的第二章和第九章以外,其他各州均已承认其为本州法律。

在体例上,《美国统一商法典》共十章37节,共418条。第一章为"总则",第二章为"买卖",第三章为"商业票据",第四章为"银行存款和收款",第五章为"信用证",第六章为"大宗转让",第七章为"仓单和提单和其他所有权凭证",第八章为"投资证券",第九章为"担保交易",第十章为"生效日期和废除效力"。从内容上看,除了前后两章以外,《美国统一商法典》各章内容是以买卖为中心展开的,每一章都涉及商业买卖的一个阶段,既包含了大陆法系民法中的一些内容,如买卖、合同、所有权、债权、担保等,也包含了大陆法系商法中的一些内容,如票据、银行信贷、提单以及投资证券等,因此与大陆法系通常所指的商法典不同。

《美国统一商法典》是现代商法的一部杰作。英国学者施米托夫对此评价说:"它在精神上是现代化的,处理方案是切实可行的,概念上是综合性的。"而

① 〔英〕施米托夫:《国际贸易法文选》,赵秀文译,中国大百科全书出版社1993年版,第11页。

且,“从某种难以令人置信的宏大的学术项目的角度看,该法典已成为西方世界最先进的商法,梦想已成为现实。”①

三、中国的商事立法

我国封建社会持续两千多年,在这一阶段,真正意义上的商法缺乏生长土壤。首先,古代中国以自给自足的自然经济为基础,商品交换只是偶然现象;其次,从商鞅变法以来,“农本商末”、“重农抑商”就成为历代王朝的国策,商人在政治上备受压制,商业活动也受到诸多限制;再次,明朝中叶开始实施“海禁”政策,海内外商业贸易的渠道被堵死。因此,在清朝末年以前,现代意义上的商法在我国并不存在。

(一) 清朝末年的商事立法

第一次鸦片战争后,中国社会传统的自然经济结构开始解体。至 19 世纪中后期,民族工商企业在社会经济生活中已经占有一定的比重。新的社会经济关系的产生和发展,迫切需要新法加以调整。因此,一些有识之士极力呼吁制定商律,以推动民族资本主义的发展。例如,光绪二十四年(公元 1898 年)春,康有为在《应诏统筹全局折》中就建议:“今宜采罗马及英、美、德、法、日本之律,复位施行,不能骤行内地,亦当先行于通商各口。其民法、民律、商法、市则、舶则、讼律、军律、国际公法,西人皆极详明……故宜有专司、采定各律,以定率从。”

《辛丑条约》签订后,清政府的财政危机愈益严重,为缓解国库空虚的状况,不得不对其工商业政策作出变革。1903 年 4 月清政府颁谕称:“通商惠工,为古今经国之要政。自积习相沿,视工商为末务,国计民生,日益贫弱,未始不因乎此。亟应变通尽利,加意讲求。兹据政务处议复,载振奏请设商部,业经降旨允准。兹著载振、袁世凯、伍廷芳先定商律,作为则例。俟商律编成奏定后,即行特简大员开办商部。”同年 9 月 7 日,商部正式设立(1906 年,清政府将农工并入商部,改组为农工商部),由固山贝子载振(系首席军机大臣、庆亲王奕劻之子)任尚书,伍廷芳、陈璧分任左右侍郎。1904 年 1 月 21 日,《钦定大清商律》颁布,包括《商人通例》9 条和《公司律》131 条。1906 年,清政府又编成《破产律》69 条并予公布。

1908 年,修订法律馆又聘请日本学者志田钾太郎协助编订商律,并于次年完成,定名为《大清商律草案》,内分总则、商行为、公司律、票据律、海船律等五编,共 1008 条。这是中国有史以来第一个商事法典,体例基本与 1899 年《日本商法典》一致。该法典草案在提交资政院核议时,人多讥其为直接抄袭日、德等国商法,不合中国国情,乃多有质疑。农工商部还根据对我国旧有商事习惯的调

① 〔英〕施米托夫:《国际贸易法文选》,赵秀文译,中国大百科全书出版社 1993 年版,第 107 页。

查加以修订。[①] 但随着清王朝的覆灭,该法亦无法实施。

（二）中华民国的商事立法

中华民国建立后,北京政府于 1913 年宣布,前清各实业法规于民国国体无抵触者应继续适用。于是,《大清商律》暂准援用。1914 年 1 月和 3 月,北京政府先后公布施行《中华民国公司条例》和《中华民国商人通例》。《公司条例》共 251 条,比《公司律》的篇幅大大扩充,其中"股份有限公司"占了 132 条。公司"谓以商行为为业而设立之团体",并明确宣称"凡公司均认为法人",又将公司分为无限公司、两合公司、股份有限公司和股份两合公司四种类型。此外,该条例还对各类公司的设立条件、集股手续、股东的权利和义务、对外营业的法律责任、公司章程、公司变更、解散与债务清算等事项作了详细规定。此后,又陆续出台了《证券交易所法》(1914 年 12 月)、《物品交易所条例》(1921 年 3 月)、《商标法》(1923 年 5 月)等商事法规。

1928 年南京国民政府成立后,加快了商事立法的步伐。1929 年,立法院院长胡汉民和副院长林森等人向国民党中央政治会议提交《民商划一提案审查报告书》,建议采取民商合一体例。在该报告书中,胡汉民等人为民商合一提出了八条理由,[②]兹摘录如下:

1. 因历史关系,认为应订民商统一法典也。商法之于民法之外,成为特别法典者,实始于法皇路易十四。维时承阶级制度之后,商人鉴于各种阶级,各有其身份法,亦遂组织团体,成为商人阶级,而商法法典渐亦相因而成。此商法法典别订于民法之外者,乃因于历史上商人之特殊阶级也。我国自汉初驰商贾之律后,四民同受治于一法,买卖钱债,并无民商之分。清末虽分订有民法法典及商法法典之议,民国以来,亦沿其说。实则商人本无特殊之阶级,亦何可故为歧视耶。

2. 因社会之进步,认为应订民商统一法典也。反对民商法统一者言曰,商法所定,重在进步,民法所定,多属固定,故民商不便合并,此在昔日之陈迹,容或有之。不知凡法典应修改者,皆应取进步主义,立法者认为应修改即修改,与民商合一与否无关。例如英国民商合一,而公司法施行后,亦有数次之修改,而德国为民商分立之国,乃商法之改变,远不如英国。于此可见不当以法典之进步与否,而断定民商之应合一与否也。考之学说,盛倡民商合一之论者甚多,如意国之维域提氏(Viyonte),法国之他赖氏(Tnaller),德国之典尔伯氏(Dern Burg),其著者也。

3. 因世界交通,认为应订民商统一法典也。反对民商法典统一者之言曰,

① 参见张晋藩主编:《清朝法制史》,法律出版社 1994 年版,第 707 页。

② 参见《民商划一提案审查报告书》,载张国键:《商事法论》,台湾三民书局 1980 年版,附录一。

商法具有国际性,民法则否,此亦狃于旧见之说也。民商合一,对于商事法规,应趋于大同与否,立法者尽可酌量规定,并不因合一而失立法之运用。且民商划分之国,其法典关于本国之特别规定者,亦不一而足也。

4. 因各国立法趋势,认为应订民商统一法典也。意大利为商业发达最早之国,而其国之学者,主张民商合一最力,英美商业今实称雄于世界,而两国均无特别商法法典,瑞士亦无之,俄国 1893 年民法第一草案,1896 年民法第二草案,1906 年民法第三草案,1907 年民法第四次草案,均包括商法在内,似此潮流,再加以学者之鼓吹提倡,则民商合一,已成为世界立法之新趋势,我国何可独与相反。

5. 因人民平等,认为应订民商统一法典也。人民在法律上本应平等,若因职业之异,或行为之不同,即于普通民法之外,特订法典,不特职业之种类繁,不能普及,且与平等之原则不合。

6. 因编订标准,认为应订民商统一法典也。昔时各国商法,以人为标准,即凡商人所为者,均入商法,德国于 1897 年所订之商法亦然。法国自大革命后,以为不应为一部分之人,专订法典,故其商法,以行为为标准,即凡商行为均入于商法典,然何种行为,系商行为,在事实上有时颇不易分,我国如亦编订商法法典,则标准亦殊难定也。

7. 因编订体例,认为应订民商统一法典也。各国商法之内容,极不一致,日本商法分为总则、会社、商行为、手形、海商五编,德国商法无手形(票据),法国则以破产及商事裁判所组织法订入商法法典,体例分歧,可知商法规定之事项,原无一定范围,即创为独立之法典,亦只自取烦扰,再法典应订有总则,亦取其纲举目张,足以贴串全体也,而关于商法,则不能以总则贯穿全体。

8. 因商法与民法之关系,认为应订民商统一法典也。在有商法法典之国,其商法仅系民法之特别法,而最重要之买卖契约,仍多规定于民法,而民法上之营利社团法人,仍须准用商法,则除有特别情形,如银行交易所之类外,民法商法牵合之处甚多,奈何取乎两法并立耶。且民商划分,如一方为商人,一方非商人,适用上亦感困难,因民商法相关联之处甚多,而非一班人所能意料者。要之各国民商法典,近时趋势,凡民商划一之国,鲜有主张由合而分者,其他民商划分之国,其学者主张由分而合者则甚多,其所以至今尚未实行者,盖因旧制历年已久,而理论实际,一时之间尚未能推翻之耳,而趋势则已大定也。且在无商法特别法典之国,如英美等,不过无欧洲大陆之所谓商法法典,而实则关于商人之各种法规,灿然具备。是民商合一与否,与商业之发达,并无关系,兹当百年革新之时,发扬总理全民之旨,应订民商合一法典,殊无疑义也。

国民党第 183 次中央政治会议接受了这一建议,确认采取民商合一的立法体制,将通常属于商法总则中的经理人、代办商和属于商行为的买卖、交互计算、行纪、仓库、运送等一并订入民法债编,不能订入民法的则另行制定单行商事法。根据这一原则,国民政府于1929年和1930年先后公布了民法的各编(总则、债、物权、亲属、继承),并于1929年公布了《公司法》、《票据法》、《海商法》、《保险法》、《交易所法》,1935年公布了《破产法》,1937年又公布《商业登记法》。至此,民商法典合一与单行商法相结合的立法格局在我国得以确立。

(三)新中国的商事立法

1949年新中国建立后,国民党的旧法统被废除。由于受到苏联的影响,我国确立了高度集中的计划经济体制,尤其是1956年社会主义改造完成后,商品经济几乎被全面否定,商法观念和商法规范更是无从谈起。

改革开放以后,我国的商品经济获得了极大发展,商事立法也提上了议事日程。1979年,我国通过了《中外合资经营企业法》,规定合营企业的形式为有限责任公司。此后,一些法律法规陆续出台,如《外资企业法》(1986年)、《企业破产法(试行)》(1986年)、《中外合作经营企业法》(1988年)、《全民所有制工业企业法》(1988年)、《私营企业暂行条例》(1988年)、《企业法人登记管理条例》(1988年)、《乡镇集体所有制企业条例》、《城镇集体所有制企业条例》等。

1992年,党的十四大确定了建立社会主义市场经济体制的目标,我国商事立法也进入一个新的阶段。1993年12月29日,第八届全国人民代表大会常务委员会第五次会议通过《公司法》,1997年2月23日通过《合伙企业法》,1999年8月30日通过《个人独资企业法》。这些法律的颁布,表明我国已经突破了按照所有制形式制定企业法的旧观念,而是按照国际通行做法,以企业的组织形式和投资者的责任形式为标准制定企业法。在商行为法领域,我国先后制定了《海商法》(1992年)、《票据法》(1995年)、《商业银行法》(1995年)、《保险法》(1995年)、《证券法》(1998年)、《信托法》(2001年)、《证券投资基金法》(2003年)、《企业破产法》(2006年)等一系列重要的商事法律。

第四节 商法的基本原则

商法的基本原则是指反映商事关系的本质特性,体现商法的基本内容,统帅商法的具体制度,并贯穿于商法规范始终的共同准则。① 国内学者对商法基本原则的认识存在较大差异,主要有以下几种观点:

第一,“二原则说”,即保障商事交易便捷原则和维护交易安全原则。②

第二,“三原则说”。徐学鹿教授认为,商法的基本原则包括交易自由原则、

① 参见顾功耘主编:《商法教程》,上海人民出版社、北京大学出版社2006年版,第18页。

② 参见雷兴虎:《略论我国商法的基本原则》,载《中外法学》1999年第4期。

交易诚信原则、交易公平原则。[①] 顾功耘教授概括的三原则是维护市场正常运行原则、提高商事交易效率原则、保障商事交易安全原则。[②] 而柳经纬教授主张的是商主体法定原则、促进交易便捷原则、保障商事交易安全原则。[③]

第三,“四原则说”。覃有土教授和赵万一教授均认为,商法的基本原则包括强化商事组织原则、维持交易安全原则、促进交易迅捷原则和实现交易公平原则。[④] 学者官欣荣认为,商法基本原则应为商事主体法定与维持原则、提高市场运行效率原则、保障交易安全原则以及促进权利互惠原则。[⑤] 施天涛教授则认为,商法基本原则应为促进交易自由原则、维护交易公平原则、提高交易效率原则和确保交易安全原则。[⑥] 张民安教授认为,商法基本原则包括从商自由原则、企业维持原则、商事交易便捷性原则和商事交易安全性原则。[⑦] 王作全教授的观点是,商法基本原则是市场准入严格法定原则、维护交易公平原则、保障交易简便、迅捷原则和保障交易安全原则。[⑧]

第四,“五原则说”。高在敏教授等认为,商法基本原则有五项内容,分别是商事营业维持原则、商事营业利益兼顾原则、商事营业国家干预原则、商事主体类型严格法定原则、商事交易迅捷安全原则。[⑨]

第五,“八原则说”。赵中孚教授认为商法基本原则应包括如下内容:依法自由行使权利原则、商事主体意思自治原则、诚实信用原则、合法原则、尊重公共利益、公序良俗原则、鼓励交易原则、保障交易便捷原则以及维护交易安全原则。[⑩]

第六,“九原则说”。该说界定的商法基本原则分别为:利润最大化原则、诚实信用原则、磋商调节原则、互惠原则、简便便捷原则、安全原则、经营自主原则、强化企业组织原则以及社会责任原则。[⑪]

我们认为,商法的基本原则应该是维护市场正常运行原则、提高商事交易效

---

① 参见徐学鹿主编:《商法学》,中国人民大学出版社 2008 年版,第 35—40 页。

② 参见顾功耘主编:《商法教程》,上海人民出版社、北京大学出版社 2006 年版,第 20—23 页。

③ 参见柳经纬主编:《商法》,厦门大学出版社 2002 年版,第 17—21 页。

④ 参见覃有土主编:《商法学》,中国政法大学出版社 2006 年版,第 8—15 页;赵万一主编:《商法》,中国人民大学出版社 2006 年版,第 6—10 页。

⑤ 参见官欣荣主编:《商法原理》,中国检察出版社 2004 年版,第 28—30 页。

⑥ 参见施天涛:《商法学》,法律出版社 2003 年版,第 18—31 页。此外,侯怀霞教授界定的商法基本原则是:(1) 促进交易自由原则;(2) 维护公平交易原则;(3) 交易便捷,提高经济效益原则;(4) 鼓励交易,确保交易安全原则。参见侯怀霞主编:《商法学》,中国政法大学出版社 2008 年版,第 21—23 页。这与施天涛教授的主张基本一致。

⑦ 参见张民安:《商法总则制度研究》,法律出版社 2007 年版,第 43 页。

⑧ 参见王作全主编:《商法学》,北京大学出版社 2006 年版,第 8—9 页。

⑨ 参见高在敏、王延川、程淑娟编著:《商法》,法律出版社 2006 年版,第 13—16 页。

⑩ 参见赵中孚主编:《商法总论》,中国人民大学出版社 2007 年版,第 32—42 页。

⑪ 参见任先行、周林彬:《比较商法导论》,北京大学出版社 2000 年版,第 82—96 页。

率原则和保障商事交易安全原则。

一、维护市场正常运行原则

现代社会是市场经济社会,市场是资源配置的基础手段,如果市场不能正常运行,人类的经济活动就无法取得理想效果,这不仅会导致资源配置的低效化,甚至可能引发大的经济动荡。就商事法律规范而言,虽然其产生和持续发展在根本上由商品经济关系驱动,但这并不意味着商法只是经济关系的被动反映,相反,设计良好的商事法律规范可以在很大程度上促进经济关系的有序发展,维护市场的正常运行,这主要体现在以下几个方面:

(一) 市场准入

现代市场经济运行中存在很高的风险,并非所有民事主体都具备了从事商事活动的知识和技能,如果不具备此种素质的人贸然入市,不仅对自己和交易相对人不利,甚至可能影响市场的正常运行。有鉴于此,各国商法大多以强制性规范的形式,对商事主体的市场准入作出明确、严格的规定。总的来说,市场准入可以从三个方面加以理解:

一是商事主体类型法定。商事活动的基本主体是企业,不同国家的商法对企业的类型有专门规定,当事人不得设立该国法律没有规定的企业类型。

二是商事主体设立条件法定。各国商法对不同类型的企业应当具备的条件都有规定,不符合法定条件者,不得设立该种类型的企业。例如,我国《合伙企业法》第 14 条规定了设立普通合伙企业应当具备的条件;而《公司法》第 23 条和第 77 条分别规定了设立有限责任公司和股份有限公司的条件。又如,尽管《公司法》允许人们设立一人公司,但依据该法第 59 条,由一个自然人投资设立的一人有限责任公司就不能再投资设立新的一人有限责任公司。而对于商业银行、保险公司、证券公司等从事特定商事活动的组织而言,它们不仅要满足《公司法》规定的一般条件,还要满足《商业银行法》、《保险法》、《证券法》中的特别条件。

三是商事主体设立程序法定。关于商事主体的设立,现代各国普遍采取准则主义,只要具备法定条件就可予以登记,但不经过一些必需的程序和步骤(如《公司法》中规定的出资、验资、申请设立登记等),商事主体仍然无法成立。此外,在与准则主义相对的许可主义之下,即使商事主体符合法定条件,如果未经有关政府机关批准仍然不得设立。

(二) 企业维持

在商法中贯彻企业维持,就是指商事立法应尽最大努力确保企业组织的稳定,维持企业组织的存在,一切影响企业存在的处理方式(如企业设立无效、企业解散等)只有在必要时方可采取。

现代商法之所以贯彻企业维持,主要基于以下两方面的考虑:其一,企业是市场中最为重要的商事主体,只有存在数量众多的企业,有效率的竞争市场才可能形成,经济发展才具备了坚实的主体基础。其二,企业内外部存在众多的利害关系人,这些人包括股东;董事、监事、经理等高管人员;债权人;雇员等。如果企业归于消灭,上述人员的利益都会受到巨大影响。尤其对雇员而言,企业的消灭必然导致部分雇员失业,这不仅会危及社会经济秩序,甚至可能产生严重的社会问题。

商法对企业维持的贯彻主要体现在这几个方面:

第一,企业设立瑕疵原则上不影响企业的存在。正如前述,任何企业的设立都应具备一定的条件、遵守一定的程序,否则,企业的设立即存在瑕疵。此时,企业设立尤其是公司设立是否有效?英美法系的通常做法是,公司设立的瑕疵不会导致所设立的公司无效。我国《公司法》对此问题未作规定。

第二,企业成员的变动原则上不影响企业的存在。一些国家的商事立法对某些类型的企业常会设置成员人数下限,如在大陆法系国家,一般的有限责任公司(一人公司除外)至少应有两名股东。但是,因企业成员的死亡或者权益转让,致使公司只剩一名成员时,该公司是否应予解散?曾经有一些国家的商事立法对此持肯定态度,但近年来这一态度已经转变。现在各国通常的做法是给予公司一定的宽限期,公司可在宽限期内采取措施使股东人数满足法定要求。若宽限期满公司股东人数仍不符要求,或者是该公司的法人人格将被否认,唯一股东需要对以后的债务承担责任,或者是公司将被法院判决解散。我国《公司法》对此问题也基本上未予考虑。

第三,风险分散。市场交易必定存在着风险,通过设计一些规则,商法将市场风险分散在不同的市场主体之间,以避免少数主体因承担过高过大的风险最终不得不退出市场。现代股份公司制度的设计本身就体现了风险分散。通过向社会公众招募股份,公司经营的风险由众多投资者一体承受;而股东原则上承担有限责任的制度,实质上又是将公司经营的风险在股东和债权人之间分配。又如保险制度,其本质即是集合多数人的资金,对共同团体内遭受危险的少数人的损失进行弥补。此外,海商法中的共同海损制度也鲜明地体现了这一点。

(三) 市场退出

"流水不腐,户枢不蠹",一个有效率的市场应该是有进有退的市场。从原因上分析,退出市场可能是因为初始经营目标已经实现,也可能是因为经营无法持续下去,或者是因为其他事由。无论如何,现代商法应设计出一套顺畅的市场退出机制,否则,一部分市场主体虽欲退出而无门,另一部分市场主体虽不具备相关条件却无法退出,这不仅违背了当事人的内心意愿,也降低了资源配置的效率。

从形式上看,市场退出可以表现为多种渠道。例如,商法中有关于股份转让的规定,有上市公司退市的规定,还有公司解散的规定,这些规定都是市场主体可以利用的退出渠道。在此对我国相关法律中公司解散的规定作一简单分析。

在大陆法系国家,公司解散可以分为自愿解散和强制解散。自愿解散是指基于股东的意愿而解散公司,强制解散是指因行政机关的命令或司法机关的裁判而解散公司,其中强制解散又可分为行政解散和司法解散。司法解散包括两种形式:一是公司因不能清偿到期债务而被法院宣告破产;二是因存在"公司僵局"或者大股东对小股东的压迫行为,由法院判决解散。公司解散是一种最为彻底的市场退出方式,有其存在必要性。但是,由于公司解散制度和企业维持的要求存在一定的冲突,因此,应对公司解散尤其是强制解散的适用持有高度谨慎的态度。① 就此而言,《公司法》183 条强调法院判决解散公司的前提是"通过其他途径不能解决的",《企业破产法》通过规定企业重整制度、企业和解制度以尽可能挽救还有希望的企业,均体现了这一谨慎态度。

二、提高商事交易效率原则

商人从事商事交易的目的在于营利,商事交易的效率越高,营利目的就越有可能实现。如果商法对交易程序的规定过于繁琐,对交易方式的规定过于僵化,商人的交易成本就会增加,交易效率就会降低。因此,商法应通过规则设计尽可能实现商人之间交易的简单化,而交易的简便性又能促进交易的迅捷性,最终使商事交易效率得以提高。

提高商事交易效率原则的内容是:

(一) 缔约方式自由化

商事交易主要通过契约进行,契约方式包括口头形式、书面形式和其他形式。书面形式的优点在于双方的权利、义务、责任明确,可以减少争议的发生,也有助于法院或者仲裁机关在争议发生后作出判断;缺点是缔约过程较为繁琐,成本较高。口头形式的缺点在于双方之间的权利、义务和责任难以确定,争议发生后难以举证,法院或仲裁机关也难以明辨是非;优点是缔约过程简单,成本较低。

基于促进效率的考虑,现代各国商法均认可一般商事契约可以口头形式订立。我国《合同法》第 10 条的规定也体现了这一精神。此外,2009 年 2 月 28 日修订的《保险法》第 13 条第 1 款规定:投保人提出保险要求,经保险人同意承保,保险合同成立。保险人应当及时向投保人签发保险单或者其他保险凭证。

---

① 自愿解散体现了股东的意志,即使解散决定的作出没有实质理由,只要符合法律规定,也不应以"企业维持"为由对股东的选择横加干涉。强制解散则不同,它具有相当明显的国家干预色彩,往往违背了当事人的意愿,因此适用必须受到限制。

第2款规定:保险单或者其他保险凭证应当载明当事人双方约定的合同内容。当事人也可以约定采用其他书面形式载明合同内容。上述规定表明,在我国,保险合同的订立并非必须采取书面形式。

（二）交易定型化

商法促进商事交易迅捷的另一体现,就是交易的定型化。在我国台湾地区学者张国键看来,交易定型化包括交易形态的定型化与交易客体的定型化。[①]

交易形态的定型化是指商法预先对交易形态作出定型安排,使任何人或任何集团无论何时进行交易都可获得同样的法律效果。例如,合同法中关于货物标定卖价的规定,就是使交易当事人一方预先陈列各种定型的货物并标明价格,以使另一方可以迅速决定是否购买该货物,从而促进交易的便捷。

交易客体的定型化是指交易客体的商品化和证券化。具体言之,若交易的客体是有形的物品,则使之商品化并予以统一的规格或特定的标记,从而使交易上可以大量供应同一品质的物品。例如,商标法上规定的商标就是使交易当事人表彰自己商品的标识,它使得顾客容易识别商品,因此得以大量交易,迅速成交。若交易的客体是无形的权利,因其不便于流通,商法就使其证券化。同时,商法又奉行要式主义,对于各种证券的记载事项和记载方式多设强制性规定,如公司法上对股票和公司债券的规定、票据法上对各种票据的规定、保险法上对保险单的规定、海商法上对提单的规定。权利证券化和证券定型化,极大地简化了权利认定的程序,使当事人能够迅速辨认。此外,商法通过设立背书制度,使得各种表彰权利的证券都可转让流通,实现了交易的便捷。

（三）契约定型化

因为人的有限理性和现实世界很强的随机性、不确定性,即使在理想状况下,交易当事人也不能预计到所有的偶然事件。而且,即使一些问题在缔约时能被预见,从交易成本的角度考虑,针对每一个问题列出一项安排也可能是成本高昂的。因此,商业交易中订立的契约必定具有不完备性。在契约履行过程中,如果当事人最初忽略或未能达成协议的问题真的出现,当事人可能就需要对此问题如何解决达成补充协议,此时,交易效率就会降低,甚至契约将可能难以顺利履行。

商法规范能够在一定程度上弥补契约的不完备性。商事交易虽然类别多样,新的交易类别随着时间推移还在不断产生,但由于商事交易是在重复大量进行,就各种类别的商事交易而言,仍然有一些交易规则能够获得商业社会的普遍认可。于是,商法将这些实践中已获普遍接受的规则确认在法律当中,以供其他商人在从事同类交易时选择。具体而言,针对当事人倾向于忽略的那些偶然事

---

① 参见张国键:《商事法论》,台湾三民书局1980年版,第40页。

件,商法可以提供一套规定,这有助于唤起当事人的特别注意。另外,由于商法是将一些已获普遍认可的规则确认下来,交易当事人在缔约时只须参考法律,而无须就契约条款逐一讨价还价,交易环节将大为简化,交易成本将大为降低。合同法对有名合同的规定,公司法对一股一表决权、董事信义义务等的规定,就是商法这一功能的体现。

契约定型化的另一体现,就是格式契约在商法中的运用。格式契约是指契约条款由一方当事人提供,对方当事人要么同意要么不同意的契约。传统民法因主要关注当事人之间的利益平衡,担心强势一方借此损害弱势一方的利益,因此对格式条款较为敌视。然而,格式条款省去了当事人讨价还价这一繁琐过程,提高了商事交易的效率,现代商法因此对格式条款本身持认可态度,商事交易中格式契约的运用也非常普遍,如保险交易、期货交易中的保险单、期货合约等。

(四)短期时效主义

所谓短期时效主义,就是将交易行为所产生的请求权的时效期间予以缩短而从速确定其行为效力的立法规定。[①] 商人反复进行大量交易,一笔交易持续时间过长会影响商人从事其他交易。为此,各国商法普遍采取短期时效主义,缩短商事债权的受保护期间,以督促权利人及时行使权利,了结既存的交易关系。基于这一立法主义,商法针对商事请求权规定的时效期间通常要比民法时效期间更短。

我国的相关立法也鲜明地体现了这一主义。例如,按照《民法通则》的规定,诉讼时效期间原则上为2年,而在相关商事法律中,短期时效的规定比比皆是,如《公司法》第22条第2款规定:“股东会或者股东大会、董事会的会议召集程序、表决方式违反法律、行政法规或者公司章程,或者决议内容违反公司章程的,股东可以自决议作出之日起六十日内,请求人民法院撤销。”第75条第2款规定:“自股东会会议决议通过之日起六十日内,股东与公司不能达成股权收购协议的,股东可以自股东会会议决议通过之日起九十日内向人民法院提起诉讼。”[②]《票据法》第17条规定:“票据权利在下列期限内不行使而消灭:……(二)持票人对支票出票人的权利,自出票日起六个月;(三)持票人对前手的追索权,自被拒绝承兑或者被拒绝付款之日起六个月;(四)持票人对前手的再追索权,自清偿日或者被提起诉讼之日起三个月。”此外,依据《海商法》第257条、第260条和第263条的规定,就海上货物运输向承运人要求赔偿的请求权、有关海上拖航合同的请求权、有关共同海损分摊的请求权,时效期间均为一年。

---

① 参见雷兴虎:《略论我国商法的基本原则》,载《中外法学》1999年第4期。

② 《最高人民法院关于适用〈中华人民共和国公司法〉若干问题的规定(一)》第3条规定:“原告以公司法第22条第2款、第75条第2款规定事由,向人民法院提起诉讼时,超过公司法规定期限的,人民法院不予受理。”

三、保障商事交易安全原则

商事交易虽然讲究效率,但也不能忽视交易安全,如果基本的安全都得不到保障,不仅效率难以实现,商人自身的存在可能都难以持续。因此,保障商事交易安全也自然成为商法的基本原则,其主要内容是:

(一)强制主义

强制主义又称"要式主义"、"干涉主义",是指商法为了维护社会公共利益和保障商事交易安全,通过采取强制性规则对商事组织和商事行为进行强行干涉,是商法公法化的重要表现。

强制主义在商法中体现得较为明显。就商事组织而言,公司法对公司资本制度的规定通常就被认为属于强制性规则,其目的不仅在于保证公司的稳健经营,更重要的是要保护债权人的利益。又如,即使在最为崇尚公司自治的美国,很多学者和法官也认为公司法对董事、经理的义务、责任的规定应属于强制性规则,否则,中小股东的利益就可能会受到损害。就商事行为而言,证券法、票据法、保险法等也多设有强制性规范。例如,证券法对证券发行审核体制的规定,票据法对票据记载事项更改的规定,保险法对保险公司退去责任准备金的规定,等等。商事主体若违背了上述强制性规定,或者行为无效,或者行为有效,但相关当事人需要承担一定的法律责任。

(二)公示主义

经济学上认为,风险来源于不确定性,相关主体掌握的信息越多,不确定性就越少,风险也就越低。为确保市场主体拥有必要的信息,商法确立了公示主义。所谓公示主义,是指营业上一定的事实如与利害关系人有关系时,当事人必须公告周知才能发生法律效力。

为增强市场的透明度,现代商法极为重视公示主义。例如,在公司法上,公司决议合并、分立、减少注册资本时应通告债权人,以维护债权人的利益。公司召集股东会时,应将召集事由予以公告,以使股东在事前就如何行动做好充分准备。

在证券法中,公示主义体现为强制信息披露制度,即证券发行人或上市公司应根据法定要求,将自身财务、经营等情况向证券监管机构报告,并向社会发布公告。发行阶段的信息披露,其主要作用是使投资者准确判断证券的价值,从而作出投资决策;上市以后的信息披露,其主要作用不仅包括使投资者更好地作出投资决策,也是股东采取其他行动的必要前提,例如,当公司表现不佳时,股东需要知道原因,据此决定是否通过罢免董事以扭转局面。

(三)外观主义

外观主义是指以当事人行为的外观为准认定行为所产生的法律效果。德国学者称之为外观法理,英美法上则称之为禁止反言。在商事交易中,一方的内心真意与外观表示不一致的情形时常发生,如证券、期货交易中一方错误输入价格指令,如果允许其以此为由事后撤销交易,将会破坏对方当事人的善意信赖,有损交易安全。

在民法中,表见代理、善意取得制度奉行的其实也是外观主义,但它是作为对个别问题的解决办法而存在的。总体而言,外观主义在民法中处于次要的地位,它的适用具有补充性。而在商法中,由于现代商事交易具有节奏快、频率高的鲜明特性,当事人面对市场行情需要迅速作出判断,客观上不允许其对交易相对人进行细致的调查和了解,而只能通过对方已经表现的行为作出判断,因此,商法更多地贯彻了外观主义的精神。

商法中的很多规定反映了外观主义。例如,《合伙企业法》第 37 条规定:“合伙企业对合伙人执行合伙事务以及对外代表合伙企业权利的限制,不得对抗善意第三人。”第 76 条规定:“第三人有理由相信有限合伙人为普通合伙人并与其交易的,该有限合伙人对该笔交易承担与普通合伙人同样的责任。”

在票据法上,我国《票据法》第 4 条第 1 款规定,票据出票人制作票据,应当按照法定条件在票据上签章,并按照所记载的事项承担票据责任。该规定体现了票据的文义性,实质上就是外观主义。票据属文义证券,票据上的权利只能以票据记载的文字为准加以认定,即使票据记载事项有误,也不允许以票据记载以外的证据变更、推翻票据上的权利。

在保险法上,现代各国保险法普遍承认的禁止抗辩规则也是外观主义的体现。

(四) 严格责任主义

严格责任主义是指商法特别使交易当事人承担较为严格的责任。必须强调的是,这里所说的“严格责任”指的是立法政策上的一种总体考量,不同于作为归责原则使用的“严格责任”,后者常与“无过错责任”等同使用。

现代商事活动大多依赖少数特定人,商法对他们的责任予以严格规定,以促使其行为合法、适当。相较于民法,说商法对责任的规定更严格主要是因为商法更加频繁地适用连带责任和无过错责任。例如《公司法》第 31 条规定:“有限责任公司成立后,发现作为设立公司出资的非货币财产的实际价额显著低于公司章程所定价额的,应当由交付该出资的股东补足其差额;公司设立时的其他股东承担连带责任。”第 95 条规定:“股份有限公司的发起人应当承担下列责任:(一) 公司不能成立时,对设立行为所产生的债务和费用负连带责任;(二) 公司不能成立时,对认股人已缴纳的股款,负返还股款并加算银行同期存款利息的连带责任……”《证券法》第 69 条规定:“发行人、上市公司公告的招股说明书、公司债券募集办法、财务会计报告、上市报告文件、年度报告、中期报告、临时报告以及其他信息披露资料，有虚假记载、误导性陈述或者重大遗漏，致使投资者在证券交易中遭受损失的，发行人、上市公司应当承担赔偿责任；发行人、上市公司的董事、监事、高级管理人员和其他直接责任人员以及保荐人、承销的证券公司，应当与发行人、上市公司承担连带赔偿责任，但是能够证明自己没有过错的除外；发行人、上市公司的控股股东、实际控制人有过错的，应当与发行人、上市公司承担连带赔偿责任。"第 173 条规定："证券服务机构为证券的发行、上市、交易等证券业务活动制作、出具审计报告、资产评估报告、财务顾问报告、资信评级报告或者法律意见书等文件，应当勤勉尽责，对所依据的文件资料内容的真实性、准确性、完整性进行核查和验证。其制作、出具的文件有虚假记载、误导性陈述或者重大遗漏，给他人造成损失的，应当与发行人、上市公司承担连带赔偿责任，但是能够证明自己没有过错的除外。"

第二章　商事主体概述

第一节　商事主体的概念及特征

一、商事主体的概念

商事主体是指商事关系主体，常被简称为“商主体”或“商人”。不少已经颁布商法典的大陆法系或英美法系国家，均有关于“商主体”或“商人”的法定概念。如，《法国商法典》第 1 条就规定：“从事商活动并以其为经常性职业者，为商人。”①《德国商法典》将商人界定为“经营营业的人”②。而按《日本商法典》第 4 条的规定，商人是指“以自己的名义以实施商行为为业者”③。《美国统一商法典》关于商人的定义则更有特色，其第 2—104 条规定：“商人是指从事某类货物交易业务或因职业关系以其他方式表明其对交易所涉及的货物或做法具有专门知识或技能的人”④。虽然上述各国关于商人的法定概念不同，但我们仍然可以归纳出几条对商人的界定标准：(1) 行为标准，即商人必须是从事商行为的人；(2) 职业标准，即商人必须是持续地从事商行为，并以从事商行为为其职业者；(3) 名义标准，即商人必须以自己的名义从事商行为，商人必须自己就是商事法律关系中权利的享有者和义务的承担者；(4) 知识标准，即商人是对交易对象和交易规则有着较丰富的知识的人。

我国没有关于商人的法定概念，国内学者的论著中有用“商人”这一术语的，也有以“商主体”或“商事主体”指代的。如，张民安、龚赛红合著的《商法总则》中就用了“商人”这一术语，并指出：“所谓商人，是指以自己的名义实施某种商行为并以此为习惯职业的人”⑤。董安生等编著的《中国商法总论》则采用了“商主体”的概念，并将商主体界定为“具有商法上的资格或能力、能够以自己的名义从事营业性商行为、独立享有商法上权利并承担商法上义务的组织和个人”⑥。赵中孚则使用了“商事主体”的概念，并在其主编的《商法总论》中指出：“商事主体，是指具有商事权利能力，依法独立享有商事权利和承担商事义务的

---

① 金邦贵译：《法国商法典》，中国法制出版社 2000 年版，第 1 页。

② 杜景林、卢谌译：《德国商法典》，中国政法大学出版社 2000 年版，第 3 页。

③ 王书江、殷建平译：《日本商法典》，中国法制出版社 2000 年版，第 3 页。

④ 潘琪译：《美国统一商法典》，中国对外经济贸易出版社 1990 年版，第 18 页。

⑤ 张民安、龚赛红：《商法总则》，中山大学出版社 2004 年版，第 58 页。

⑥ 董安生、王文钦、王艳萍编著：《中国商法总论》，吉林人民出版社 1994 年版，第 85 页。

个人和组织。”[①]本书认为，虽然上述学者对商事主体的表述方式不尽相同，但却没有本质上的差异。在给商事主体下定义时，学者们不外乎强调了主体的行为要件、职业要件、营利要件、名义要件、资格要件等。总体而言，以上几种不同的表述都有相当大的合理性。但本书认为，就我国的文化传统及现有的法律环境而言，“商人”或“商主体”这两个术语不是容易被误解为仅指自然人，就是有可能被局限于用来指传统的商业贸易主体，所以，本书采用“商事主体”这一概念。另外，有些要件并不适合概括所有的商事主体，如，职业要件就不适合概括商法人及各种经济组织。本书认为，国内学者在给商事主体下定义时所提到的各种要件中，行为要件、营利要件是不可或缺的，由于我国各类商事主体资格的取得都须经过注册登记，因此，我们在给商事主体下定义的时候一定不能遗漏注册要件。综上所述，本书认为，商事主体是指经核准登记而取得从事以营利为目的的商行为的组织和个人。因此，营利要件、行为要件（即从事特定商行为）、注册（登记）要件是我国界定商事主体的核心要件。

二、商事主体的特征

商事主体是私法上的主体，具有不同于一般民事主体的特征。

1. 商事主体是法律拟制的主体。虽然“商主体是民事主体的一种特殊形式”[②]，但不等于说民事主体都可以成为商事主体。按照商主体法定原则，商事主体必须是商法上规定的主体。普通的民事主体要取得商事主体资格，必须按照商法预先确立的商事主体类型、商事主体的条件并履行必要的法律程序后才能取得商事主体资格。普通的民事主体在取得商事主体资格后，即享有了法律赋予的商事权利能力和商事行为能力。作为法律拟制的主体，商事主体可以是自然人，也可以是法人或非法人组织。

2. 商事主体以营利作为自身存在的目的。商事主体与民事主体最大的区别就是其营利性。换句话说，商事主体就是专门从事以营利为目的的经营活动的主体。从事以营利为目的的经营活动，不仅是商事主体之所以成为商事主体的原因，也是商事主体资格得以持续的理由。如果某一天某个商事主体宣称（或者以实际行动表明）其不再从事以营利为目的的经营活动，那他（它）作为商事主体的资格将不再被保留。[③] “从事以营利为目的的经营活动”，用商法上的术语来讲就是从事商行为。所以，也可以说，商事主体就是以从事商行为为自身

① 赵中孚主编：《商法总论》，中国人民大学出版社2003年第2版，第121页。

② 范健主编：《商法》，高等教育出版社 北京大学出版社2000年版，第21页。

③ 如《公司登记管理条例》第72条就规定，“公司成立后无正当理由超过6个月未开业的，或者开业后自行停业连续6个月以上的，可以由公司登记机关吊销营业执照。”《个人独资企业登记管理办法》第45条也作了类似的规定。这表明：商事主体一旦放弃营利性活动将被剥夺商事主体资格。

存在目的的特殊主体。

3. 商事主体的商事权利能力及商事行为能力的范围取决于其选择的、经核准登记的经营范围。与民事主体的民事权利能力的确定方法不同,商事主体的权利能力及行为能力范围既不因为商事主体的具体类型(是公司还是合伙或独资),也不取决于该商事主体的资本或经营规模,而是取决于其经营范围。经营范围是决定商事主体权利能力及行为能力范围的唯一依据。

4. 商事主体不仅享有财产权和商事经营权,而且享有商事人格权。目前,被不少国家法律承认的商事人格权内容主要包括商号权、商誉权、商事肖像权、商业信用权、商业秘密权等。

第二节　商事主体的分类

商事主体的种类不仅涉及分类标准,还与各国的政治、经济、文化及法律环境等因素有关。本节就域外商事主体的种类及我国商事主体的种类分别作介绍。

一、域外商事主体的主要类型

(一) 根据商事主体资格的取得是否必须进行登记为标准分类

根据德国及日本法的相关规定,以商事主体资格的取得是否必须进行登记为标准,可把商事主体分为免登记商人(亦称法定商人或必然商人)、须登记商人及自由登记商人。

1. 免登记商人。所谓免登记商人,又称法定商人或必然商人,是指从事商法典所规定的绝对商行为的人。按德国商法的规定,任何个人或组织,只要实施了商法典中所规定的绝对商行为,无论其是否进行登记,都取得商人资格。即使行为人进行登记,该登记也只具有公示性效力而不具有创设商事主体的效力。《德国商法典》规定的绝对商行为有九类,它们是:(1) 动产和有价证券的买卖;(2) 以非手工业方式为他人加工和处理商品;(3) 为获取保险费而从事保险业务;(4) 银行业及货币汇兑业;(5) 运输业;(6) 行纪业、仓储业;(7) 商事代理及居间业;(8) 出版业及图书和艺术品交易业;(9) 以非手工方式从事的印刷业。

2. 须登记商人。所谓须登记商人,又叫注册商人或应登记商人,是指商主体从事商法典所列举的绝对商行为以外的商行为(如手工业、服务业等营利事业)时,其所经营的营业需依某种商人的方式(如以店铺方式)经营时,必须登记方可取得经营资格的商人。如《日本商法典》第 5 条就规定,未成年人从事商业营业时必须进行登记。

3. 自由登记商人。自由登记商人，又叫任意商人，是指对是否进行商事登记享有自主决定权的商人。按德国法的规定，凡从事农业、林业及其附属产业经营的经营者可以自由选择是否在商事登记簿上进行注册登记。自由登记商人与须登记商人的主要区别是：对自由登记商人而言，是否登记是他行使选择权的结果，而对须登记商人而言，登记则是他必须履行的义务。

（二）以被认定为商事主体的原因为标准分类

按被认定为商人的原因不同为标准，可以将商人分为固有商人、拟制商人和表见商人。

1. 固有商人。固有商人即传统意义上的商人。日本学者将《日本商法典》第4条第1款规定的商人称为固有商人，即以自己的名义、以从事商行为为业者。固有商人的特征是：他所从事的业务是商法及特别法明确规定的商行为。

2. 拟制商人。拟制商人是指虽不以商行为为职业，但商法将其视为商人的人。从法律上讲，不能按法定程序取得商人资格的，就不能称为商人。但某些不能取得商人资格的主体又从事了一定的商事活动，而有些在商事登记簿上注册了商号的主体也可能并未从事经营活动的，但商法不能对此不加以调整。因此，有些国家的商法就把这两种情况下的主体视为拟制商人。如《日本商法典》第4条第2款就规定，“依店铺或其他类似设施，以出卖物品为业者，或经营矿业者，虽不以实施商行为为业者，也视为商人”①。

3. 表见商人。表见商人是指未办理注册登记手续而以商人身份从事经营活动而在事实上被视为商人的人。“表见商人”其实不是商人，但他却以商人的方式从事了商行为，这种行为在本质上是违法的。但为了保护善意第三人、维护交易的安全，便借助法理学中有关表现理论进行解释。根据法学理论，表见商人的形成，必须具备以下四个要件：(1) 行为人已经造成他是个商人的法律表象；(2) 法律表象与行为人行为之间存在因果关系；(3) 第三人基于法律表象而善意地相信行为人为商人；(4) 法律表象是造成第三人决定与行为人交易的根本原因。

（三）以商事主体的经营规模为标准分类

以经营规模为标准，可以把商人分为大商人和小商人。

1. 大商人。大商人又称“完全商人”，是指以法律规定的商行为为经营范围、完全符合法定标准的商人。各类企业，有限责任公司、股份有限公司等是最常见的大商人。

2. 小商人。小商人又被称为“不完全商人”，是指经营条件简陋（简单）、营业规模及经营范围小的商人。德、意、日等国均有“小商人”的规定。按日本法

---

① 王书江、殷建平译：《日本商法典》，中国法制出版社2000年版，第3页。

的规定，资本金额不满50万日元且对商业登记、商号、经理人及商业账簿等的规定均不适用的小规模商人，即是小商人。

（四）以商主体的法律地位的不同为标准分类

以商主体的法律地位的不同为标准，可以把商事主体分为商个人、商合伙及商法人等三种形式。大陆法系和英美法系各国都有此种分类。

1. 商个人。商个人，又称商自然人，是指具有商事权利能力和商事行为能力、独立从事商行为、依法享有商法上的权利并承担商法上义务的自然人。商个人通常以个体商人及个人独资企业的形式表现。

2. 商合伙。商合伙又称合伙企业，是指两个以上的合伙人依法签订合伙协议，共同出资、共同经营、共享受益、共担风险，各合伙人按合伙协议的约定承担责任的商事组织。商合伙又有有限合伙、隐名合伙、普通合伙等形式。

3. 商法人。商法人是指依法设立、具有特定的商事能力和资格、享有独立的商事权利并能独立承担商事义务和责任的营利性组织。大陆法系国家的民商法学界将商法人称为"营利法人"，多表现为各种公司。在我国，商法人实质上就是《民法通则》、《公司法》等法律中所谓的"企业法人"。

二、我国商事主体种类

我国自新中国成立至今，先后经历了计划经济体制、计划与市场相结合及市场经济体制等不同历史阶段。在改革开放前的计划经济体制下，我国没有真正意义上的商事主体，类似于商事主体的社会经济主体主要是各行各业的全民所有制及集体所有制企业。改革开放初期，我国实行的是计划与市场相结合的经济体制，在巩固壮大全民所有制及集体所有制经济的同时，有条件地允许个体工商户、私营企业、外商投资企业等私有及外资经济成分进入一些领域。与此相适应，国家针对各种不同所有制性质的经济主体①制定了一系列的专项法律法规，如《全民所有制工业企业法》、《城镇集体所有制企业条例》、《私营企业暂行条例》、《中外合资经营企业法》、《中外合作经营企业法》、《外资企业法》等，分别规制全民所有制、集体所有制、私营及外资企业。由此可知，20世纪90年代初以前，我国的商事主体主要是按所有制性质的不同分类的。随着改革开放的深入及市场经济体制的确立，对商事主体按所有制性质的不同分类规制及管理的方式显然已经不再合适。在对旧的制度进行改革的同时，建立一套适应市场经济要求的新的商事主体法律制度、培育我国真正意义上的商事主体，适时地摆上了议事日程。1993年第一部《公司法》的颁布，标志着我国真正意义上的商事主体的诞生。紧接着《合伙企业法》、《个人独资企业法》又相继出台，至此，真正意

① 当时还没有"商事主体"的概念。

义上的商事主体法律制度在我国基本形成。但由于新旧制度的完全交替需要有一定的时间，因此，20 世纪 70、80 年代我国颁布的规制各种不同所有制性质主体的法律法规仍然有效，从而导致我国目前客观上存在着两套规制商事主体的法律制度。但随着理念的更新及对旧企业制度的改革，老的全民及集体所有制企业也在不断地修炼内功，以使自己成为真正意义上的商事主体。这就导致我国现阶段客观上存在两种不同的划分商事主体的标准。

（一）按照主体的所有制性质不同为标准，可以把我国的商事主体分为国有商事主体、集体商事主体、私有商事主体、外资商事主体及混合所有制商事主体

国有商事主体，是指全部资产都由国家或者国家授权投资的机构或部门投资组建的商事主体，如国有独资公司及未按《公司法》改制的各种老国有企业。

集体商事主体，是指资产所有权归一定范围内的公民集体所有的各类城乡集体经济组织。

私有商事主体，是指全部资产都由私人投资组建的商事组织。

外资商事主体，是指外国投资者根据我国有关外资法律、法规的规定，在我国境内以合资、合作或独资的形式设立的营利性经济组织。

混合所有制商事主体，是指不同所有制性质的主体共同投资设立的营利性组织。随着我国市场经济体制的日趋稳固及相关法规的日益完善，不同性质的所有制主体共同投资设立的商事主体会越来越多，商事主体本身的所有制属性越来越不重要，以所有制属性为标准的分类法将渐渐淡出人们的视野。

（二）按照主体的法律形态及地位的不同为标准，可以把我国的商事主体分为商个人、商合伙、商事公司等三种形式

这种分类与域外很多市场经济发达国家对商事主体的分类基本相同，但我国的商个人、商合伙、商事公司又都有各自的特点。本书将在以下章节中详细介绍我国的商个人、商合伙及商事公司制度。

第三章　商　个　人

第一节　我国商个人概述

一、商个人的概念及种类

商个人,是指具有商事权利能力和商事行为能力、独立从事商行为、依法享有商法上的权利并承担商法上义务的自然人。在我国,商个人又可以分为个体工商户、农村承包经营户及个人独资企业三种类型。

（一）个体工商户

《民法通则》第26条规定:"公民在法律允许的范围内,依法经核准登记,从事工商业经营的,为个体工商户。"《城乡个体工商户管理暂行条例》第4条规定:"个体工商户,可以个人经营,也可以家庭经营。个人经营的,以个人全部财产承担民事责任;家庭经营的,以家庭全部财产承担民事责任。"由此可知,个体工商户,是指公民以个人或家庭财产作为经营资本,依法经核准登记并在法定范围内从事经营活动的个人或家庭。

（二）农村承包经营户

《民法通则》第27条规定,农村承包经营户,是指在法律允许的范围内,按照承包合同的规定从事商品经营的农村集体经济组织成员。

（三）个人独资企业

个人独资企业,是指由一个自然人单独投资设立、财产为投资人个人所有、投资者以其个人财产对企业债务承担无限责任的经营实体。

二、我国商个人的法律特征

商个人是商法上的主体,它来源于民事主体中的自然人,却又不同于作为普通民事主体的自然人。其法律特征主要有以下几点:

一是商个人的商事主体身份须依法登记而取得。虽然一些大陆法系国家并不把登记作为取得商事主体资格的绝对必要条件,但在我国,任何自然人,无论他想要取得个体工商户、农村承包经营户的经营资格,还是以个人独资企业的形式经营,依法都必须经核准登记。如果未经核准登记而以个体工商户、农村承包经营户或个人独资企业的形式开展经营活动,从法律上讲,该主体并未取得正式的商事主体资格,客观上看,其行为构成非法经营,依法要承担相应的法律责任。

二是商个人身份只授予特定范围内具备条件的自然人。换句话说，并不是所有的自然人在其愿意登记且也具备资金、场地和设备等物质条件的情况下就能取得商个人身份的。《个人独资企业法》第16条规定："法律、行政法规禁止从事营利性活动的人，不得作为投资人申请设立个人独资企业。"按《城乡个体工商户管理暂行条例》第2条，"有经营能力的城镇待业人员、农村村民以及国家政策允许的其他人员"才能申请从事个体工商经营。因此，从我国相关法规的字面意思推断，能获得商个人身份者一定是同时具备以下三个条件者：(1) 其本身属于城镇待业人员、农村村民以及国家政策允许的人员范畴；(2) 上述人员还应该具备与经营活动相适应的资金、场地和设备等物质条件；(3) 上述人员还得"有经营能力"这个无形要件。因此，不属于特定范围内具备条件的自然人就无法取得商个人身份。

三是商个人对其因从事商事活动而产生的债务负无限连带责任。无论是个体工商户还是个人独资企业主，对其因经营活动产生的债务不以投入经营的资金或财产为限，而是以其全部个人或家庭财产承担无限连带责任。

第二节 个人独资企业

个人独资企业是我国最主要的一种商个人形式。作为一种最古老的企业组织形式，个人独资企业产生于远古时期的简单商品经济社会，发达于自由资本主义时代。即使在市场经济极度发达的西方社会，在公司、合伙等企业形式已深入到社会经济活动的各个领域的今天，它仍以设立简便、经营灵活等特点而在社会经济生活中占有一席之地。我国自从确立了建设社会主义市场经济体制的目标后，个人独资企业也得到了迅猛发展。1999年8月30日，九届人大常委会第十一次会议通过并颁布了《中华人民共和国个人独资企业法》(以下简称《个人独资企业法》)，该法是我国商事主体法中一部重要法律，于2000年1月1日起正式实施，它对规范个人独资企业这种商事主体的经营活动、保护个人投资者及债权人的合法权益具有不可替代的作用。

一、个人独资企业的概念与特征

在我国，个人独资企业，是指依照《个人独资企业法》在中国境内设立，由一个自然人投资，财产为投资人个人所有，投资人以其个人财产对企业债务承担无限责任的经营实体。其最主要的特征是：

1. 企业由一个自然人投资者单独投资设立。投资者只能是一个而不能是两个或两个以上且该唯一的投资者只能是自然人，不能是法人或其他经济组织，这是独资企业与公司及合伙企业的首要区别。虽然公司的股东人数也可以是一个或一个以上,但一人公司的唯一股东既可以是自然人也可以是法人,而合伙企业的合伙人人数必须在二人以上,否则就不称其为合伙。因此,投资者的性质及数量是独资企业的一大特色。

2. 企业财产为投资者个人所有。虽然个人独资企业有独立的商号,是个相对独立的商事主体,但个人独资企业的投资者无须把其投入企业用于经营的财产的所有权转移到企业名下。投资者个人不仅对设立企业时投入的财产拥有所有权,还对企业存续期间积累而形成的增值部分的财产拥有所有权。所有这些都由个人独资企业的唯一投资者完全拥有。

3. 投资者以其个人财产对企业债务承担无限责任。所谓投资者以其个人财产对企业债务承担无限责任的含义是:以独资企业名义发生的债务,在企业财产不足以偿还的情况下,应由该投资者用个人的其他财产偿还。

4. 个人独资企业本身不具有法人资格。虽然个人独资企业有自己的商号、能以企业的名义开展经营活动、是个相对独立的经济实体,但它不具有独立的法人资格,是个非法人企业。这主要是因为独资企业不拥有独立的财产权,缺乏获得法人资格的必备要件。

二、个人独资企业与其他商事主体的区别

(一) 个人独资企业与个体工商户的区别

虽然个人独资企业与个体工商户是我国商个人的两种主要形式,但他们的区别还是很明显的。两者的差异主要是:

1. 主体资格的获得依据不同。个人独资企业与个体工商户都属于我国商事主体中的商个人范畴,但两者所依据的法律是不同的。个人独资企业是依照《个人独资企业法》设立的;而个体工商户的经营资格是根据《民法通则》、《城乡个体工商户管理暂行条例》及《城乡个体工商户管理暂行条例实施细则》的规定而获得的。不仅如此,个人独资企业与个体工商户在存续期间上也分别适用各上述法律法规调整各自的内外关系。

2. 主体的性质不同。个人独资企业是企业的一种形态,属于经济组织;而个体工商户是单个商人,不是企业,也不属于经济组织,不纳入企业范畴规范,按个体商人的范畴管理。

3. 获得主体资格的具体条件不同。虽然个人独资企业与个体工商户都以个体投资、个人经营为共同点,但获得个人独资企业营业执照与获得个体工商户经营资格的条件还是有很大区别的。由于个人独资企业是一种以企业形态表现出来的经济组织,因此,成立一家个人独资企业,不仅要有一个投资者,还得有固定的生产经营场所和必要的生产经营条件,要有完整的组织管理系统以及必要的从业人员等一系列要件,其设立门槛比个体工商户高。而取得作为单个商人

的个体工商户的经营资格,条件要简单得多。个体工商户可以根据经营情况请一两个帮手、带三五个学徒,却不一定非请帮手、非带学徒不可,更谈不上有从业人员。客观上看,个人独资企业的经营规模比个体工商户要大得多。

(二) 个人独资企业与一人公司的区别

一人公司是指只有一个股东单独投资设立的有限责任公司或股份有限公司。个人独资企业与一人公司的主要区别是:

1. 设立依据不同。个人独资企业依照《个人独资企业法》设立,而一人公司则是根据《公司法》的规定成立的。

2. 企业的法律地位不同。个人独资企业不具有法人资格,属于非法人经济组织;而一人公司则拥有独立的法人资格。因此,个人独资企业没有独立的企业财产权;一人公司则拥有股东投资形成的全部法人财产权。

3. 投资者性质不同。个人独资企业的投资者只能是自然人,不能是法人;而一人公司的投资者既可以是自然人、也可以是法人。

4. 投资者的责任形式不同。个人独资企业的投资者对企业债务承担无限责任,而一人公司的唯一股东则仅以其出资额为限对公司承担有限责任。除法定情形外,一人公司的股东对公司债务不承担直接责任。

(三) 个人独资企业与外商独资企业的区别

1. 设立依据不同。个人独资企业依照《个人独资企业法》设立,外商独资企业则根据《外资企业法》而设立。《个人独资企业法》第 47 条明确规定:“外商独资企业不适用本法”。

2. 投资者性质及资本来源不同。个人独资企业只能是中国境内的自然人投资设立,其资本来源于中国境内;而外商独资企业由外国投资者(包括外国的企业和其他经济组织或者个人)投资设立,且它用于投资的资本必须来源于中国境外。

3. 企业的法律地位及投资者的责任形式不同。个人独资企业只能是非法人企业,其投资者承担的只能是无限责任;而外商独资企业的法律地位却可能有两种情况,即:当外商投资企业符合中国法律关于法人条件的规定的,依法可取得法人资格;而当外商投资企业不符合中国法律关于法人条件的规定的,则不取得法人资格,经批准可以采取其他责任形式。与此相应的是:当外商投资企业取得法人资格时,其投资者承担有限责任;而当外商投资企业不取得法人资格时,其投资者则根据中国政府批准的责任形式承担责任。

三、个人独资企业的设立

(一) 个人独资企业的设立条件

根据《个人独资企业法》第 8 条,设立个人独资企业,必须同时具备下列条件：

1. 投资人为一个自然人

个人独资企业的投资人只能是一个而不能有两个以上；而且，这一个人必须是自然人，不能是法人；只能是中国人，不能是外国人。因为，外商个人独资企业适用《外资企业法》的规定，不适用《个人独资企业法》。当然，并不是所有的中国自然人都可以投资设立个人独资企业。凡是我国法律法规禁止从事营利性活动的自然人不能成为个人独资企业的投资人。

2. 有合法的企业名称

个人独资企业的名称应符合国家《企业名称登记管理规定》的要求，并与其责任形式及所从事的营业活动相符合。投资者在选择、确定企业名称时应特别注意：个人独资企业的名称中不得使用“有限”、“有限责任”及“公司”等字样。

3. 有投资人申报的出资

设立个人独资企业，虽也需要具备资本要件，但无须像设立公司那样要达到法定的最低注册资本额，而是可由投资人自由申报其自己决定的出资数。这是因为个人独资企业是由一个投资人单独投资设立且由该投资人对企业债务承担无限责任。所以，立法不规定企业的最低注册资本额，既不会危害交易安全，又可简化企业的设立条件，还能起到鼓励、促进个人独资企业发展的作用。不过，根据《个人独资企业登记管理办法》第 10 条，投资人申报出资数的同时，还应表明出资形式及是否以个人或家庭财产作为其出资的情况。

4. 有固定的生产经营场所和必要的生产经营条件

有固定的生产经营场所，不仅是设立各类企业的共同要件，也是个人独资企业区别于走街串巷的以流动经营为特征的小商贩的重要标志。至于必要的生产经营条件，则取决于各个独资企业具体生产经营活动的需要。

5. 有必要的从业人员

一定数量的从业人员，是个人独资企业的组织性及上述必要的生产经营条件的应有之义。

（二）个人独资企业的设立程序

个人独资企业的设立程序较为简单，一般而言，只需由投资人或其委托的代理人直接申请设立登记即可。只有当独资企业欲从事法律法规规定的须报经有关部门审批的业务时，独资企业的设立才需履行审批手续。因此，设立独资企业的法定程序通常可分为两大步：

1. 设立登记申请

设立登记申请人是个人独资企业的投资人。投资人也可以委托其代理人向个人独资企业所在地的登记机关申请设立登记。投资人申请设立登记时，应向登记机关提交下列文件：

(1) 投资人签署的个人独资企业设立申请书。设立申请书应记载下列事项:① 企业的名称和住所;② 投资人的姓名和居所;③ 投资人的出资额和出资方式;④ 经营范围。

(2) 投资人身份证明。投资人的身份证明是指投资人的居民身份证或者户籍证。

(3) 企业住所证明。企业住所证明是指个人独资企业住所的权属证明,即指证明个人独资企业对申请设立登记的企业住所享有所有权或者使用权的文件。

(4) 国家工商行政管理局规定提交的其他文件。国家工商行政管理局可以根据需要规定投资人应提交的其他有关文件。若有规定的,投资人应遵循该规定。

(5) 有关部门的批准文件。从事法律、行政法规规定须报经有关部门审批的业务的,应当提交有关部门的批准文件。

(6) 委托代理人文件。投资人委托代理人申请设立登记的,应当提交投资人的委托书和代理人的身份证明或者资格证明。

2. 登记机关核准登记

根据《个人独资企业法》第 12 条和《个人独资企业登记管理办法》第 11 条,登记机关在收到设立登记申请人依法提交的全部文件后,只要申请人提交的文件齐全并符合要求,登记机关就应当依法受理,并发给申请人“个人独资企业登记受理通知书”。然后对申请人申请登记的事项及提交的文件的真实性、合法性及有效性等进行审核,并作出准予登记或者不予登记的决定。准予或不予登记的决定应在正式受理之日起的 15 天内作出。准予登记的,发给营业执照;不予登记的,应给出书面答复,并说明理由。

个人独资企业的营业执照签发日期为个人独资企业的成立日期。在领取营业执照后,个人独资企业即可正式开展生产经营活动。

四、个人独资企业及其投资人的权利、义务、责任

(一) 个人独资企业的权利、义务、责任

个人独资企业成立后即获得了经营实体资格,作为相对独立的商事主体,它享有法定的权利,并负有法定的义务及责任。

1. 个人独资企业的权利

根据《个人独资企业法》的有关规定,个人独资企业可享有下列权利:

(1) 设立分支机构的权利。个人独资企业的分支机构是指个人独资企业在其住所地以外设立的从事生产经营活动的场所或办事机构。个人独资企业为自身业务发展的需要,可以设立分支机构。但若设立分支机构,应当由投资人或者

其委托的代理人向分支机构所在地的登记机关申请登记,领取营业执照。

(2) 自主经营权。个人独资企业在其登记的经营范围内开展自主经营的权利,受法律保护。为了开展生产经营活动,个人独资企业还可以依法申请贷款、取得土地使用权,并享有法律、行政法规规定的其他权利。

(3) 拒绝摊派权。个人独资企业有权抵制并拒绝任何单位和个人的以任何方式强制其提供财力、物力、人力等的违法摊派行为,以维护其正当的经济利益。

2. 个人独资企业的义务和责任

(1) 依法经营的义务。个人独资企业从事经营活动必须遵守法律、行政法规,遵守诚实信用原则,不以损害社会公共利益为代价换取一己私利;也不得从事法律、行政法规禁止经营的业务。

(2) 依法主动接受监管的义务。个人独资企业负有主动接受并配合工商登记管理机关对其进行监管的义务。具体而言,该项义务主要是指:

① 凡是设立分支机构的,其分支机构经核准登记后,个人独资企业应将登记情况报该分支机构隶属的个人独资企业的登记机关备案。个人独资企业设立分支机构,分支机构的民事责任由设立该分支机构的个人独资企业承担。

② 个人独资企业存续期间登记事项发生变更的,应当在作出变更决定之日起 15 日内依法向登记机关申请办理变更登记。

③ 无论是设立登记、变更登记还是注销登记,不得采取提交虚假证明文件或其他欺骗手段取得登记。

④ 不伪造营业执照,不涂改、出租、转让营业执照。

(3) 自觉遵守财会法规的义务。个人独资企业应当依法设置会计账簿,进行会计核算,并自觉做到依法纳税。

(4) 遵守劳动和社会保险法规的义务。个人独资企业招用职工的,应当依法与职工签订劳动合同,保障职工的劳动安全,按时、足额发放职工工资。个人独资企业还应当按照国家规定参加社会保险,为职工交纳社会保险费。

个人独资企业的责任是指个人独资企业滥用权利或不履行法定义务时的后果。从《个人独资企业法》的规定看,个人独资企业违反行政法规的,将被追究罚款、责令改正、吊销营业执照等行政责任;个人独资企业在经营期间侵犯职工或其他主体的合法权益的,将根据情节轻重而被依法追究民事乃至刑事责任。

(二) 个人独资企业投资人的权利、义务和责任

1. 个人独资企业投资人的权利

(1) 对企业财产的所有权。个人独资企业投资人对其投入到该独资企业中的全部财产及因该企业的经营活动而创造、积累的财产享有所有权。任何个人及组织不得侵犯独资企业投资人对企业财产的合法权益。

(2) 对其财产的依法处置权。个人独资企业投资人对其在企业中的合法权益享有依法处置的权力。该处置权包括将其在企业中的财产的部分或全部权能转让给他人;还包括按法定或遗嘱继承的方式,让其继承人继受其在个人独资企业中的财产。

(3) 对独资企业管理方式的决定权。个人独资企业投资人有权自主决定企业的管理方式。投资人可以自行管理企业事务,也可以委托或者聘用其他具有民事行为能力的人负责企业的事务管理。

2. 个人独资企业投资人的义务和责任

从《个人独资企业法》及《个人独资企业登记管理办法》的规定看,个人独资企业投资人负有诚实信用、依法经营的义务。具体而言,投资人应自觉做到以下几点:

(1) 在设立登记时,如实、准确地申报相关信息。特别是投资人用于出资的财产性质一定要明确。是以个人财产出资还是以家庭共有财产作为个人财产出资设立企业的,应当在设立申请书中予以明确。不得采取提交虚假证明文件或其他欺骗手段取得登记。

(2) 在独资企业存续期间,投资人改变出资方式致使个人财产与家庭共有财产变换的,应申请变更登记。

(3) 在独资企业存续期间,因投资人个人姓名、居所、出资额及出资方式等发生变更的,应当在变更事由发生之日起 15 日内向原登记机关申请变更登记。

(4) 在企业解散后,及时履行投资人的清算义务,依法进行清算。

个人独资企业投资人的责任,主要是指其对以企业名义发生的债务的责任。根据《个人独资企业法》第 2 条及第 18 条,投资人以其个人财产投资的,就以个人财产对企业债务承担无限责任;投资人在申报企业设立登记时明确以其家庭共有财产作为个人出资的,应当依法以家庭共有财产对企业债务承担无限责任。即使在企业注销登记后的 5 年内,只要原债权人就其债权继续提出清偿请求的,个人独资企业的投资人仍然负有偿还责任。

五、个人独资企业的事务管理

(一) 个人独资企业事务管理的方式

个人独资企业事务管理的方式由个人独资企业的投资人自主选择决定。通常有下列三种管理模式可供选择:

1. 自行管理。即由个人独资企业投资人本人亲自实施对企业事务的管理。

2. 委托管理。即由个人独资企业的投资人委托其他具有民事行为能力的人负责企业事务的管理。

3. 聘任管理。即由个人独资企业的投资人聘用其他具有民事行为能力的人负责企业事务的管理。

投资人委托或者聘用他人管理个人独资企业事务的，应当与受托人或者被聘用人签订书面合同，明确委托的具体内容和授予的权利范围。但投资人对受托人或者被聘用人职权的限制，不得对抗善意第三人。

（二）受托人或者被聘用人员的义务

受托人或者被聘用的人员应当履行诚信、勤勉义务，按照与投资人签订的合同负责个人独资企业的事务管理。根据《个人独资企业法》第 20 条，投资人委托或者聘用的管理个人独资企业事务的人员不得有下列行为：

1. 利用职务上的便利，索取或者收受贿赂；
2. 利用职务或者工作上的便利侵占企业财产；
3. 挪用企业的资金归个人使用或者借贷给他人；
4. 擅自将企业资金以个人名义或者以他人名义开立账户储存；
5. 擅自以企业财产提供担保；
6. 未经投资人同意，从事与本企业相竞争的业务；
7. 未经投资人同意，同本企业订立合同或者进行交易；
8. 未经投资人同意，擅自将企业商标或者其他知识产权转让给他人使用；
9. 泄露本企业的商业秘密；
10. 法律、行政法规禁止的其他行为。

六、个人独资企业的解散与清算

（一）个人独资企业的解散

个人独资企业的解散，是导致个人独资企业终止的原因。从理论上讲，企业的解散，是指企业出现了某些法定事由而不得不停止积极主动的营业活动，并将进行清算的特定事实。根据《个人独资企业法》第 26 条，个人独资企业遇有下列情形之一时，应当解散：

1. 投资人决定解散；
2. 投资人死亡或者被宣告死亡，无继承人或者继承人决定放弃继承；
3. 被依法吊销营业执照；
4. 法律、行政法规规定的其他情形。

（二）个人独资企业的清算

个人独资企业因上述法定原因之一的出现而解散后，必须对其财产进行清理，以便企业及其投资人能及时收回债权，清偿债务，并最终了结企业现存的各种经济及法律关系，达到彻底终止独资企业主体资格的目的。所以，个人独资企业的清算，就是依法清理已解散独资企业的债权债务并最终消灭其主体资格的程序。

个人独资企业的清算通常应包括以下程序:确定清算人、通知或公告债权人、清理财产并编制资产负债表、处理未了结业务、清理债权债务、处理剩余资产、办理注销登记等。

1. 清算人及其职责

根据《个人独资企业法》第27条,个人独资企业清算人的产生方式有两种:一是由投资人自行担任清算人;二是当投资人不主动进行清算时,债权人可申请人民法院指定清算人进行清算。

清算人的主要职责是:在宣布解散或被宣布解散后、进入清算前的15日内通知、公告债权人,以便债权人及时申报债权。债权人应当在接到通知之日起30日内、未接到通知的应当在公告之日起60日内,向清算人申报债权。对债权人申报的债权,清算人应该登记造册,并编制财产清单及资产负债表。在此基础上,逐个收取债权、清偿债务,并在处理完各项清算事务的基础上,主动办理注销登记手续。清算人应忠实履行职责,依法进行清算。

清算期间,个人独资企业不得开展与清算目的无关的经营活动。在清偿债务前,投资人不得转移、隐匿财产。个人独资企业的投资人或清算人在清算前或清算期间隐匿或转移财产、逃避债务的,除应依法追回该财产外,还将按照有关规定予以处罚;构成犯罪的,将依法被追究刑事责任。

2. 财产清偿顺序

个人独资企业解散的,其财产应当按照下列顺序进行清偿:(1) 企业所欠的职工工资和社会保险费用;(2) 企业所欠的税款;(3) 企业的其他债务。

个人独资企业财产不足以清偿债务的,投资人应当以其个人的其他财产予以清偿。个人独资企业清算结束后,投资人或者人民法院指定的清算人应当编制清算报告,并于15日内到登记机关办理注销登记手续。注销登记一旦完成,个人独资企业的主体资格即告终止。个人独资企业解体后,原投资人对个人独资企业存续期间的债务仍应承担偿还责任,但债权人在5年内未向债务人提出偿债请求的,该责任消灭。

第四章 商 合 伙

第一节 商合伙概述

一、商合伙的界定

商合伙,是最古老也是市场经济环境中最主要的商事主体形式之一。它起源于古巴比伦,有着悠久的历史。早在公元前18世纪,《汉穆拉比法典》第99条就已规定了合伙的原则,即某人按合伙的方式将银子交给他人,则以后不论盈亏,他们在神面前均分。罗马帝国时代,合伙制度已高度发达。虽然那时的合伙主要是以合同的形式出现,合伙的组织体形式不很明显,但毕竟,合伙组织是在早期简单的合伙合同的基础上逐渐发展形成的。至15世纪,合伙已成为当时的一种主要经营形态。此后,伴随着资本主义生产力和生产关系的发展,欧美各国相继颁布了有关合伙的立法,逐渐形成了现代各国规范、系统的商事合伙法律制度。但是,各国或地区立法对商事合伙的具体界定还是存在着一些差异。例如,1807年颁布的《法国商法典》把商事合伙表述为"是一种对外业务活动的联合体,具有营利性质","商事合伙的业务活动必须在商号的名义下进行"。在美国,"合伙"、"合伙关系"均由一个词"Partnership"表示。按美国《统一合伙法》的规定,"Partnership"是指"二人或二人以上作为共有人而成立的营利性组织"。

我国现有的法律制度中没有商合伙这一术语,只有"个人合伙"及"合伙企业"的概念。不过,《民法通则》第33条关于"个人合伙可以起字号,依法经核准登记,在核准登记的经营范围内从事经营"的规定,足以证明《民法通则》中确定的个人合伙制度已经带有明显的商合伙特征。而对"合伙企业"的界定,则是由《合伙企业法》加以明确的。根据该法的相关规定,合伙企业是指自然人、法人和其他组织依法在中国境内设立的普通合伙企业和有限合伙企业。根据《合伙企业法》的规定,设立合伙企业,除了要有合伙人的书面协议之外,还要有合伙人的出资、合伙企业的名称和生产经营场所等条件,并要依法进行登记,"合伙企业的营业执照签发日期,为合伙企业成立日期"。可见,我国的合伙企业本质上就是商合伙。

国内外立法关于商合伙的表述虽有不同,但对商合伙构成要素及特征的揭示却非常接近,如都强调其组织性及营利性等。据此,本书把商合伙界定为:商合伙是两个或两个以上的合伙人根据合伙协议的约定而组建的营利性组织。

二、商合伙的法律特征

商合伙的法律特征可以从其自身的基本特点及其与其他商事主体的区别上加以考查。

（一）商合伙的基本特点

1. 商合伙成立的基础是合伙协议。无论是普通合伙还是有限合伙，合伙人之间签订合伙协议是商合伙成立的前提。没有合伙协议，就不可能有商合伙。

2. 商合伙成立的目的是从事营利性活动。营利性是包括商合伙在内的所有商事主体的共同特征，也是商合伙不同于民事合伙的最大区别。全体合伙人之所以愿意共同出资、共同经营、共担风险，就是为了共享收益，可以说，营利性是商合伙的生命之源。

3. 商合伙不具有独立的法人资格。虽然法、日等国的立法赋予商合伙以法人资格，但包括我国在内的不少国家仅承认商合伙的独立主体地位而不赋予其法人资格。

（二）商合伙与商个人的区别

1. 商合伙是两个以上的主体共同用以从事商事活动的形式，而商个人则是一个自然人单独用以从事商事活动的形式。

2. 商合伙的出资人可以是自然人、法人或其他组织，而商个人的出资者不能是法人或组织，只能是单个自然人。

3. 商合伙一定是一种组织，而商个人则不一定是组织。例如，我国的个体工商户虽属于商个人，但却不是经济组织。

（三）商合伙与商法人的区别

1. 两者的法律地位不同。商合伙是非法人组织，而商法人是具有独立法人资格的实体。正是两者的这种差异决定了商合伙没有独立的责任能力，部分或全部合伙人必须对合伙的债务负无限连带责任；而商法人作为独立的主体，不仅有独立的权利能力，还有独立的责任能力。因此，除法定情形外，商法人的投资人无须对法人债务负责。

2. 投资者可选择的出资方式不同。从各国的法律规定看，商合伙的合伙人不仅可以用货币、实物、知识产权等出资，还可以用信用、劳务等形式出资；而商法人的出资者（如公司股东）一般不能以信用和劳务出资。

3. 内部管理模式不同。商合伙的管理模式取决于合伙协议的约定，法律一般并不直接、强制地规定商合伙内部的管理模式；而商法人（如公司）的内部治理模式是法定的，股东只能按照法定方式构筑法人内部治理模式，并按法定程序管理公司。

4. 税收主体不同。由于商合伙并不拥有独立的法人资格，所以，它不是独立的纳税主体，商合伙的经营所得在分派给各合伙人后，由各合伙人分别交纳合伙人的所得税；而商法人因其独立的法人资格而必须交纳法人所得税。

三、商合伙的种类

最常见的商合伙类型有普通合伙、有限合伙及隐名合伙。

1. 普通合伙。普通合伙是指两个以上的合伙人根据合伙协议而组建的、所有参与合伙的合伙人均对合伙债务负无限连带责任的合伙。

2. 有限合伙。有限合伙是指参与合伙者约定，一部分合伙人对合伙的债务仅以其出资额为限负责，另一部分合伙人对合伙债务负无限连带责任的合伙。有限合伙是英美法系商事组织法律制度中的一项极具特色的商事主体制度。

3. 隐名合伙。隐名合伙本质上是隐名合伙人与出名合伙人之间的一种约定。在隐名合伙关系中，隐名合伙人通常是出资人，出名合伙人虽然有时也会有出资，但通常是不出资的，而是由隐名合伙人将其出资转移至出名合伙人名下，隐名合伙人不执行合伙事务，且仅以其出资额为限对合伙的债务负责；出名合伙人不仅负责经营合伙事务，而且还须对合伙的债务负无限连带责任。由于隐名合伙的业务执行权归出名合伙人，所以，出名合伙人通常又被称为出名营业人。隐名合伙是大陆法系的法、德、日等国创造的一种法律制度。

我国的《合伙企业法》只规定了普通合伙及有限合伙，没有规定隐名合伙。所以，本书将主要根据我国《合伙企业法》的规定，讨论商合伙中的普通合伙及有限合伙法律制度。

第二节　普通合伙企业

一、普通合伙企业的设立

（一）普通合伙企业的设立条件

各国立法关于合伙企业设立条件的规定各不相同。根据我国《合伙企业法》第 14 条，设立合伙企业必须具备下列条件：

1. 有两个以上合伙人

设立合伙企业，至少要有两个或两个以上的合伙人。少于两个合伙人，将丧失“合伙”的应有含义，至于合伙企业最多应有多少合伙人，我国法律不作限制，由合伙人自己决定。根据《合伙企业法》第 2 条，两个或两个以上的合伙人可以是自然人，也可以是法人或其他组织。合伙人为自然人的，应当具有完全民事行为能力；法人中的国有独资公司、国有企业、上市公司以及公益性的事业单位、社会团体不得成为普通合伙人。

2. 有书面合伙协议

合伙协议,是指两个或两个以上的合伙人为设立合伙企业而签订的合同。合伙协议必须采用书面形式,并载明下列内容:(1) 合伙企业的名称和主要经营场所的地点;(2) 合伙目的和合伙企业的经营范围;(3) 合伙人的姓名或者名称、住所;(4) 合伙人的出资方式、数额和缴付期限;(5) 利润分配、亏损分担方式;(6) 合伙事务的执行;(7) 入伙与退伙;(8) 争议解决办法;(9) 合伙企业的解散与清算;(10) 违约责任。合伙协议经全体合伙人签名、盖章后生效。除合伙协议另有约定外,修改或者补充合伙协议,应当经全体合伙人一致同意。

3. 有合伙人认缴或者实际缴付的出资

合伙人认缴或实际缴付的出资是合伙企业得以成立并开展经营活动的经济基础。我国《合伙企业法》允许合伙人用货币、实物、知识产权、土地使用权、劳务或者其他财产权利作为出资,上述出资应当是合伙人的合法财产及财产权利。对货币以外的出资需要评估作价的,可以由全体合伙人协商确定,也可以由全体合伙人委托法定评估机构进行评估。合伙人劳务形式出资的评估办法,亦由全体合伙人协商确定并记载于合伙协议。合伙人应当按照合伙协议约定的出资方式、数额和缴付出资的期限,履行出资义务。合伙人以非货币财产出资的,依照法律、行政法规的规定,需要办理财产权转移手续的,应当依法办理。

需注意的是,与《公司法》的规定不同,《合伙企业法》没有规定合伙企业的最低注册资本。所以,除非其他法律、法规有特别规定的以外,合伙企业不存在法定最低注册资本的问题。合伙企业注册资本的多少取决于合伙协议的约定。

4. 有合伙企业的名称和生产经营场所

作为相对独立的商事主体,每个合伙企业都需要有一个独特的、区别于其他主体的名称,以便其行使权利和承担义务及责任。合伙企业名称的选择和确定,除应遵循《合伙企业法》第 15 条关于合伙企业名称中应当标明“普通合伙”字样外,还须遵照我国《企业名称登记管理规定》的要求。

生产经营场所是指合伙企业从事生产经营活动的所在地,亦称营业地。它应在企业登记主管机关的辖区内。要求合伙企业有明确、固定的生产经营场所的法律意义在于:确定债务履行地、确定诉讼管辖地及法律文书的送达地等。

5. 法律、行政法规规定的其他条件

设立合伙企业,除了上述四个条件必须全部具备外,合伙人还须关注其他法律、法规的特殊规定。如果除了《合伙企业法》外,其他法律、法规对设立合伙企业还有特殊规定的,合伙人必须满足法律、法规的特殊要求才能顺利设立合伙企业。

（二）普通合伙企业的设立程序

设立合伙企业，除了必须满足上述各项法定条件外，还须履行法定的设立程序。根据《合伙企业登记管理办法》的规定，合伙企业的设立程序主要有设立登记申请及登记主管机关的审核等程序。

1. 设立登记申请

设立合伙企业，应当由全体合伙人指定的代表或者共同委托的代理人向企业登记机关申请设立登记。设立登记申请人应当向企业登记机关提交下列文件：(1) 全体合伙人签署的设立登记申请书；(2) 全体合伙人的身份证明；(3) 全体合伙人指定代表或者共同委托代理人的委托书；(4) 合伙协议；(5) 全体合伙人对各合伙人认缴或者实际缴付出资的确认书；(6) 主要经营场所证明；(7) 国务院工商行政管理部门规定提交的其他文件。

此外，法律、行政法规或者国务院规定设立合伙企业须经批准的，还应当提交有关批准文件。合伙企业的经营范围中有属于法律、行政法规或者国务院规定在登记前须经批准的项目的，应当向企业登记机关提交批准文件。全体合伙人决定委托执行事务合伙人的，应当向企业登记机关提交全体合伙人的委托书。执行事务合伙人是法人或者其他组织的，还应当提交其委派代表的委托书和身份证明。以实物、知识产权、土地使用权或者其他财产权利出资，由全体合伙人协商作价的，应当向企业登记机关提交全体合伙人签署的协商作价确认书；由全体合伙人委托法定评估机构评估作价的，应当向企业登记机关提交法定评估机构出具的评估作价证明。

2. 登记主管机关审核

申请人提交的登记申请材料齐全且符合法定形式时，企业登记机关能够当场登记的，应予当场登记，发给合伙企业营业执照。否则，企业登记机关应当自受理申请之日起 20 日内，作出是否登记的决定。予以登记的，发给合伙企业营业执照；不予登记的，应当给予书面答复，并说明理由。合伙企业营业执照的签发之日，为合伙企业的成立日期。

二、普通合伙企业的财产

（一）合伙企业财产的范围

合伙企业财产是合伙企业得以存续的物质基础，也是合伙企业对外承担责任的基本保证。《合伙企业法》第 20 条明确规定：“合伙人的出资、以合伙企业名义取得的收益和依法取得的其他财产，均为合伙企业的财产。”由此可知，合伙企业的财产由三部分组成：一是“合伙人的出资”；二是“以合伙企业名义取得的收益”；三是“依法取得的其他财产”。

1. 合伙人的出资。对于“合伙人的出资”，必须注意以下几点：首先，并非合伙人的所有不同形式的出资都能成为合伙企业的财产,合伙人的劳务出资就不能成为合伙企业的财产。这是因为:合伙人的劳务出资虽然可以评估作价,也可以在合伙企业的存续期间创造价值,但因其内在的“行为性”特征而使其不能成为合伙企业的财产。其次,此处所谓“合伙人的出资”,既可能是指合伙人“认缴”的出资,也可能是指合伙人“实际缴付的出资”;最后,合伙人出资的完成,并非都得通过转让财产所有权的方式体现,合伙人甚至可以通过只转让占有权、使用权的方式完成其对合伙企业的出资。

2. 以合伙企业名义取得的收益。“以合伙企业名义取得的收益”实际上是合伙企业成立后的营业性收入,是合伙企业经营过程中积累的财产。

3. 依法取得的其他财产。“依法取得的其他财产”是指依法取得的来源于合伙企业的非营业性收入的其他财产,因接受赠与而取得的财产即属此类。

(二) 合伙企业财产的性质

关于合伙企业财产的性质,理论界有合伙人共有说、合伙企业统一拥有说及不确定说等。但从现代各国的立法趋势看,大都趋向于确认合伙企业财产的合伙人共有性。例如,英国合伙法规定,合伙财产包括初始投入的财产、为合伙之经营目的而购买的财产以及以其他方式取得的财产。合伙财产归合伙人共同共有。《德国民法典》规定,合伙财产是全体合伙人的共同财产,包括合伙人的出资以及在合伙存续期间因合伙事务而得到的财产。《日本民法典》第 668 条规定:“各合伙人的出资及其他合伙财产,属全体合伙人共有。”

本书认为,所谓“合伙企业的财产”这一术语,并非严格意义上的法律概念,而是一个经济学意义上的称谓。因为在法律上,合伙企业并无独立法人资格,因而它无法拥有独立的财产权,而只能是在其存续期间实际地占有、使用那些由合伙人缴纳的财产。为了保证合伙企业经营活动的持续性和统一性、维护合伙人的共同利益,我国《合伙企业法》规定,在合伙存续期间,除法律另有规定的以外,合伙人在合伙企业清算前,不得请求分割合伙企业的财产。由此可知,我国法律虽然没有明示“合伙企业财产”的性质,但实际上是认可了“合伙企业财产”的共有性质。至于这种共有是按份共有还是共同共有,虽然学界对此有不同的看法,[①]但根据《合伙企业法》关于除合伙协议另有约定的外,“合伙人向合伙人以外的人转让其在合伙企业中的全部或者部分财产份额”、“处分合伙企业的不动产”、“转让或者处分合伙企业的知识产权和其他财产权利”时,“须经其他合伙人一致同意”的规定看,合伙人对合伙企业财产的共有,应属共同共有关系。

---

① 参见柳经纬主编:《商法总论》,厦门大学出版社 2004 年版,第 117 页。

三、合伙企业的事务执行

合伙企业的事务执行,有广义和狭义两种理解。狭义上的合伙企业事务执行仅指合伙企业内部的各项具体业务和管理活动的执行;而广义上的合伙企业事务执行,既指合伙企业内部各种事项的决定,也包括合伙企业各项具体事务的执行及监督活动。

合伙企业是一种典型的人合企业,其成员一般不会太多。为公平地保护所有合伙人的合法权益,我国《合伙企业法》第 26 条明确规定:“合伙人对执行合伙事务享有同等的权利”。因此,从理论上讲,每个合伙人都有权直接参与合伙企业事务的决策、执行和监督。但若不顾合伙人数的多少、企业经营规模的大小及经营性质的差异而让所有合伙人都亲自决策、执行所有合伙事务,一来这并不是一项每个合伙人都能胜任的工作;二来则可能导致企业经营管理的混乱及管理效率的低下。因此,在原则上确定“合伙人对执行合伙事务享有同等的权利”的同时,《合伙企业法》一方面允许各合伙企业“按照合伙协议的约定或者经全体合伙人决定”选择、确定企业事务的具体执行方式;另一方面,又对合伙协议没有特别约定时必须经全体合伙人共同决定的事项作了明确规定,对不直接执行合伙事务的合伙人的监督权作了保证,以确保法律赋予合伙人执行合伙事务的同等权利真正落到实处。

(一) 合伙企业事务的决定

如上所述,广义上的合伙企业事务的执行还包括对合伙企业内部各种事项的决定和决策活动。合伙事务的决定与合伙事务的具体执行是不同的。通常是先有决定后有执行,且执行一般不需要全体合伙人共同实施,而是委托一个或数个合伙人甚至非合伙人去完成。但是,对合伙企业的事务(尤其是重大事务)的决定,就不能随意委托一个或数个合伙人完成,而是必须按法定或约定方式决定。

根据《合伙企业法》的相关规定,除合伙协议另有约定外,合伙企业的下列事项应当经全体合伙人一致同意方可决定:(1) 改变合伙企业的名称;(2) 改变合伙企业的经营范围、主要经营场所的地点;(3) 处分合伙企业的不动产;(4) 转让或者处分合伙企业的知识产权和其他财产权利;(5) 以合伙企业名义为他人提供担保;(6) 聘任合伙人以外的人担任合伙企业的经营管理人员;(7) 合伙人向合伙人以外的人转让其在合伙企业中的全部或者部分财产份额;(8) 新合伙人入伙。

此外,合伙人按照合伙协议的约定或者经全体合伙人决定,可以增加或者减少对合伙企业的出资。合伙人以其在合伙企业中的财产份额出质的,须经其他合伙人一致同意;未经其他合伙人一致同意,其行为无效,由此给善意第三人造成损失的，由行为人依法承担赔偿责任。

合伙企业的利润分配、亏损分担，按照合伙协议的约定办理；合伙协议未约定或者约定不明确的，由合伙人协商决定；协商不成的，由合伙人按照实缴出资比例分配、分担；无法确定出资比例的，由合伙人平均分配、分担。合伙协议不得约定将全部利润分配给部分合伙人或者由部分合伙人承担全部亏损。

合伙人对合伙企业包括上述事项在内的各有关事项作决议时，除法律另有规定的外，按照合伙协议约定的表决办法办理。合伙协议未约定或者约定不明确的，实行合伙人一人一票并经全体合伙人过半数通过的表决办法。

（二）合伙企业事务的执行方式

为促进合伙企业事务的顺利开展、保障各合伙人对执行合伙企业事务的权利，《合伙企业法》允许合伙企业灵活选择企业事务的执行方式。从法律的规定看，可供选择的合伙企业事务执行方式有：(1) 全体合伙人共同执行合伙事务；(2) 合伙协议约定或经全体合伙人决定委托一名合伙人执行合伙企业事务；(3) 合伙协议约定或经全体合伙人决定委托数名合伙人执行合伙企业事务。

凡委托一名或数名合伙人执行合伙企业事务的，其他合伙人不再执行合伙企业事务。若是作为合伙人的法人或其他组织执行合伙事务的，则应由其委派的代表执行。执行合伙事务的合伙人对外代表合伙企业，其执行合伙事务所产生的收益归合伙企业，所产生的费用和亏损，亦由合伙企业承担。

（三）合伙企业的监督机制

合伙企业内部的监督机制与公司制企业不同。大多数国家的立法都不要求合伙企业必须建立类似于公司内部的监事会机构。但这并不意味着合伙事务的执行无须监督。对合伙企业事务的执行同样需要监督，否则，就会出现执行事务的合伙人滥用权利的可能。合伙企业由其性质决定，其内部监督方式可以较为灵活。

我国《合伙企业法》虽未强制要求企业内部设立专门的监督机构，但对监督机制的确立还是有明确规定的。该法不仅在原则上肯定了所有合伙人对合伙事务的监督权，而且特别注重保护不具体参加合伙事务执行的合伙人的监督权，并就监督权的内容及实现方式等问题作出了较全面的规定。归纳起来主要有以下几点：

1. 赋予所有合伙人以知情权。合伙企业应当依照法律、行政法规的规定建立企业的财务、会计制度。为保证合伙人切实有效的行使监督权，《合伙企业法》第 28 条规定，合伙人为了解合伙企业的经营状况和财务状况，有权查阅合伙企业会计账簿等财务资料。

2. 不执行事务合伙人的监督权。不执行合伙事务的合伙人有权监督执行事务合伙人执行合伙事务的情况。监督的内容包括：检查执行事务的合伙人是否按照合伙协议或者全体合伙人的决定执行事务、查询企业的经营情况及财务状况等。如果发现受委托执行合伙事务的合伙人或者被聘任的合伙企业的经营管理人员,不按照合伙协议或者全体合伙人的决定执行事务、超越合伙企业授权范围履行职务,或者在履行职务过程中因故意或者重大过失给合伙企业造成损失的,其他合伙人不仅可以决定撤销该委托,还可以要求相关人员依法承担赔偿责任。

3. 执行事务合伙人的报告义务。执行事务合伙人应当定期向其他合伙人报告事务执行情况以及合伙企业的经营和财务状况,主动接受其他合伙人的监督。

4. 执行事务合伙人的异议权。合伙人分别执行合伙事务的,执行事务合伙人可以对其他合伙人执行的事务提出异议。提出异议时,应当暂停该项事务的执行。这样不仅可以确保合伙人的监督权真正实现,而且可以有效避免系争事务的继续执行而可能带给合伙企业的损害。当然,在异议得到有效排除之后,执行事务的合伙人仍应按约定的方式和范围执行合伙事务。

四、合伙企业与第三人的关系

(一) 合伙企业与善意第三人的关系

善意第三人是指不知道或不能知道与自己发生民事法律关系的相对方是存在权利瑕疵的人。为保护与合伙企业交易的第三人的权益、维护交易的稳定,我国《合伙企业法》第 37 条明确规定:“合伙企业对合伙人执行合伙事务以及对外代表合伙企业权利的限制,不得对抗善意第三人。”这意味着:

第一,完全无权代表合伙企业执行事务的合伙人擅自以合伙企业的名义执行的事务,以及虽然有权代表合伙企业执行合伙事务但在执行事务过程中有越权行为的,合伙企业都不得以无权或越权行为为由对抗善意第三者,而必须承担由此产生的后果。

第二,不仅合伙企业对合伙人代表合伙企业的权利的限制不得对抗善意的第三人,就是《合伙企业法》对合伙人执行合伙企业事务的限制(如该法第 31 条关于必须经全体合伙人一致同意才可决定的事)也不得对抗善意第三人。

(二) 合伙企业与债务人的关系

合伙企业存续期间因其经营活动而产生的债务属于合伙企业的债务。合伙企业的债务与合伙人个人的债务是有区别的。《合伙企业法》对合伙企业偿还其债务的原则、方式等作了明确规定,即:“合伙企业对其债务,应先以其全部财产进行清偿”,“合伙企业不能清偿到期债务的,合伙人承担无限连带责任”。该规定说明以下两点:

1. 用于清偿合伙企业到期债务的财产的顺序是先企业财产后合伙人个人

财产。即合伙企业清偿到期债务时,应先以合伙企业的全部财产进行清偿,不足时,再以合伙人的个人财产进行清偿。因此,对合伙人而言,合伙企业的债权人在未请求合伙企业清偿其到期债务之前,无权就其债权向合伙人个人财产为直接清偿请求,合伙人仅就合伙企业清偿其债务的不足部分负清偿责任,并非对合伙企业的全部债务均负清偿责任。由此可知,合伙人对合伙债务清偿责任的性质属于补充性责任。

2. 各合伙人补充承担合伙企业到期债务的方式是无限连带责任。这意味着:全体合伙人必须就合伙企业的债务共同对外负无限连带责任。任何一名合伙人均有义务清偿合伙企业财产不足清偿部分的企业债务。当然,合伙人由于承担连带责任致其所清偿之数额超过其应承担的比例时,有权就其超过部分向其他合伙人追偿。

五、入伙与退伙

(一) 入伙

入伙是指在合伙企业存续期间,合伙人以外的第三人加入合伙企业并取得合伙人资格的行为。本书认为,根据入伙的方式不同,可以把入伙分为入资型入伙和受让型入伙两种。入资型入伙,是指新入伙人以类似于原合伙人的出资方式、把一定数量的财产投入到合伙企业以获得合伙人资格的入伙。因此,这种形式入伙的结果是:合伙企业的财产总量随新入伙人的入伙而增加。而受让型入伙,则是指新入伙人因从部分原合伙人手中受让了部分或全部合伙份额从而获得合伙人资格的入伙。由于在受让型入伙的情况下,入伙人带入的资金或财产是支付给出让合伙份额给他的原合伙人,而不是给合伙企业的,所以,受让型入伙不会导致合伙企业财产总量的增加。从我国《合伙企业法》的规定看,受让型入伙还可以进一步分为主动受让型入伙和被动受让型入伙两种。主动受让型入伙是指因合伙人以外的第三人积极主动地要求受让原合伙人的合伙份额而导致的入伙。被动受让型入伙是指合伙人死亡或者被依法宣告死亡后,对该合伙人在合伙企业中的财产份额享有合法继承权的继承人,在符合继承条件时的入伙行为。我国《合伙企业法》第 50 条对这种被动受让型入伙作了明确的规定:“合伙人死亡或者被依法宣告死亡的,对该合伙人在合伙企业中的财产份额享有合法继承权的继承人,按照合伙协议的约定或者经全体合伙人一致同意,从继承开始之日起,取得该合伙企业的合伙人资格。”

无论是入资型入伙还是受让型入伙,新人入伙时都应遵循下列规则:

1. 除合伙协议另有约定的外,应当经全体合伙人一致同意。合伙企业是典型的人合企业。其人合特征及合伙人承担责任的无限连带性,决定了各合伙人对合伙企业各项重大事宜具有平等的参与和决定权。合伙企业接纳新的合伙人入伙,不仅会打破原有的人合关系,而且可能因各合伙人的合伙份额的变化而导致合伙人的盈余分配比例及债务分担比例的变动,从而需要对原有的合伙协议进行变更。因此,新合伙人入伙时,除合伙协议另有约定的外,必须取得全体合伙人的一致同意。在合伙协议没有特别约定时,只要有一名合伙人反对,该新人即不能入伙。因此,新人入伙的本质是原合伙关系的解体及新合伙关系的成立。

2. 原合伙人应当向拟入伙的新人如实告知原合伙企业的经营状况和财务状况。当合伙人以外的第三人向原合伙人表明其入伙意向并征得原合伙人一致同意后,在签订新的合伙协议之前,原合伙人负有向拟入伙者如实告知原合伙企业的经营状况和财务状况的义务,以便拟入伙者作出最终抉择。

3. 新入伙者与原合伙人订立书面合伙协议。入伙协议是新入伙人与原合伙人在平等自愿的基础上就各自的权利义务问题所达成的协议,也是新入伙人取得合伙人资格的前提。虽然法律对入伙协议应包括哪些具体内容未作规定,但一般而言,起码应当包括入伙人的姓名、入伙的时间、入伙人的出资形式、出资(或受让合伙份额的)数额、入伙后的盈余分配及债务分担比例等内容。新签订的合伙协议一旦生效,除入伙协议另有约定的外,入伙的新合伙人即与原合伙人享有同等的权利、承担同等的责任,并对入伙前合伙企业的债务承担无限连带责任。

(二) 退伙

1. 退伙的形式

退伙,是指合伙人退出合伙企业从而丧失合伙人资格的法律行为。退伙,可能是出于合伙人本人的意思表示,也可能是基于与合伙人本人意志无关的事件。根据退伙发生的原因不同,可把退伙分为声明退伙、法定退伙、除名退伙等几种类型。

(1) 声明退伙

声明退伙又称自愿退伙,是指基于合伙人自愿的退伙意思表示而导致的退伙。声明退伙又分两类:一类是合伙协议约定了合伙企业经营期限时的声明退伙;另一类是合伙协议未约定合伙企业经营期限时的声明退伙。

按我国《合伙企业法》第 45 条的规定,在合伙协议约定合伙企业经营期限的情况下,合伙人在下列情形之一出现时,可以声明退伙:① 合伙协议约定的退伙事由出现;② 经全体合伙人一致同意;③ 发生合伙人难于继续参加合伙的事由;④ 其他合伙人严重违反合伙协议约定的义务。

合伙协议未约定合伙期限的,合伙人在不给合伙企业事务执行造成不利影响的情况下,可以退伙,但应当提前 30 日通知其他合伙人。

(2) 法定退伙

法定退伙又称当然退伙,是指直接根据法律的规定而非基于合伙人自愿的意思表示而导致的退伙。

我国《合伙企业法》第 48 条规定，合伙人有下列情形之一的，当然退伙：① 作为合伙人的自然人死亡或者被依法宣告死亡；② 个人丧失偿债能力；③ 作为合伙人的法人或者其他组织依法被吊销营业执照、责令关闭、撤销，或者被宣告破产；④ 法律规定或者合伙协议约定合伙人必须具有相关资格而丧失该资格；⑤ 合伙人在合伙企业中的全部财产份额被人民法院强制执行。

合伙人被依法认定为无民事行为能力人或者限制民事行为能力人的，经其他合伙人一致同意，可以依法转为有限合伙人，普通合伙企业依法转为有限合伙企业。其他合伙人未能一致同意的，该无民事行为能力或者限制民事行为能力的合伙人退伙。退伙事由实际发生之日为退伙生效日。

(3) 除名退伙

除名退伙也称开除退伙，是指在合伙人出现法定事由的情况下，由其他合伙人决议将该合伙人开除出合伙企业的一种退伙。我国《合伙企业法》第 49 条规定，合伙人有下列情形之一的，经其他合伙人一致同意，可以决议将其除名：① 未履行出资义务；② 因故意或者重大过失给合伙企业造成损失；③ 执行合伙事务时有不正当行为；④ 发生合伙协议约定的事由。

对合伙人的除名决议应当书面通知被除名人。被除名人接到除名通知之日起，除名生效，被除名人退伙。被除名人对除名决议有异议的，可以在接到除名通知之日起 30 日内，向人民法院起诉。

2. 退伙的效力

无论是声明退伙、法定退伙还是除名退伙，退伙本身会给退伙人及合伙企业造成一定后果。这些后果主要是：

(1) 退伙人丧失合伙人资格。

(2) 退伙人有权要求其他合伙人按照退伙时合伙企业的财产状况与其进行结算，并退还退伙人的财产份额。至于退伙人在合伙企业的财产份额的退还办法，由合伙协议约定或者全体合伙人决定，可以退还货币，也可以退还实物。若合伙人退伙时合伙企业的财产少于合伙企业债务的，退伙人应当依照合伙协议约定的比例分担亏损，合伙协议未约定亏损分担比例的，退伙人应当与其他合伙人平均分担亏损。

(3) 退伙人退伙后仍需对基于其退伙前的原因发生的合伙企业债务，承担无限连带责任。

(4) 合伙企业因个别或部分合伙人退伙而导致登记事项发生变化的，应当及时依法办理变更登记手续。当合伙企业只有两名合伙人时，其中一人的退伙将导致合伙企业的解散。此时，原合伙企业应当申请注销登记。

3. 违法退伙的法律责任

合伙人违反法定退伙规则而强行退伙的，应当赔偿由此给合伙企业造成的损失。

六、合伙企业的解散与清算

(一) 合伙企业的解散

合伙企业的解散是指因法定或合伙人约定的事由出现或者经全体合伙人决定终止合伙协议、解散合伙企业的行为。按我国《合伙企业法》第85条的规定,合伙企业有下列情形之一时,应当解散:① 合伙期限届满,合伙人决定不再经营;② 合伙协议约定的解散事由出现;③ 全体合伙人决定解散;④ 合伙人已不具备法定人数满30天;⑤ 合伙协议约定的合伙目的已经实现或者无法实现;⑥ 依法被吊销营业执照、责令关闭或者被撤销;⑦ 法律、行政法规规定的其他原因。

合伙企业解散后,依法应当进行清算,以清理债权债务,了结各种关系。

(二) 合伙企业的清算

合伙企业的清算,是指合伙企业解散后,为了终结合伙企业现存的各种法律关系,依法清理合伙企业债权债务、分配合伙企业剩余财产的行为。

1. 清算人及其职责

清算人,是指合伙企业解散后依法产生的专门负责清理合伙企业债权债务、分配剩余财产的人员。根据《合伙企业法》第86条,清算人的产生方式有以下几种:

(1) 全体合伙人决定共同担任清算人;

(2) 经全体合伙人过半数同意,自合伙企业解散后的15日内指定一名或数名合伙人担任清算人;

(3) 经全体合伙人过半数同意,自合伙企业解散后的15日内委托第三人担任清算人;

(4) 合伙企业解散后的15日内未确定清算人的,合伙人或者其他利害关系人可以申请人民法院指定清算人。

合伙企业清算人确定后,就应依法履行其应尽的职责。根据《合伙企业法》第88条,清算人应自被确定之日起的十日内将合伙企业解散事项通知债权人,并于60日内在报纸上公告。债权人应当自接到通知书之日起30日内,未接到通知书的自公告之日起45日内,向清算人申报债权。债权人申报债权,应当说明债权的有关事项,并提供证明材料。清算人应当对债权进行登记。清算期间,合伙企业存续,但不得开展与清算无关的经营活动。

清算人在清算期间依法执行下列事务:① 清理合伙企业财产,分别编制资产负债表和财产清单;② 处理与清算有关的合伙企业未了结事务;③ 清缴所欠税款;④ 清理债权、债务;⑤ 处理合伙企业清偿债务后的剩余财产;⑥ 代表合伙企业参加诉讼或者仲裁活动。

清算结束后,清算人还应当编制清算报告,经全体合伙人签名、盖章后,在15日内向企业登记机关报送清算报告,申请办理合伙企业注销登记。只有在完成上述所有职责后,清算人的使命才算彻底完成。

2. 清算中合伙企业财产的分配

清算结束后,如果合伙企业财产不足以清偿其债务的,各合伙人应当承担无限连带清偿责任。但如果合伙企业财产在支付清算费用和职工工资、社会保险费用、法定补偿金以及缴纳所欠税款、清偿所有债务后仍有剩余财产的,该剩余财产由合伙人依照合伙协议的约定进行分配。合伙协议未约定或者约定不明确的,由合伙人协商决定剩余财产的分配比例;协商不成的,由合伙人按照实缴的出资比例分配;无法确定出资比例的,由合伙人平均分配。

第三节 有限合伙企业

一、有限合伙企业的概念及特征

有限合伙企业,是指由一个以上的普通合伙人和一个以上有限合伙人共同设立,普通合伙人对合伙企业债务承担无限连带责任、有限合伙人以其认缴的出资额为限对合伙企业债务承担责任的商事合伙组织。有限合伙企业的主要特征是:

1. 合伙总人数有最高限制

我国《合伙企业法》对普通合伙企业只要求"有两个以上合伙人",未限制其最高人数。但对有限合伙企业合伙人数的下限和上限都作了明确规定:"有限合伙企业由二个以上五十个以下合伙人设立;但是,法律另有规定的除外。"

2. 合伙企业中同时存在着两种不同责任形式的合伙人

两种不同责任形式的合伙人共存于一个企业中,这是有限合伙企业与普通合伙企业的最大区别。在有限合伙企业的合伙人中,至少有一名普通合伙人和一名有限合伙人,其中的普通合伙人对合伙企业债务承担无限连带责任,而有限合伙人则以其认缴的出资额为限对合伙企业承担有限责任。但有限合伙人在下列两种情况出现时不得主张以其出资额为限负责,而是应当依法承担其应承担的责任:一是第三人有理由相信有限合伙人为普通合伙人并与其交易的,该有限合伙人对该笔交易承担与普通合伙人同样的责任;二是有限合伙人未经授权而以有限合伙企业名义与他人进行交易,给有限合伙企业或者其他合伙人造成损失的,该有限合伙人应当承担赔偿责任。

3. 合伙事务的执行权归普通合伙人,有限合伙人不执行合伙事务

我国《合伙企业法》第 67 条规定,"有限合伙企业由普通合伙人执行合伙事务"。《合伙企业法》第 68 条进一步明确指出:"有限合伙人不执行合伙事务,不得对外代表有限合伙企业。"但有限合伙人的下列行为,不视为执行合伙事务:① 参与决定普通合伙人入伙、退伙;② 对企业的经营管理提出建议;③ 参与选择承办有限合伙企业审计业务的会计师事务所;④ 获取经审计的有限合伙企业财务会计报告;⑤ 对涉及自身利益的情况,查阅有限合伙企业财务会计账簿等财务资料;⑥ 在有限合伙企业中的利益受到侵害时,向有责任的合伙人主张权利或者提起诉讼;⑦ 执行事务合伙人怠于行使权利时,督促其行使权利或者为了本企业的利益以自己的名义提起诉讼;⑧ 依法为本企业提供担保。有限合伙人未经授权以有限合伙企业名义与他人进行交易,给有限合伙企业或者其他合伙人造成损失的,该有限合伙人应当承担赔偿责任。

4. 法律对有限合伙人权利的限制相对较少

与普通合伙企业的普通合伙人相比,有限合伙人除了不享有合伙事务的执行权外,法律对有限合伙人其他权利的限制相对较少。这主要表现在以下几方面:

(1) 关于合伙人能否与其投资的合伙企业进行交易的问题。《合伙企业法》在涉及普通合伙人的这一问题时是这样规定的:"除合伙协议另有约定或者经全体合伙人一致同意外,合伙人不得同本合伙企业进行交易",而在涉及有限合伙人的这一问题时,《合伙企业法》第 70 条却明确规定"有限合伙人可以同本有限合伙企业进行交易;但是,合伙协议另有约定的除外。"显然,对普通合伙人与合伙企业的交易,法律是原则上禁止、例外允许,而对有限合伙人的这一问题,法律采取的是原则上允许、例外禁止的做法。

(2) 关于合伙人是否负有竞业禁止义务问题。《合伙企业法》第 32 条明确赋予普通合伙企业合伙人以竞业禁止义务,并规定:"合伙人不得自营或者同他人合作经营与本合伙企业相竞争的业务",而《合伙企业法》第 71 条却对有限合伙人作出了几乎完全不同的规定。《合伙企业法》第 71 条规定:"有限合伙人可以自营或者同他人合作经营与本有限合伙企业相竞争的业务;但是,合伙协议另有约定的除外。"由此可知,除合伙企业另有约定的外,有限合伙人并不负有竞业禁止的义务。

(3) 关于合伙人是否可以将其在合伙企业中的财产份额出质的问题。《合伙企业法》第 25 条在针对普通合伙人的这一权利时规定:"合伙人以其在合伙企业中的财产份额出质的,须经其他合伙人一致同意;未经其他合伙人一致同意,其行为无效,由此给善意第三人造成损失的,由行为人依法承担赔偿责任。"而同样的问题,法律对有限合伙人却宽容得多。按照《合伙企业法》第 72 条的

规定,“有限合伙人可以将其在有限合伙企业中的财产份额出质;但是,合伙协议另有约定的除外”。显然,除合伙协议有特别约定外,有限合伙人享有将其在有限合伙企业中的财产份额出质的权利。

(4) 关于合伙人向合伙人以外的人转让其在合伙企业中的财产份额问题。法律对普通合伙企业合伙人的这一问题是这样规定的:“除合伙协议另有约定外,合伙人向合伙人以外的人转让其在合伙企业中的全部或者部分财产份额时,须经其他合伙人一致同意。”而《合伙企业法》第73条关于有限合伙人的这一问题却是这样规定的:“有限合伙人可以按照合伙协议的约定向合伙人以外的人转让其在有限合伙企业中的财产份额,但应当提前三十日通知其他合伙人。”

本书认为,《合伙企业法》之所以在同样的问题上对普通合伙人与有限合伙人采取了宽严不同的两种态度,主要是因为有限合伙人不执行合伙事务,不会因为赋予其上述权利而导致合伙企业及其他合伙人的权益受损。

二、有限合伙企业的设立条件

设立有限合伙企业,应当具备下列条件:

1. 除法律另有规定的以外,由二个以上五十个以下的合伙人设立。其中至少应当有一个普通合伙人和一个有限合伙人。国有独资公司、国有企业、上市公司以及公益性的事业单位、社会团体不得成为普通合伙人。

2. 有书面合伙协议。合伙协议应当载明下列事项:(1) 合伙企业的名称和主要经营场所的地点;(2) 合伙目的和合伙经营范围;(3) 普通合伙人和有限合伙人的姓名或者名称、住所;(4) 合伙人的出资方式、数额和缴付期限;(5) 利润分配、亏损分担方式;(6) 执行事务合伙人应具备的条件和选择程序;(7) 执行事务合伙人权限与违约处理办法;(8) 执行事务合伙人的除名条件和更换程序;(9) 入伙与退伙,特别是有限合伙人入伙、退伙的条件、程序以及相关责任;(10) 有限合伙人和普通合伙人相互转变程序;(11) 争议解决办法;(12) 合伙企业的解散与清算;(13) 违约责任。

3. 有合伙人认缴或者实际缴付的出资。所有的合伙人都可以用货币、实物、知识产权、土地使用权或者其他财产权利作价出资,普通合伙人还可以用劳务出资,但有限合伙人不得以劳务出资。

4. 有合伙企业的名称和生产经营场所。有限合伙企业名称中应当标明“有限合伙”字样。

5. 法律、行政法规规定的其他条件。

有限合伙企业的设立程序、入伙、退伙、解散、清算等问题,除法律有特殊规定的外,适用法律关于普通合伙企业的规定。

三、有限合伙与普通合伙的转换

有限合伙企业成立后,可能因为普通合伙人合伙份额的转让或退伙而导致合伙企业内部仅剩下有限合伙人,此时,因该合伙已经不再具备有限合伙的基本特质,所以应当解散。相反,有限合伙企业成立后,若因为有限合伙人合伙份额的转让或退伙而使得合伙内部仅剩普通合伙人时,该有限合伙应该转为普通合伙企业。

普通合伙企业成立后,若因普通合伙人之一被认定为无行为能力或限制行为能力者而转为有限合伙人的,则该普通合伙企业应依法转为有限合伙企业。

除合伙协议另有约定外,普通合伙人转变为有限合伙人,或者有限合伙人转变为普通合伙人,应当经全体合伙人一致同意。

第五章 商事公司

第一节 商事公司概述

一、商事公司的概念及特征

什么是商事公司？学术界对此有不同的表述。美国学者罗伯特·W.汉密尔顿认为：认识公司最简单并且通常也是最有用的方法，是把它看做一个独立于它的所有者或投资者的拟制人（artificial person）或人造实体（artificial entity）。这个拟制人可以像一个"真实的"人那样以自己的名义从事各种经营活动。① 顾功耘教授认为："公司是依照公司法律规定组织、成立和从事活动的、以营利为目的且兼顾社会利益的、具有法人资格的企业。"②除了学者的表述各不相同外，各国立法对公司的定义也有差异。《日本商法典》第52条指出："本法所称公司，谓以实施商行为为目的而设立的社团。"③《韩国商法》的规定是："公司是指以商行为及其他营利为目的而设立的社团。公司是法人。"④我国《公司法》并未直接给公司下定义，而仅在各有关条款中揭示了公司的一些本质特征。

《公司法》第2条规定："本法所称公司是指依照本法在中国境内设立的有限责任公司和股份有限公司。"第3条规定："公司是企业法人"。第5条第1款规定："公司从事经济活动，必须遵守法律、行政法规……承担社会责任。"

综合我国《公司法》的上述有关规定，我们可以给我国的商事公司作如下定义：公司是依法设立、从事经济活动、以营利为目的且兼顾社会利益的企业法人。公司的基本特征是：

1. 公司是从事经济活动并以营利为目的的经济组织

公司作为企业的一种具体形式，当然具有所有企业都具备的重要特征，这就是：从事经济活动并以营利为自己的设立目的。所谓从事经济活动，是指公司连续地从事某一特定范围内的经济活动，并将此作为自己存续的理由。所谓以营利为目的，是指公司以股东的共同出资经营某项事业，并将经营该项事业所获的利益，分配给各股东为目的。

---

① 参见〔美〕罗伯特·W.汉密尔顿：《公司法》（英文版），法律出版社1999年版，第1页。

② 顾功耘主编：《公司法》，北京大学出版社2004年版，第5页。

③ 王书江、殷建平译：《日本商法典》，中国法制出版社2000年版，第12页。

④ 吴日焕译：《韩国公司法》，中国政法大学出版社2000年版，第30页。

2．公司是具有独立法人资格的企业

我国立法关于公司是“企业法人”的规定表明：公司一旦成立即取得独立法人资格。公司的独立人格意味着：公司虽由股东投资组建，但在法律人格上却与股东完全分离。它可以拥有自己的名称和住所，享有由股东投资形成的全部法人财产权，并通过运用自己的财产自主经营，自负盈亏，独立承担民事、经济及刑事法律责任。总而言之，公司是一个独立于股东且拥有权利能力和行为能力的人造实体。

3．公司股东以其出资额或所持股份为限对公司承担责任

我国《公司法》并未确立无限公司、两合公司为合法的公司形态，而只规定了有限责任公司与股份有限公司两种公司形式。因此，公司股东承担的都是有限责任。具体而言，有限责任公司的股东是以其对公司的出资额为限承担责任，股份有限公司的股东以其所持股份为限对公司承担责任。这就意味着，除非出现法定的否定公司独立人格的例外情况，股东通常不对公司债务负直接责任。我国《公司法》在借鉴了欧美各国的成文法和判例法的基础上，适时地引进了公司人格否认原则。按《公司法》第 20 条第 3 款的规定，“公司股东滥用公司法人独立地位和股东有限责任，逃避债务，严重损害公司债权人利益的，应当对公司债务承担连带责任。”

二、公司与其他商事组织的区别

市场经济环境中的商事组织，除了公司外，还有其他一些形式。其中最主要的是合伙企业及个人独资企业。要全面把握公司的特征，就必须注意它与其他商事组织，特别是它与合伙企业及个人独资企业的区别。

（一）公司与个人独资企业的区别

根据《个人独资企业法》，独资企业，是指依法在中国境内设立，由一个自然人投资，财产为投资人个人所有，投资人以其个人财产对企业债务承担无限责任的经营实体。由此可知，公司与个人独资企业的主要区别是：

1．投资者性质不同。依我国《公司法》的规定，公司的股东可以是自然人，也可以是法人；而独资企业的投资人只能是自然人，不能是法人。

2．企业财产权归属不同。公司享有由股东投资形成的全部法人财产权。股东身份的取得，实际上是以一定数量的财产所有权为对价换来的。所以，股东对其投入到公司中的财产不再享有所有权，而只拥有公司部分股权。因此，股东不得随意占有、使用、处置其投资于公司且已归属于公司的财产，否则，即构成对公司法人财产权的侵犯；而独资企业的投资人对其投入企业用做经营的财产仍然享有所有权，从而决定了独资企业主仍可自由支配和处置其虽已投入到企业中但仍属于其所有的财产。

3. 投资者的责任形式不同。如上所述,除非法定原因出现,公司股东通常是按其出资额或所持股份为限对公司承担责任,亦即有限责任;而独资企业的投资人则必须以其个人财产对企业债务负无限责任。故,公司的债权人,除法定情形外,一般不得直接向公司的股东追索其对公司的债权,而独资企业的债权人,则可就其对独资企业的债权,直接向该企业的投资人求偿。

4. 企业的法律地位不同。公司是享有独立法人资格的企业,而独资企业却不具有法人资格。

5. 企业的设立条件和设立程序不同。公司的设立条件严格、设立程序复杂;而独资企业的设立条件和设立程序要简单得多。

6. 企业内部的管理方式不同。公司必须依法建立科学合理的内部管理体制,通过股东会、董事会、总经理、监事会等机构,实行重大问题的决定权、经营决策权、日常事务管理权及监督权的分而置之;而独资企业却可灵活自主地决定企业的管理方式。很多情况下,独资企业主会集决策、执行、监督权与一身,以便全面控制企业。而在公司制企业,这是绝对不允许的。

(二) 公司与合伙企业的区别

根据《合伙企业法》,合伙企业,是指依法在中国境内设立的由两个以上合伙人通过订立合伙协议,共同出资、合伙经营、共享收益、共担风险,并对合伙企业债务承担无限连带责任的营利性组织。因此,公司与合伙企业的区别主要表现在以下几点:

1. 企业的法律地位不同。公司具有独立的法人资格,而合伙企业属于非法人企业。

2. 企业投资人的责任形式不同。无论在有限责任公司还是在股份有限公司,股东通常不对公司债务承担直接责任,而是以其对公司的出资额或所持股份为限承担责任,而合伙企业的合伙人必须对合伙企业的债务承担无限连带责任。

3. 企业内部的管理方式不同。公司的管理方式(如前所述)是法定的;而合伙企业的管理方式可由全体合伙人按合伙协议的约定执行。

4. 企业的稳定性不同。一般而言,公司制企业的稳定性要大于合伙企业。公司一旦成立即与股东人格分离。公司存续时间的长短与谁是它的股东无关。股东出售或转让其股份也好,自然人股东死亡也罢,公司照样可以继续存在。除非因法定事由出现而解散,否则,公司可以无限期地存续下去(perpetual existence)。而合伙企业因其性质决定,很容易因某个合伙人的死亡、离去而导致整个企业的解体。从而使合伙企业在整体上不如公司制企业那样稳定。

当然,这并不是说公司就绝对优越于合伙企业、合伙企业与公司相比就一无是处。事实上,合伙企业也有一些公司不具备的长处。如,从税收角度看,合伙企业就比公司优越。公司作为独立的法律主体,依法必须缴纳法人所得税,税后利润分配与股东后，股东还需缴纳个人所得税。因而对公司的投资人而言，经营所得有双重纳税之虞。而合伙企业因其非法人地位而无须缴纳企业所得税，而是由各合伙人分别纳税，从而可以避免双重纳税。另外，合伙企业较低的设立门槛、较简单的设立程序及较灵活的管理方式，对投资者而言也是极具吸引力的。

三、我国公司的种类

公司的分类方法很多。从我国现行《公司法》所涉及的公司种类看，我国的公司可按以下几种不同的标准分类。

（一）按公司是否以发行股份的方式筹资为标准，可将公司分为股份有限公司和有限责任公司

1. 股份有限公司

股份有限公司，是由 2 人以上 200 人以下的发起人发起，公司资本分为等额股份，股东以其所持股份为限承担责任，公司以其全部资产对公司债务承担责任的企业法人。与其他公司相比，股份有限公司具有以下特点：

（1）公司性质的资合性。股份有限公司是最典型的资合公司。股份有限公司对外信用的基础不在于股东个人信用如何，而在于公司资本总额的多少。正因如此，公司对股东个人的身份、地位并不计较，任何承认公司章程，愿意出资一股以上的人，都可以在履行了相应的法律手续后成为公司股东。正是公司的资合性，才使分散在世界各地的股东们的不大的零星资本得以集合成公司经营所需的巨额资本。

（2）股东人数无上限。各国立法通常对股份有限公司的股东人数有法定最低限额的要求，但无最高人数的限制。这是由股份公司的资合性所决定的。我国《公司法》第 79 条关于“设立股份有限公司，应当有 2 人以上 200 人以下为发起人”的规定，是对发起人人数及股东人数下限的规定，而不是对股份公司股东人数上限的限制。按我国现行法律规定，即使某股份有限公司是由 200 个发起人共同发起设立的，也不意味着该公司的股东人数就不得超过 200 人，因为“发起人”与“股东”的法律含义是不同的。200 个发起人发起设立的公司，成立后，可因股份的转让而导致公司股东人数超出 200 个。法律对股份公司股东人数的上限不作限制的目的，是为了最大限度地满足公司的筹资需求。这也是股份有限公司为什么常常是由成千上万个互不相识的股东组成的原因。

（3）公司资本的股份性。股份有限公司的资本总额划分为金额相等的股份，且每股金额均等，这是股份有限公司区别于其他各种公司的最突出的特点。在股份有限公司里，各股东所持股份数可以不同，但每股所代表的资本额必须完全相同。股东行使表决权、股利分配请求权等各项股东权时，均以其所持股份数

为标准计算。公司发行的股份总数乘以每股金额即是公司资本总额。这也是公司被称为“股份有限公司”的主要原因。

(4) 股份形式的证券性。不同种类的公司,其股份的表现形式是不同的。有限责任公司以“出资证明书”作为股东出资的凭证。而在股份有限公司,法律明确规定:“公司的股份采取股票的形式,股票是公司签发的证明股东所持股份的凭证”(《公司法》第126条)。公司股票不是一般的权利证书,而是法定的有价证券,该种有价证券具有极强的流通性,可以在证券市场依法自由转让。

2. 有限责任公司

有限责任公司,是由不超过法定人数的股东出资组成,股东以其所认缴的出资额为限对公司承担责任,公司以其全部资产对公司债务承担责任的企业法人。有限责任公司的特征是:

(1) 股东人数的限制性。各国立法对有限责任公司的股东人数都有上限限制,我国也一样。我国《公司法》第24条规定,“有限责任公司由五十个以下股东出资设立”。但我国立法并未对有限责任公司成立后出现的超出50个股东的情况如何处置作出规定。这方面,法国《商事公司法》的做法值得我们借鉴。按法国《商事公司法》第36条的规定,有限责任公司的股东人数不得超过50人。如果公司股东人数超过50人时,应于两年内或者将公司转变为股份有限公司,或者使公司股东人数重新变为等于或低于50人,否则,公司应当解散。①

(2) 公司性质的两合性。此处的“两合性”是指“人合兼资合性”。我国2个以上50个以下股东设立的有限责任公司,可以说是一种典型的人合兼资合性公司。即,该类公司既具资合公司的特点,又带有人合公司的色彩。其资合性的表现是:每个股东都必须出资,不出资的人是不能成为公司股东的;而人合性的含义是指,并非任何愿意或能够出资的人,都能成为有限责任公司的股东。当一个人仅有资金可出,而与其他出资人不存在任何信任关系时,是不可能被他人接纳为公司股东的。因为他人对能否与其建立良好的合作投资关系无把握,担心他的加入会影响公司的正常经营。因此,股东之间的相互信任及良好关系是有限责任公司得以成立的重要前提,也是它不同于股份有限公司的特别之处。

(3) 公司运作的封闭性。我国的有限责任公司,与美国的Closed Corporation及西欧的Private Company类似,总体上讲,是一种封闭式的公司。其封闭性表现在:① 公司只能采取发起方式设立,不得以募集方式设立;② 无论在公司设立阶段还是在公司成立以后,都不得公开邀请公众认购其股份;③ 因公司本身不可能成为上市公司,所以,股东出资的转让不能通过开放的证券市场完成;④ 公司财务会计报告等内部信息无须向社会公众披露。

---

① 参见卞耀武主编、李萍译:《法国公司法规范》,法律出版社1999年版,第36页。

（4）公司机构设置的灵活性。总体上讲，《公司法》对有限责任公司组织机构的规定要比对股份有限公司组织机构的规定灵活许多。股份有限公司必须建立健全股东大会、董事会、监事会等完整的管理系统，而有限责任公司却可以根据公司股东人数及规模选择性地建立最适合自己的组织管理系统。

（二）按公司股东人数的多少为标准，可以将公司分为一人公司和多人公司

一人公司，在我国是指只有一个自然人股东或者一个法人股东设立的有限责任公司。其中，一个法人股东设立的有限责任公司，又可以分为一个非国有法人股东设立的有限责任公司和一个国有法人股东设立的有限责任公司。一个国有法人股东设立的有限责任公司称为国有独资公司。国有独资公司"是指国家单独出资、由国务院或者地方人民政府授权本级人民政府国有资产监督管理机构履行出资人职责的有限责任公司"。我国《公司法》只允许设立一人有限责任公司，不允许设立一人股份有限公司。多人公司是指2个以上50个以下的股东设立的有限责任公司和所有的股份有限公司。

（三）按公司股票是否上市流通为标准，可将公司分为上市公司和非上市公司

上市公司，是指其股票在证券交易所上市交易的股份有限公司。由于并非所有的股份有限公司都具备上市资格，所以，非上市公司是指除上市公司以外的所有有限责任公司和其他不上市的股份有限公司。

（四）按公司与公司之间的控制与依附关系为标准，可将公司分为母公司和子公司

母公司，通常是指拥有另一公司半数以上股份并能实际控制其经营活动的公司。子公司，是指其半数以上股份被另一公司持有并受其控制的公司。我国《公司法》虽未对母公司和子公司下定义，但对两者关系的法律特征是有明确定论的。《公司法》第14条第2款规定："公司可以设立子公司，子公司具有企业法人资格，依法独立承担民事责任。"由此可知，母公司虽能控制子公司，却不对子公司的债务负直接责任，而是以其出资额或所持股份为限对子公司承担责任。

（五）按公司是否受除《公司法》外的其他特别法调整为标准，可将公司分为公司法上的公司和特别法上的公司

公司法上的公司，是指依公司法设立、仅受公司法调整的公司。特别法上的公司，是指主要依特别法设立、受特别法调整，同时也受公司法调整的公司。按我国现行商事组织法体系看，中外合资有限责任公司、中外合资股份有限公司、保险公司、商业银行等都属特别法上的公司。

（六）按公司国籍为标准，可将公司分为本国公司和外国公司

本国公司，是指按本国法律登记成立的公司。所有依中国法律在中国境内登记成立的公司，都具有中国国籍，属中国公司。而外国公司，是指依照外国法律在中国境外登记成立的公司。我国《公司法》允许外国公司在中国境内设立

分支机构。

四、公司的权利、义务和责任

（一）公司的权利

公司作为独立的法律主体，理所当然地享有一系列法定权利。各国立法一般都会从不同的角度或多或少地规定一些公司的权利，并给予相应的保护，以便公司的经营活动得以顺利进行。依我国《公司法》及有关法律的规定，公司的权利主要有以下几项：

1. 公司享有与自然属性无关的人身权。作为法人，公司不同于自然人的主要表现就是它不具有自然生命，它是个虚拟的“人”。因而它不享有自然人基于其自然属性而产生的权利。如，公司不享有婚姻权、继承权、肖像权等权利。但是，作为法律拟制的“人”，公司完全可以享有一切与自然属性无关的法律人能够享有的人身权。例如，公司法人可以拥有名称权、名誉权、住所权、受赠与权等。公司法人的上述各项合法权利，都受我国法律的保护。

2. 公司享有法人财产权。我国《公司法》第 3 条明确规定，公司“有独立的法人财产，享有法人财产权”。这就意味着：公司全体股东把原来分别属于其所有的财产投入到公司后，就丧失了对该部分财产的所有权，公司则取代股东获得了相应的财产权。公司财产权的客体是股东投资形成的全部财产。任何股东非经公司授权而以所有者身份直接占有、使用或处分原来属于其所有而现在已归公司法人所有的财产的行为，都构成对公司法人财产权的侵犯，都应当承担相应的法律责任。法人财产权不仅是公司成立的必要条件，也是公司得以存续的物质基础。

3. 公司享有自治权。公司法人行使自治权的依据是《公司法》、公司章程及股东会决议。具体内容包括：

（1）依法选择、确定经营范围的权利。我国《公司法》第 12 条规定，公司的经营范围由公司章程规定，并依法登记。公司可以修改公司章程，改变经营范围，但是应当办理变更登记。

（2）依法确定法定代表人的权利。公司法定代表人可以依章程规定，由董事长、执行董事或者经理担任，但应依法登记。公司可以变更法定代表人。变更法定代表人的，也应当办理变更登记。

（3）公司有依法设立分公司的权利。虽然分公司不具有独立的法律地位，但分公司是公司在法定住所地以外开拓的新的经营场所，所以，设立分公司也是公司行使自主经营权的一种表现。

（4）公司享有对外投资权。公司可以通过设立子公司或参股公司等形式对外投资。但是，除法律另有规定外，公司不得成为对所投资企业的债务承担连带责任的出资人。

（二）公司的义务

我国法律在赋予了公司法人一系列法定权利的同时，亦对其提出了相应的义务要求。公司的法定义务可以按内容和对象分为下列两大类：

1. 按内容的不同，可将公司义务分为守法义务、守德义务及守信义务三类

守法义务是指：公司从事经营活动，必须遵守法律、行政法规。公司的守法义务，不仅仅是指其负有遵守《公司法》、《公司登记管理条例》等法律法规的义务，还包括负有遵守诸如《产品质量法》、《消费者权益保护法》、《反不正当竞争法》、《价格法》、《劳动法》等一切相关法律法规的义务。

守德义务是说：公司从事经营活动，应当遵守社会公德、商业道德。严把产品及服务质量关，不假冒、不仿冒他人优质产品，不生产、不提供伪劣商品，不以不正当手段进行商业竞争，在追求自身经济利益的同时，切实维护消费者的合法权益，为营造良好的市场氛围尽自己最大的努力。

守信义务要求：公司在从事经营活动的过程中，诚实地对待与之发生关系的包括股东、职工、债权人等在内的各类主体，坚守自己依法作出的各种承诺。不违约、不毁约、不欺诈、不赖账，不以次充好、不掩盖真相、不逃避责任。一句话，不以任何方式直接或间接地损毁诚信原则。

2. 按对象的不同，可把公司的义务主要分为对股东的义务、对职工的义务、对债权人的义务和对社会公众的义务四类

（1）公司对股东的义务

公司是由全体股东共同投资设立的，虽然，理论上讲股东的法律地位是平等的，全体股东的共同利益与公司的长远利益是一致的。但股东出资或所持股份数量的差异，导致股东在公司的实际地位有所不同，另外，股东性质（如自然人股东与法人股东）的差异亦使各自追求的目标有别。为确保各种不同的股东的合法权益都能得到基本的保障，国家法律对公司法人设定了一系列相关的义务。我国《公司法》规定的公司法人应对股东承担的义务有：

① 适时向股东签发“出资证明书”或“股票”的义务。“出资证明书”是有限责任公司股东的身份凭证，“股票”是股份有限公司股东的身份凭证。为避免因公司行为的不规范而导致的股东身份争议的产生，《公司法》第32条规定：“有限责任公司成立后，应当向股东签发出资证明书。”该条款还对出资证明书应当载明的事项作了明确规定。《公司法》第133条规定：“股份有限公司成立后，即向股东正式交付股票。公司成立前不得向股东交付股票。”《公司法》同样对股票应载明的事项也作了明确规定。因此，不适时地向股东签发出资证明书或股票，或者出资证明书或股票的记载事项不合法，即表明公司法人违背了该项法定义务。

② 公平、公正地对待所有股东的义务。按《公司法》第127条的规定，股份的发行，实行公平、公正的原则，同种类的每一股份应当具有同等权利。公司同次发行的同种类股票，每股的发行条件和价格应当相同；任何单位或者个人所认购的股份，每股应当支付相同价额。

③ 公司在具备法定分配条件时，负有按法定规则向股东分配利润的义务。如果公司在连续五年盈利且具备法定分配利润条件的情况下，连续五年不向股东分配利润的，异议股东可以向公司主张股份回购请求权。

④ 依法建立公司内部财务会计制度的义务。公司的股东尤其是人数众多的股份公司的股东，并不都参与公司事务的管理，所以，通过建立规范的财务会计制度约束公司的经营管理者就显得尤为重要。为此，我国《公司法》设了专章——“第八章　公司财务 会计”以规定公司法人的该项义务。按《公司法》第164条的规定，公司应当依照法律、行政法规和国务院财政部门的规定建立本公司的财务、会计制度。而依法建立财务会计制度的标志之一，就是依法编制公司的财务会计报告。因此，《公司法》第165条又进一步规定：公司应当在每一会计年度终了时编制财务会计报告，并依法经会计师事务所审计。财务会计报告应当依照法律、行政法规和国务院财政部门的规定制作。

⑤ 依法向股东披露公司内部信息的义务。作为投资者，股东当然享有知晓公司经营状况的权利。为此，《公司法》第34条、第98条及第117条分别规定了有限责任公司股东及股份有限公司股东知情权的范围。为确保股东知情权的实现，公司应当运用各种合法手段，及时地向股东传递有关公司的经营状况及各类相关信息，以加强公司与股东之间的信息沟通与交流。因此，依法披露相关信息就理所当然地成为公司对股东的另一项重要义务。为此，《公司法》第166条、第97条及第117条等条款分别就此作了相应的规定。按上述相关法条的规定，有限责任公司应当依照公司章程规定的期限将财务会计报告送交各股东。股份有限公司的财务会计报告应当在召开股东大会年会的20日前置备于本公司，供股东查阅；公开发行股票的股份有限公司必须公告其财务会计报告。股份有限公司还应当将公司章程、股东名册、公司债券存根、股东大会会议记录、董事会会议记录、监事会会议记录等文件置备于本公司，以供股东查阅。此外，公司还应当定期向股东披露董事、监事、高级管理人员从公司获得报酬的情况。

(2) 公司对本公司职工的义务

公司与其职工的关系是公司内部关系中的重要组成部分。公司内部的这一关系处理的好坏，将直接影响到公司能否正常运行以及其设立目标能否实现的问题。现代公司法理论认为，公司不仅是股东的公司，也是职工的公司。为使公司内部各种不同利益主体能和谐相处、各自的权益都得到应有的保障，《公司法》还就公司法人对内部职工应承担的义务作了明确规定。公司对职工的义务主要是：

① 依法保护职工的合法权益。《公司法》第17条明确规定：公司必须保护职工的合法权益，依法与职工签订劳动合同，参加社会保险，加强劳动保护，实现安全生产。公司应当采用多种形式，加强公司职工的职业教育和岗位培训，提高职工素质。

② 为本公司工会提供必要的活动条件。工会是公司职工依照《工会法》组织起来的职工群众组织。凡是依法建立工会组织的，公司都应当依法为其提供必要的活动条件。

③ 让职工通过法定途径参与公司民主管理。我国《宪法》、《全民所有制工业企业法》等法律赋予了企业职工以民主管理权。《公司法》亦确定了职工的该项权利，并要求公司"通过职工代表大会或者其他形式，实行民主管理"。此处的"其他形式"，应当包含通过职工董事、职工监事制度等形式实现的职工对公司的民主管理。

(3) 公司对债权人的义务

我国《公司法》规定的公司对债权人的义务主要有：

① 按公司债券券面约定的期限还本付息的义务；

② 发行可转换为股票的公司债券的公司，应当按照其转换办法向请求转换股票的债券持有人换发股票；

③ 对因合并或分立而解体的公司的债权人的义务：公司合并时，合并各方的债务，由合并后存续或新设的公司承继；公司分立前的债务，由分立后的公司承担连带偿还义务。

(4) 对社会公众的义务

公司对社会公众的义务主要是诚信义务。公司对公众的诚信义务的内容，除了上面提到的外，此处主要是指：公司应当依法诚实地向公众披露其内部相关信息，不用误导性语言或文字对其内部经济状况作任何虚假陈述。我国《公司登记管理条例》第2条规定："申请办理公司登记，申请人应当对申请文件、材料的真实性负责"。与此同时，《公司法》第6条又规定，"公众可以向公司登记机关申请查询公司登记事项"。另外，《公司法》第135条、第155条分别要求公司在公开发行股票及债券时，应当公告招股说明书、财务会计报告、公司债券募集办法等文件。上述信息或文件，对社会公众，尤其是对那部分准备与该公司建立相应经济关系的公众而言，是其判断风险大小的重要依据。因此，公司必须本着诚实信用的原则实事求是地披露其内部信息，对公众负责。

(三) 公司的责任

1. 公司的经济责任

公司的经济责任是指公司对以其名义所发生的债务的责任。有限责任公司和股份有限公司,都是企业法人,依法都应当以其全部资产对其债务承担责任。公司股东一般不对公司债务负直接责任。只有当公司的独立人格被否定时,滥用公司独立人格的股东才需要依法对公司债务承担连带责任。因此,通常情况下,如果公司全部资产都不足以清偿其债务且又无其他解决债务的办法时,公司法人就只能破产还债而别无他法了,公司债权人一般无权直接要求公司股东承担公司的债务责任。

2. 公司的社会责任

所谓公司的社会责任,“是指公司不能仅仅以最大限度地为股东们营利或赚钱作为自己的唯一存在目的,而应当最大限度地增进股东利益之外的其他所有社会利益。这种社会利益包括雇员(职工)利益、消费者利益、债权人利益、中小竞争者利益、当地社区利益、环境利益、社会弱者利益及整个社会公共利益等内容”①。我国《公司法》第5条对公司社会责任问题作了原则规定:公司应当在国家宏观调控下,按照市场需求组织生产经营,以提高经济效益、劳动生产率和实现资产保值增值为目的。这其中,接受国家宏观调控、按市场需求组织生产经营、提高经济效益和劳动生产率等,都属于立法对公司社会责任的要求。

3. 公司的法律责任

法律责任一般是指法律主体违反法律义务时所应承担的对其不利的法律后果。公司的法律责任是指公司违背法定义务时其所应该承担的法律后果。公司法律责任的类型通常有民事责任、刑事责任和行政责任三种。公司违反法定义务时的具体责任,要根据其行为的性质及程度而定。理论上讲,公司不履行上述任何一项法定义务时,都应当追究其相应的法律责任。否则,法律对公司义务的规定,就会变得形同虚设。但我国《公司法》在为公司设定了上述各项义务的同时,却并未对其所列举的公司义务不被遵守时的法律责任都一一作出明确的规定。这不能不说是我国《公司法》的一大缺陷。对此,我们在寄希望于《公司法》的下一次修订的同时,也盼望国家有关部门能通过颁布相应的行政法规、部门规章、司法解释等形式解决《公司法》尚未完全解决的公司法律责任问题,以切实达到依法规范公司行为、维护社会主义市场经济秩序的目的。

第二节 有限责任公司

一、有限责任公司的种类

在我国,作为两种法定公司之一,有限责任公司,是由不超过法定人数的股

① 刘俊海:《公司的社会责任》,法律出版社1999年版,第6页。

东出资组成,股东以其所认缴的出资额为限对公司承担责任,公司以其全部资产对公司债务承担责任的企业法人。

我国《公司法》上的有限责任公司,可以进一步分为两个以上五十个以下股东设立的多人公司和一个股东设立的一人有限责任公司。一人有限责任公司,"是指只有一个自然人股东或者一个法人股东的有限责任公司"。而一个法人股东的有限责任公司,还可以根据股东性质的不同,分为非国有一人公司和国有独资公司。此外,多人设立的有限责任公司,又可以根据股东国籍的不同,分为全内资公司、中外合资公司和全外资公司等三种。因此,在我国,因股东数量、性质、来源等的差异,有限责任公司也呈现出上述多种类型。

二、有限责任公司的股东

(一) 股东的概念

股东是公司存在的必要条件之一,没有股东也就没有公司。虽然股东是一种看似人人皆知的主体,但到底什么叫股东,不仅我国法律未作规定,学界对此也是各有不同的表述。有的把股东简单地称为"公司之构成员"[①],有把股东概括为是"向公司投入资金并依法享有权利、承担义务的人"[②]。本书认为:股东,是指因依法持有一定份额的公司股本而对公司享有权利并承担义务的主体。这种主体可以是自然人,也可以是法人;既可以是本国人,也可以是外国人。

(二) 股东身份的取得

股东身份可因原始投资或其他合法原因而取得。

1. 原始取得

所谓股东身份的原始取得,是指股东身份是在公司成立时,因认购了公司首次出售的股权而取得的。因此,原始取得的构成要件有两个:一是股东身份的取得是因其直接向公司认购股权,而非通过受让别人的股权而获得的;二是股东身份的取得,是因投资人认购了公司第一次发售的股权,而非认购了公司第二次及以后发售的股权而取得的。原始取得股东身份的投资者,通常被称为原始股东。

2. 继受取得

所谓股东身份的继受取得,是指其股东身份是在公司成立后,因有偿受让股权、接受赠与的股权或因继承股权等原因而取得股东身份的。因此,继受取得的特点是:第一,股东身份并非是因投资者直接向公司认购股权而取得的,而是通过受让已然股东的股权而取得的;第二,导致股东身份继受取得的具体原因可以是有偿转让、赠与、继承等多种法律事实的发生。

---

① 柯芳枝:《公司法论》,中国政法大学出版社 2004 年版,第 547 页。

② 江平主编:《新编公司法教程》,法律出版社 2003 年版,第 137 页。

众所周知,股东在公司成立后是不能抽回自己的投资的,已经取得股东身份的投资者,要想退出公司,可以通过依法转让自己持有的公司股份以达到目的,也可以通过将自有股份赠与他人而使自己与公司脱离关系。所以,有偿出让股权、股权的赠与、继承等行为,不仅是股东退出公司的法定途径,客观上也成就了一种股东资格的取得方式。

3. 因公司增资扩股而取得

股东身份除了原始取得、继受取得外,还可以是在公司成立后,因公司增资扩股时认购公司新增部分资本而取得。也有学者把增资扩股时取得股东身份的类型归在原始取得一类,①这虽然有一定的道理(因为,股东是直接向公司而非向其他股东购买公司股份而成为股东的),但本书认为,"原始"即"开始"、"初始"的意思,在公司成立之初未取得而在公司存续一段时间后才取得股东身份的投资者,都不能称其为"原始股东",以这种方式取得股东资格的,当然也就不能称其为"原始取得",而只能算是取得股东身份的第三种途径。

(三) 股东身份的认定

虽然,股东身份可以因上述三种途径之一而取得,但这不等于说认购了公司股本或受让了别人股权的人就一定具备法律意义上的股东资格。由于我国法律并没有对股东的概念、股东身份的认定标准等问题作出明确规定,学界对此也有不同的观点,造成各地司法部门在解决因股东身份引发的争议案时出现了大相径庭的结论。因此,有必要从理论上研究股东身份的认定标准问题。本书认为,认定某人是不是有限责任公司的股东,应从实质及形式要件等方面综合考察,不能仅以其中一个形式或实质要件简单断定。

就实质要件而言,股东身份的取得必然基于其对公司的出资,未出资者是不能取得股东身份的(至少在我国目前的法律框架下是这样)。虽然,在继受取得股东资格时,形式上受让方股东并不直接向公司出资,但因出让方的股权是已经向公司投入了资金后取得的,所以,受让方只需将相应的对价支付给出让方即可(赠与和继承股权的除外)。因此,当有关主体就某个股东身份产生争议时,首先应该考察的是该系争股东是否已经具备取得股东身份的实质性要件,即,他(或她)是否已经履行了对公司的出资义务(包括在原始取得股权的情况下的对公司的出资义务及继受取得股权时的向出让方支付对价)。无论系争股东是否具备出资要件,都不足以就此认定或否定其股东身份,还得考察若干形式要件的具备情况。

从形式上讲,投资人因向公司投资而成为股东的,必须借助于外观形式才能

---

① 参见张民安、蔡元庆主编:《公司法》,中山大学出版社 2003 年版,第 174 页;施天涛:《公司法论》,法律出版社 2005 年版,第 279 页。

得以表彰。这种外观形式包括：

(1) 公司章程上的签章。依我国《公司法》第25条规定，有限责任公司的“股东应当在公司章程上签名、盖章”。因此，未在章程上签名、盖章的有限责任公司股东的股东身份即存在形式上的瑕疵。

(2) “出资证明书”的证明。“出资证明书”是我国《公司法》上规定的证明有限责任公司股东身份的有效凭证。因此，虽有投资而未能出具有效的“出资证明书”的公司投资者，其股东身份亦存在形式上的瑕疵。

(3) 公司股东名册上的记载。股东名册，是有限责任公司依照法律要求而设置的记载股东姓名或名称及其出资额的簿册。我国《公司法》第33条明确规定，“记载于股东名册的股东，可以依照股东名册主张行使股东权利”。因此，公司股东名册上有记载，是股东主张其股东身份的形式要件之一。

(4) 工商登记资料中的记载。按我国《公司登记管理条例》第9条的规定，公司的登记事项包括“有限责任公司或者股份有限公司发起人的姓名或者名称，以及认缴和实缴的出资额、出资时间、出资方式”等。因此，有限责任公司的股东，主张其股东身份的依据之一是注册登记事项中的记载。若公司的工商登记资料中未记载某股东的姓名或名称的，则该股东证明其身份的形式要件就有瑕疵。

在一个设立、运行都规范的公司里，股东应具备的实质要件与形式要件应该是一致的。但在一个设立或运行不很规范的公司里，反映股东身份的实质要件和形式要件往往会出现不一致的情况。此时，对股东身份的认定就会出现困难。例如，某人虽履行了出资义务，但却未被记载于股东名册，或虽被记载于股东名册，却未见工商登记资料中有记载；又如，某人虽被记载于工商登记资料中，但却根本未履行过对公司的出资义务，此时，能否认定上述或者是形式要件或者是实质要件欠缺者的股东资格？对此，我国立法并不明确。理论界的观点也是各不相同。本书认为，在国家相关立法进一步完善之前，若涉及股东身份认定上的争议时，应区别争议双方的关系而采取不同的标准认定。若系争双方属外部关系(如，公司债权人因股东虚假出资而要求股东对公司债务承担连带责任时)，应以形式要件尤其是工商登记资料中记载的情况认定股东；而当系争双方属公司内部关系(如，股东之间转让股权)时，则应主要以实质要件及内部文件(如，股东名册的记载)为依据认定。

(四) 股东身份的丧失

股东身份的丧失，是指因法定原因的出现而导致的股东失去其股东身份的事实。导致股东身份丧失的常见原因有：

1. 因自然人股东死亡或法人股东终止而导致该自然人或法人失去公司股东资格的；

2. 因股东将其全部股权转让于他人而丧失股东资格的；

3. 因股东未依公司章程规定履行出资义务而被公司除名的；

4. 股东因违法而被依法没收包括股权在内的所有私有财产从而导致其失去股东资格的；

5. 因公司本身解散而导致解散公司的全体股东失去股东资格的；

6. 股东因行使股权回购请求权而被公司回购全部股份的。

三、有限责任公司的设立条件

根据我国《公司法》第 23 条，设立多人有限责任公司，应具备下列条件：

1. 股东符合法定人数

这里的“股东”可以是自然人，也可以是法人；“法定人数”是指二人以上五十人以下。我国法律对有限责任公司的股东人数是有严格的上限规定的，任何人设立有限责任公司，都不能突破这一限制。

2. 股东出资达到法定资本最低限额

此处的“法定资本最低限额”是指法律规定的有限责任公司必须达到的最低注册资本额。由于“有限责任公司的注册资本为在公司登记机关登记的全体股东认缴的出资额”，所以，“股东出资”应该是指全体股东“认缴的出资额”。我国《公司法》第 26 条第 2 款规定：“有限责任公司注册资本的最低限额为人民币三万元。法律、行政法规对有限责任公司注册资本的最低限额有较高规定的，从其规定。”由于法律允许股东分期缴纳其认缴的出资，为确保在分期缴纳出资的情况下，首期出资也不低于法定最低注册资本额，我国《公司法》还进一步规定：“公司全体股东的首次出资额不得低于注册资本的百分之二十，也不得低于法定的注册资本最低限额，其余部分由股东自公司成立之日起两年内缴足；其中，投资公司可以在五年内缴足。”“一人有限责任公司的注册资本最低限额为人民币十万元。股东应当一次足额缴纳公司章程规定的出资额。”

3. 股东共同制定公司章程

公司章程是由公司全体股东依法共同制定的，规范公司组织与行为，调整公司与股东之间、公司与管理者之间、股东与股东之间、股东与管理者之间关系的公司内部活动准则，是公司必不可少的纲领性文件。设立公司必须依法制定公司章程。虽然《公司法》没有直接规定公司章程的形式，但从《公司法》第 25 条关于有限责任公司章程应当载明的事项、“股东应当在公司章程上签名、盖章”、《公司登记管理条例》第 20 条关于公司设立登记应提交公司章程等文件的规定看，公司章程应该采取书面形式。公司章程不得以口头形式表示。至于公司章程的内容，可分为法定记载事项和任意记载事项两部分。法定记载事项的内容主要包含四大类：一是有关公司本身的基本信息，如公司名称、住所、经营范围、注册资本数、公司法定代表人等；二是有关公司股东的基本情况，如股东的姓名或名称、股东的出资方式、出资额、出资时间等；三是公司组织机构的产生及运行方式，如董事会、监事会的组成、职权及议事规则等；四是有关公司其他重要事项的处理规则，如公司的解散事由及清算办法等。除了法定记载事项外，公司章程还可根据其各公司内部情况的不同，选择记载一些任意性事项。但任意事项的记载，也不能违背一般的法律准则及良俗公德。

4. 有公司名称，建立符合有限责任公司要求的组织机构

犹如自然人一样，公司法人也必须有一个名称，作为此公司区别于彼公司的标志。设立公司必须先依法确定一个合格的公司名称。根据我国颁布的相关法律法规①，公司名称一般应由其所在地行政区划的名称、字号、行业或者经营特点、组织形式等四部分依次组成；并且，公司名称中不得含有有损于国家、社会公共利益的，可能对公众造成欺骗或者误解的内容和文字，也不得含有外国国家（地区）名称、国际组织名称、政党名称、党政军机关名称、群众组织名称、社会团体及部队编号、汉语拼音字母（外文名称中使用的除外）、数字以及其他法律、行政法规规定禁止出现的内容和文字。

作为企业法人，有限责任公司的经营行为是通过其组织机构完成的。按照三权分立的一般治理准则，通常情况下的有限责任公司应建立健全股东会、董事会、监事会等权利、决策及监督机构，但若不顾企业规模，一律要求所有的有限责任公司都建立健全股东会、董事会、监事会等机构，就可能因经营成本的提高而使股东权益受到损害。因此，我国法律允许"股东人数较少或者规模较小的有限责任公司，可以设一名执行董事，不设立董事会。执行董事可以兼任公司经理。""股东人数较少或者规模较小的有限责任公司，可以设一至二名监事，不设立监事会。"所以，有限责任公司可根据自身情况建立符合有限责任公司要求的组织机构。

5. 有公司住所

住所是公司成立的必备条件之一。我国《公司法》第 10 条规定，"公司以其主要办事机构所在地为住所"。所谓"主要办事机构所在地"，是指决定和处理公司全部事务的机构（亦即中枢机构）的所在地。《公司登记管理条例》第 12 条规定："经公司登记机关登记的公司的住所只能有一个。公司的住所应当在其公司登记机关辖区内。"公司设立人为完成设立行为而申请设立登记时，必须提交"公司住所证明"，亦即"能够证明公司对其住所享有使用权的文件"。公司住所一旦依法确定后，不得随意变更。确实需要"变更住所的，应当在迁入新住所

① 例如，1991 年 5 月，国家工商行政管理局发布的《企业名称登记管理规定》及 2004 年 6 月国家工商行政管理总局修订后发布的《企业名称登记管理实施办法》等法规。

前申请变更登记,并提交新住所使用证明”。

四、有限责任公司的组织机构

(一) 股东会

除一人公司外,有限责任公司设股东会,股东会是公司的权力机构,由全体股东组成,依法行使下列职权:(1) 决定公司的经营方针和投资计划;(2) 选举和更换非由职工代表担任的董事、监事,决定有关董事、监事的报酬事项;(3) 审议批准董事会的报告;(4) 审议批准监事会或者监事的报告;(5) 审议批准公司的年度财务预算方案、决算方案;(6) 审议批准公司的利润分配方案和弥补亏损方案;(7) 对公司增加或者减少注册资本作出决议;(8) 对发行公司债券作出决议;(9) 对公司合并、分立、变更公司形式、解散和清算等事项作出决议;(10) 修改公司章程;(11) 公司章程规定的其他职权。公司全体股东对上述事项以书面形式一致表示同意的,可以不召开股东会会议,直接作出决定,并由全体股东在决定文件上签名、盖章。

有限责任公司的股东会分为首次会议、定期会议和临时会议。首次股东会会议由出资最多的股东召集和主持;定期会议应当按照公司章程的规定按时召开。代表1/10以上表决权的股东,1/3以上的董事,监事会或者不设监事会的公司的监事提议召开临时会议的,应当召开临时股东会。除公司章程另有规定或者全体股东另有约定的外,有限责任公司召开股东会会议,应当于会议召开15日以前通知全体股东。

除公司章程另有规定的外,股东会会议由股东按照出资比例行使表决权。股东会会议作出修改公司章程、增加或者减少注册资本的决议以及公司合并、分立、解散或者变更公司形式的决议,必须经代表2/3以上表决权的股东通过。

股东会应当对所议事项的决定作成会议记录,出席会议的股东应当在会议记录上签名。

(二) 董事会或执行董事

董事会是公司经营决策机构,对股东会负责,依法行使下列职权:(1) 召集股东会会议,并向股东会报告工作;(2) 执行股东会的决议;(3) 决定公司的经营计划和投资方案;(4) 制订公司的年度财务预算方案、决算方案;(5) 制订公司的利润分配方案和弥补亏损方案;(6) 制订公司增加或者减少注册资本以及发行公司债券的方案;(7) 制订公司合并、分立、变更公司形式、解散的方案;(8) 决定公司内部管理机构的设置;(9) 决定聘任或者解聘公司经理及其报酬事项,并根据经理的提名决定聘任或者解聘公司副经理、财务负责人及其报酬事项;(10) 制定公司的基本管理制度;(11) 公司章程规定的其他职权。

有限责任公司设董事会,其成员为3至13人(其中包括董事长和副董事长)。股东人数较少或者规模较小的有限责任公司,可以不设董事会,只设一名执行董事。执行董事的职权由公司章程规定。执行董事还可以兼任公司经理。

两个以上的国有企业或者其他两个以上的国有投资主体投资设立的有限责任公司,其董事会成员中应当有公司职工代表;其他有限责任公司董事会成员中也可以有公司职工代表。董事会中的职工代表由公司职工通过职工代表大会、职工大会或者其他形式民主选举产生。

董事会会议由董事长召集和主持;董事长不能履行职务或者不履行职务的,由副董事长召集和主持;副董事长不能履行职务或者不履行职务的,由半数以上董事共同推举一名董事召集和主持。董事会决议的表决,实行一人一票。董事会的议事方式和表决程序依照《公司法》及公司章程的规定执行。每次董事会会议,都应当对所议事项的决定作成会议记录,并由出席会议的董事在会议记录上签名。

(三) 监事会

监事会是有限责任公司的内部监督机构,直接对股东会负责,依法行使下列职权:(1) 检查公司财务;(2) 对董事、高级管理人员执行公司职务的行为进行监督,对违反法律、行政法规、公司章程或者股东会决议的董事、高级管理人员提出罢免的建议;(3) 当董事、高级管理人员的行为损害公司的利益时,要求董事、高级管理人员予以纠正;(4) 提议召开临时股东会会议,在董事会不履行法定的召集和主持股东会会议职责时召集和主持股东会会议;(5) 向股东会会议提出提案;(6) 依法对董事、高级管理人员提起诉讼;(7) 公司章程规定的其他职权。监事可以列席董事会会议,并对董事会决议事项提出质询或者建议。监事会、不设监事会的公司的监事发现公司经营情况异常,可以进行调查;必要时,可以聘请会计师事务所等协助其工作,费用由公司承担。

有限责任公司设立监事会,其成员不得少于三人。股东人数较少或者规模较小的有限责任公司,可以不设监事会,只设一至二名监事。监事会应当包括股东代表和适当比例的公司职工代表,其中职工代表的比例不得低于1/3,具体比例由公司章程规定。监事会中的职工代表由公司职工通过职工代表大会、职工大会或者其他形式民主选举产生。董事、高级管理人员不得兼任监事。监事会设主席一人,由全体监事过半数选举产生。监事会主席召集和主持监事会会议;监事会主席不能履行职务或者不履行职务的,由半数以上监事共同推举一名监事召集和主持监事会会议。

第三节 股份有限公司

一、股份有限公司的设立条件

股份有限公司,是由2个以上200个以下的发起人发起,公司资本分为等额股份,股东以其所持股份为限承担责任,公司以其全部资产对公司债务承担责任的企业法人。根据我国《公司法》第77条,设立股份有限公司,必须具备以下法定条件:

1. 发起人符合法定人数

设立公司必须得有发起人,否则,公司将无法成立。我国《公司法》并没有直接给发起人下定义。不过,根据《公司法》第77条第2项、第77条第4项及第80条,发起人是指参与制定公司章程、依法认购其应认购的股份并承担公司筹办事务的人。由于制定公司章程本质上属于筹办公司的事务之一,因此,发起人的基本构成要件(依我国《公司法》的规定)主要有两项:一是认购一定数量的股份;二是承担包括制定公司章程在内的筹办事务。凡不同时具备上述两个要件的,就不是公司发起人,从而不享有发起人的权利,也不必承担发起人的义务和责任。

公司发起人可以是自然人,也可以是法人甚至合伙组织;[①]既可以由本国人也可以由外国人担当。至于公司发起人的资格问题,各国及各地区公司法的规定虽不尽一致,但不外乎是围绕以下几方面规定的:

一是关于发起人的行为能力问题。自然人作为公司发起人的,该自然人是否必须具备完全的行为能力?对此,各国及各地区的规定不尽相同。有的要求自然人作为公司发起人,应该具有完全行为能力。无行为能力或限制行为能力人不得作为公司发起人。[②] 美国有些州的公司法亦对行为能力欠缺者充任公司发起人作出限制。此外,在比利时、葡萄牙等国的法律中,规定未成年人无商事行为能力,由此,自然否定了其成为公司发起人的可能性。[③] 而有的国家则无此要求,无行为能力者,亦得为发起人。[④]

二是关于部分特殊人群的公司发起人资格问题。有些国家的公司法明令禁止一些人的发起人资格。如,《法国商事公司法》第74条规定:"丧失管理或经营公司权利的人或被禁止行使管理或经营公司职责的人,不得成为发

① 参见卞耀武主编、左羽译:《特拉华州普通公司法》,法律出版社2001年版,第1页。

② 参见柯芳枝:《公司法论》,中国政法大学出版社2004年版,第135页。

③ 转引自蒋大兴:《行为能力欠缺者的公司发起人资格》,载《甘肃政法学院学报》2005年5月。

④ 参见〔日〕末永敏和:《现代日本公司法》,金洪玉译,人民法院出版社2000年版,第38页。

起人。"[1]

关于发起人的人数,更是规定不一。如,德国股份公司法允许一名以上的发起人发起设立公司,[2]我国台湾地区"公司法"要求股份有限公司应有两人以上为发起人,[3]法国则规定不得低于七人。[4]

我国《公司法》并未就发起人的资格问题作出详细规定。但本书认为:无行为能力或限制行为能力的自然人,被特别法律、法规明令禁止从事营利性投资行为的自然人、法人不能成为公司发起人。

至于股份有限公司发起人的人数,按我国《公司法》的规定,应该为 2 人以上 200 人以下,其中须有半数以上的发起人在中国境内有住所。

2. 发起人认购和募集的股本达到法定资本最低限额

这里所谓的"发起人认购和募集的股本达到法定资本最低限额",是指成立股份有限公司所需要满足的最低资本额这个条件。其中又包括两种情况:一是指发起设立时,全体发起人认购的股本总额应达到法定资本最低限额;二是指在募集设立的情况下,发起人认缴的股本与社会公众认缴的股本总额应达到法定资本最低限额。

按我国《公司法》第 81 条的规定,"股份有限公司注册资本的最低限额为人民币 500 万元。法律、行政法规对股份有限公司注册资本的最低限额有较高规定的,从其规定"。这就是说,在我国,无论是采取发起设立的方式还是募集设立的方式设立股份有限公司,其股本总额都不得低于人民币 500 万元;特殊情况下的公司资本最低限额还需遵循法律法规的特别规定。例如,《保险法》第 73 条规定,设立保险公司,其注册资本的最低限额为人民币两亿元。因此,经营保险业务的股份有限公司,其最低注册资本额是否达到法定要求就不依《公司法》而是依《保险法》上的规定进行判断。

3. 股份发行、筹办事项符合法律规定

我国法律关于股份有限公司股份发行及筹办事项的规定,除《公司法》上的规定外,还散见于其他相关单行法律、法规中,如《证券法》、《股票发行与交易管理暂行条例》等。从法律规定的具体内容看,既有股份发行的原则、条件、方式、价格等实体方面的规定,也有股份发行的审批、募集等程序方面的规定。因此,这个条件的实质是要求股份公司的发起人在履行股份发行、筹办事项的过程中要遵循所有相关法律法规的规定。

---

① 转引自卞耀武主编、李萍译:《法国公司法规范》,法律出版社 1999 年版,第 55 页。

② 参见卞耀武主编:《德国股份公司法》,贾红梅、郑冲译,法律出版社 1999 年版,第 5 页。

③ 参见柯芳枝:《公司法论》,中国政法大学出版社 2004 年版,第 135 页。

④ 参见卞耀武主编、李萍译:《法国公司法规范》,法律出版社 1999 年版,第 55 页。

4. 发起人制定公司章程,采用募集方式设立的经创立大会通过

根据《公司法》第82条,股份有限公司的章程应当载明下列事项:(1)公司名称和住所;(2)公司经营范围;(3)公司设立方式;(4)公司股份总数、每股金额和注册资本;(5)发起人的姓名或者名称、认购的股份数、出资方式和出资时间;(6)董事会的组成、职权和议事规则;(7)公司法定代表人;(8)监事会的组成、职权和议事规则;(9)公司利润分配办法;(10)公司的解散事由与清算办法;(11)公司的通知和公告办法;(12)股东大会会议认为需要规定的其他事项。

5. 有公司名称,建立符合股份有限公司要求的组织机构

公司名称是此公司区别于彼公司的标记,是公司的设立要件之一。公司依法定要求确定了自己的名称并经核准登记后,就享有了名称专用权,并以此名称从事生产经营活动及承担各种法律责任。股份有限公司作为典型的法人企业,其权利能力及行为能力的实现是通过其组织机构完成的。公司从获得营业执照之日起,法人的权利能力及行为能力同时产生,这就要求其相应的组织机构也同时开始运行,以保证其权利能力及行为能力的充分实现。所以,"建立符合股份有限公司要求的组织机构"是设立公司的必要条件之一。

6. 有公司住所

虽然各国法律对公司住所的解释不同,但我国《公司法》第10条明确规定,"公司以其主要办事机构所在地为住所"。所谓"主要办事机构所在地"是指:决定和处理公司全部事务的机构(亦即中枢机构)的所在地。因此,将公司管理机构所在地确认为公司住所地是合乎情理的。

《公司登记管理条例》第12条规定:"经公司登记机关登记的公司的住所只能有一个。公司的住所应当在其公司登记机关辖区内。"公司设立人为完成设立行为而申请设立登记时,必须提交"公司住所证明",亦即"能够证明公司对其住所享有使用权的文件"。公司住所一旦依法确定后,不得随意变更。确实需要"变更住所的,应当在迁入新住所前申请变更登记,并提交新住所使用证明"。与此同时,《公司法》第14条规定,"公司可以设立分公司",而《公司登记管理条例》第46条、第47条及第48条又分别指出,"分公司是指公司在其住所以外设立的从事经营活动的机构","分公司的登记事项包括:名称、营业场所、负责人、经营范围","设立分公司,应当向公司登记机关提交……营业场所使用证明。"由此可见,我国法律是严格区分"住所"与"营业场所"这两个既有联系又有区别的概念的。而且,国家法律并不禁止公司拥有两个以上的"营业场所",但强调一个公司只能拥有一个法定"住所"。

在设立股份有限公司时,上述六个条件是必须同时具备、缺一不可的。否则,公司将不能获准成立。

二、股份有限公司的设立程序

设立股份有限公司,既可以采取发起设立方式也可以采取募集设立方式。至于何时用何种方式设立公司,法律不作强制性规定,而是由股份有限公司的发起人根据具体情况进行选择。虽然发起设立与募集设立方式的具体步骤有所差异,但最基本的法定程序都大体相同。这些法定程序是:

1. 发起人发起

股份有限公司的设立程序始于发起人的发起。2 个以上 200 个以下的发起人确立了共同设立公司的目标后,应签订发起人协议,明确各自的权利、义务和责任,并将发起人协议付诸实施。

2. 制定公司章程

全体发起人应共同参与公司章程的制定。除《公司法》第 82 条规定必须载明的事项外,在不违背其他有关法律法规的前提下,发起人还可根据拟设立公司的具体情况,在公司章程中记载一些他们认为必要的事项。

3. 发起人认股缴款

股份有限公司采取发起设立方式设立的,全体发起人认购的股份总额应等于公司注册资本额;虽然发起人可以分期缴纳股款,但全体发起人的首次出资额不得低于注册资本的 20%,其余部分由发起人自公司成立之日起两年内缴足;投资公司可以在五年内缴足。股份有限公司采取募集设立方式设立的,除法律、法规另有规定的外,发起人认购的股份不得少于公司股份总数的 35%。

4. 申请公司名称的预先核准登记

设立公司应当申请名称的预先核准登记。设立股份有限公司时,应当由全体发起人指定的代表或者共同委托的代理人向公司登记机关申请名称预先核准。

申请名称预先核准,应当提交下列文件:(1) 股份有限公司的全体发起人签署的公司名称预先核准申请书;(2) 全体发起人指定的代表或者共同委托的代理人的证明;(3) 国家工商行政管理总局规定要求提交的其他文件。

公司登记机关作出准予公司名称预先核准决定的,应当出具"企业名称预先核准通知书"。预先核准的公司名称保留期为六个月。预先核准的公司名称在保留期内,不得用于从事经营活动,不得转让。

公司登记机关作出不予名称预先核准决定的,应当出具"企业名称驳回通知书",并说明不予核准的理由,并告知申请人享有依法申请行政复议或者提起行政诉讼的权利。

5. 履行必要的行政审批手续

法律、行政法规或者国务院决定规定设立公司必须报经批准,或者公司经营范围中属于法律、行政法规或者国务院决定规定在登记前须经批准的项目的，应当在办理完公司名称预先核准后，以公司登记机关预先核准的公司名称报送审批。

6. 申请公司的设立登记

设立股份有限公司，应当由董事会向公司登记机关申请设立登记。以募集方式设立股份有限公司的，应当于创立大会结束后30日内向公司登记机关申请设立登记。

申请设立股份有限公司，应当向公司登记机关提交下列文件：

(1) 公司法定代表人签署的设立登记申请书；

(2) 董事会指定代表或者共同委托代理人的证明；

(3) 公司章程；

(4) 依法设立的验资机构出具的验资证明；

(5) 发起人首次出资是非货币财产的，应当在公司设立登记时提交已办理其财产权转移手续的证明文件；

(6) 发起人的主体资格证明或者自然人身份证明；

(7) 载明公司董事、监事、经理姓名、住所的文件以及有关委派、选举或者聘用的证明；

(8) 公司法定代表人任职文件和身份证明；

(9) 企业名称预先核准通知书；

(10) 公司住所证明（即能够证明公司对其住所享有使用权的文件）；

(11) 国家工商行政管理总局规定要求提交的其他文件。

以募集方式设立股份有限公司的，还应当提交创立大会的会议记录；以募集方式设立股份有限公司公开发行股票的，还应当提交国务院证券监督管理机构的核准文件。法律、行政法规或者国务院决定规定设立股份有限公司必须报经批准的，还应当提交有关批准文件。公司申请登记的经营范围中属于法律、行政法规或者国务院决定规定在登记前须经批准的项目的，应当在申请登记前报经国家有关部门批准，并向公司登记机关提交有关批准文件。

公司登记机关面对股份有限公司的设立登记申请，经依法审核并作出准予登记的决定后公司正式成立。

三、股份有限公司的股份与股票

（一）股份的定义及特点

“股份”一词虽无法定定义，但依我国《公司法》第126条的规定，可从学理上作如下定义：所谓股份，是指均分股份有限公司全部资本的最小单位。“股份”在法律上有两层意义：第一，股份是股份有限公司资本的构成单位。公司全部资本分为金额均等的若干份股份,全部股份金额的总和即为公司资本总额。第二,股份是股东行使权利、履行义务的基本依据。股份的基本特点是:

1. 金额性。股份既然是公司资本的构成单位,也就表示它代表一定量的公司资本,而一定量的公司资本通常是以一定的货币金额表示的。所以,金额性是股份最直观的一个特征。

2. 平等性。股份的平等性是指每份股份所代表的公司资本额相等。因此,同次发行的同种类股份,每股的发行条件和价格应当相同。任何单位或个人所认购的股份,每股应当支付相同价额。股份的平等性是股份最重要的特征之一。

3. 不可分性。股份既然是均分公司全部资本的最小单位,也就表明每一份股份都不能再行分割了,否则,即失去了其所谓"最小"及"均等"的本质。但股份的不可分性,并不排斥数人共有一份股份的可能性。若因继承法律关系而导致若干名继承人共有一份股份时,这种共有股份的现象并不违背股份的不可分性。但是,此时的共有人不能主张分割股份,只能推荐一人行使股东权,以保持这一股份与其他股份在金额上的相等性,从而维持这一股份作为公司资本"最小"构成单位的完整性。股份的不可分性与股份的拆细是两个完全不同的概念。股份的拆细属于公司资本最小计量单位的划小,各国法律对此一般不予禁止,所以,不能将股份的不可分性与股份的拆细混为一谈。

4. 可转让性。由于股份有限公司是典型的资合公司,公司以其资本而非股东个人的身份与地位为其对外信用的基础。所以,股份原则上均可自由转让。当然,不同种类的股份,其转让的条件、方式及程序亦有所不同。

(二) 股份的表现形式——股票

股份的表现形式是股票,《公司法》第 126 条规定:"公司的股份采取股票的形式。股票是公司签发的证明股东所持股份的凭证。"由此可知,股份与股票的关系形同表里,股票不能离开公司股份而存在,没有股份也就没有股票。正因为两者间的密切关系,当涉及股份的种类、发行及转让问题时,无论是法律规定还是学术研究,往往将它与股票的种类、发行及转让问题合并阐述。但股票毕竟是股份的表现形式,因而有其不同于股份的固有特征。这些特征是:

1. 股票只能是股份有限公司成立后签发给股东的证明其所持股份的凭证。除了股份有限公司,其他各种公司都不以股票来证明股份。股票本身是非设权证券,股东权并非股票所创,股票仅仅是把已经存在的股东权表现出来而已。而且,股份有限公司只有在其登记成立后,才能向股东正式交付股票,"公司成立前不得向股东交付股票"(《公司法》第 133 条)。

2. 股票是一种有价证券。股票是股份的表现形式,而股份的获得是以一定的财产为对价的。拥有股票,不仅表明持有者已经付出了相应的对价,而且表明持有者还可进一步凭此获得相应的股息、红利等经济利益,从而使股票具有一定的投资价值和市场价格。

3. 股票是一种要式证券。根据《公司法》第129条,股票采用纸面形式或者国务院证券监督管理机构规定的其他形式。股票应当载明下列主要事项;(1)公司名称;(2)公司成立日期;(3)股票的种类、票面金额及代表的股份数;(4)股票的编号。股票由法定代表人签名,公司盖章。发起人股票应当标明发起人股票字样。

4. 股票是一种无限期证券。股票没有固定期限,除非公司终止,否则,它将一直存在。股票的持有者可以依法转让股票,却不能要求公司到期还本付息,因为股票是没有到期日的,这也是股票与公司债券这种有价证券的最大区别。

(三)股份(票)的种类

股份有限公司的股份可作多种分类,各国立法的规定虽有差异,但较具代表性的分类有下列几种:

1. 按股份所代表的股东权的内容不同,可将股份分为普通股和特别股

(1)普通股。普通股是指股东拥有的权利、义务相等、无差别待遇的股份。它是各国股份有限公司发行的股份中最为普通的一种股份,也是构成公司资本的最基本部分。普通股的最大特点是资产收益率不固定,随公司营利的多少而变化,且收益权的行使次序排在优先股后;但普通股通常享有表决权。

(2)特别股。特别股是指股份所代表的权利、义务不同于普通股而享有特别内容的股份。特别股主要可分为优先股与劣后股两类。以普通股为基准,凡在分配收益及分配剩余资产等方面比普通股股东享有优先权的股份,即为优先股;而在分配收益及分配剩余资产方面逊后于普通股的股份,即为劣后股。优先股通常没有表决权,虽有优先于普通股参与公司分配的权利,但其收益率固定且一般较低,故其投资风险要小于普通股。但当公司盈利丰厚时,则可能出现其收益率显著低于普通股的情况。劣后股因参与分配的顺序须排在优先股及普通股之后,故其风险更大。但若公司某年度经营状况极佳,劣后股股东的收益亦颇可观。

我国《公司法》没有对发行特别股作出直接规定,但《公司法》第132条规定:"国务院可以对公司发行本法规定以外的其他种类的股份,另行作出规定。"这说明,我国《公司法》并不绝对禁止公司发行特别股,只是当公司有此需求时,应根据国务院的特别规定实施发行行为。

2. 依股东姓名是否记载于股票上为标准,可将股份分为记名股与无记名股

记名股是将股东的姓名或名称记载于股票上的股份。无记名股是股票上不记载股东姓名或名称的股份。两者的主要区别在于:

(1)权利的依附程序不同。无记名股的权利完全依附于股票之上,持有股票者即享有股东权。而记名股的权利并不完全依附于股票之上,股票实际持有

人若非股票上载明之人,则无资格行使股东权。

(2) 股份转让的方式不同。无记名股的转让只需交付股票,转让即发生法律效力。记名股的转让必须将受让人的姓名或名称记载于公司股票之上,并将受让人的姓名或名称记载于公司股东名册之中,否则,转让不发生法律效力。可见,无记名股的转让方便,记名股转让手续较繁琐。

(3) 安全性不同。记名股比无记名股更安全。因为一旦记名股票被盗、遗失或者灭失,股东可以依照《民事诉讼法》规定的公示催告程序,请求人民法院宣告该股票失效。人民法院宣告该股票失效后,股东可以向公司申请补发股票。而无记名股票如果被盗、遗失或者灭失,股东却无法按照类似程序获得补救。

我国《公司法》允许公司发行记名股和无记名股,并明确规定,公司向发起人、法人发行的股票,应当为记名股票,并应当记载该发起人和法人的名称或姓名,不得另立户名或者以代表人姓名记名。

3. 依股份是否以金额表示为标准,可将股份分为额面股(也称金额股)和无额面股(亦称比例股或分数股)

额面股,是指在股票票面上标明了一定金额的股份。无额面股,又叫分数股或比例股,是指股票票面上并不标明具体金额,而只标明每股占公司资本总额的一定比例的股份,如1/1000000股。我国1993年颁布的《公司法》不允许公司发行无额面股。但新《公司法》对此未作规定。

4. 依持股主体的性质不同为标准,可将股份分为国有股、法人股、个人股

(1) 国有股。国有股又可依投资主体和产权管理主体的不同分为"国家股"和"国有法人股"。国家股是指有权代表国家投资的机构或部门向股份公司出资形成或依法定程序取得的股份。在股份公司股权登记上记名为该机构或部门持有的股份。国有法人股是指具有法人资格的国有企业、事业及其他单位以其依法占用的法人资产向独立于自己的股份公司出资形成或依法定程序取得的,在股份公司股权登记上记名为该国有企业或事业及其他单位持有的股份。

(2) 法人股。法人股是指一般的法人企业或具有法人资格的事业单位和社会团体以其依法可支配的资产向股份公司出资形成或依法定程序取得的股份。

(3) 个人股。个人股是指单个自然人以其合法财产向股份公司投资形成或依法定程序取得的股份。在我国的股份制试点过程中,个人股又被进一步分为社会个人股和企业内部职工股。这种区分的主要目的是为了提高职工对企业资产的关切度,调动职工的积极性和创造性,以提高企业的劳动生产率。

5. 按持股主体的来源不同为标准,可把股份分为内资股和外资股

内资股是指我国境内各种不同性质的投资者依法持有的股份有限公司的股份,包括国有股、法人股及个人股。

外资股是指由外国和我国香港、澳门、台湾地区的投资者向公司投资形成或

依法定程序取得的股份。

6. 依是否以人民币认购和交易股份为标准,可将股份分为人民币股和人民币特别股

(1) 人民币股。人民币股又称 A 股,是指专供我国的法人和公民(不含我国港、澳、台地区的投资者)以人民币认购和交易的股份。

(2) 人民币特种股。人民币特种股是指以人民币标明面值,以外币或以港元认购和交易、分别供境内外投资者买卖的股份。人民币特种股又有 B 股、H 股、N 股等之分。B 股是以人民币标明面值,以美元认购和交易,在我国境内证券交易所上市交易的人民币特种股。H 股是以人民币标明面值,以港元认购和交易,在香港联合交易所上市交易的人民币特种股。

股份的种类应该不止本书所提到的这些。我们研究股份的分类也不仅仅是为了分类而分类,而是想通过对股份种类的研究达到全面掌握并理解公司内部各种关系的处理准则,进而指导我们的实践。

(四) 股份的发行

股份的发行,是指股份有限公司为筹集资金或为其他目的而向投资者出售或分配自己股份的行为。股份发行制度是股份有限公司资本制度中的重要组成部分。在股份发行关系中,为筹集资金而出售股份的公司(亦即资金需求者)即是股份发行人,应发行人邀请而购买股份的人(亦即资金供应者)则称为认股人或股东。股份公司发行股份时,可以选择不同的投资者作为发行对象。凡发行人通过中介机构向不特定的社会公众公开发售股份的,称为股份的公开发行;而发行人只对少数特定的投资者出售或分配股份的,叫股份的定向募集。理论上讲,股份的公开发行与股份的定向募集是利弊兼具的。公开发行的好处是筹资功能强,不利因素是发行程序复杂、发行费用较高,而且,因投资者的范围不确定,拟发行的股份能否顺利发行完后果不确定;而定向募集的优点是有确定的投资人,发行手续简单,发行费用低,发行时间短,但其不足之处是:因投资者数量有限而使该种发行方式的筹资功能降低。另外,对扩大发行人的社会影响作用有限。

1. 股份的发行原则

我国《公司法》第 127 条规定,股份的发行,实行公平、公正的原则。

(1) 公平原则。公平原则,是指发行人在发行同种性质的股份时所提供的条件、价格完全相同,不因认股人的不同而设置差异的原则。公平原则从认股人的角度看,主要体现为同股同价,即:公司同次发行的同种类股票,每股的发行条件和价格应当相同;任何单位或者个人所认购的股份,每股应当支付相同价额。这是股权平等原则的客观要求,也是股份顺利发行的保证。

(2) 公正原则。公正原则,是指申请发行股份的股份有限公司或发起人,依

法应当受到政府的公正对等。由于发行股份须经政府有关部门的核准,所以,当发行人向政府有关部门提出发行申请时,政府应当公正地对待不同的申请人,无论其是否作出核准的决定,依据只能是一个,即申请人是否实质上具备法定的发行资格和条件。只有政府首先做到公正地对待所有的股份发行人,才能促使发行人公平、公正地对待所有的认股人,从而保证整个发行过程的公正有序。

2. 股份的发行价格

股份的发行价格与股份的表现形式——股票的票面金额往往是不一致的。股票的票面金额是每一单位股份所代表的资本额,而股票的发行价格则是发行人(即发行公司)在向投资者出售(即发行)股票时所收取的价格。所有的发行人在发行股票前都会面临一个以什么价格发行的问题。因为发行价格不仅与发行公司的利益密切相关,而且也直接影响到投资者(即认股人)的利益。因此,各国公司法对此都有一些具体规定。纵观各国的有关规定,股份的发行价格不外乎有平价发行、溢价发行及折价发行三种价格。

(1) 平价发行。平价发行也称面额发行,是指发行人以票面上所记载的金额作为发行价格而实施的股票发行。如,面额1元的股票以1元的价格发售就属于平价发行。平价发行,因其低廉的发行价格而较易吸引投资者,但对发行公司而言,其主要缺陷是发行人筹集的资金较少。

(2) 溢价发行。溢价发行是指发行人以高于股票票面金额的价格发行股票。如,面额1元的股票,以5元的价格发行就属溢价发行。溢价发行,能使公司以少量股票筹措到较多的资金。因此,筹资成本低是溢价发行的长处。但对投资者而言,投资风险明显增加。

(3) 折价发行。折价发行是指发行人以低于股票票面金额的价格发行股票。如,面额1元的股票以0.85元的价格发售即属折价发行。折价发行时折扣率的确定取决于发行公司的业绩和承销商的承受力。折价发行一般是在发行困难,但发行公司确有一定发展前途的情况下,发行人所采取的吸引投资者的一种发行价格。

股票发行价格的选择与确定,除了取决于国家法律法规的规定、发行人与承销商的约定外,具体发行价格的制定往往还要考虑多种其他因素。如,发行人所属的行业及发行人的业绩、市场利率行情及证券市场上的供求关系等。

我国《公司法》第128条规定:“股票发行价格可以按票面金额,也可以超过票面金额,但不得低于票面金额。”这就是说,在我国,股票的平价发行和溢价发行都是合法的,但折价发行却是不允许的。公司发行新股,可以根据公司经营情况和财务状况,确定其作价方案。

(五) 股份的转让

股份的转让是通过股票的转让而实现的。股票的转让,是指股票所有人把自己持有的股票让与他人从而使他人成为公司股东的行为。

1. 股份转让的地点

股东转让其股份，应当在依法设立的证券交易场所进行，或者按照国务院规定的其他方式进行。

2. 股份转让的方式

记名股票，由股东以背书方式或者法律、行政法规规定的其他方式转让，转让后由公司将受让人的姓名或者名称及住所记载于股东名册。无记名股票的转让，由股东将该股票交付给受让人后即发生转让的效力。

3. 股份转让的限制

股份转让的积极作用是显而易见的。对潜在的投资者而言，可以通过受让转让人转让出去的股份而成为公司股东；对已有的股东而言，通过股份转让，或可以随时转移投资风险，撤回其投资，或可以增加其所持股份，从而实现其控制公司的目的。基于股份有限公司的资合性、开放型等特征，一般而言，股份的转让是自由的，但为了更周全地保护公司及全体股东的利益，各国法律大都在原则上允许股份自由转让的同时，又对特殊情况下的股份转让作了一些限制性规定。我国也是如此。按我国《公司法》的规定，“股东持有的股份可以依法转让”。但是，下列情况下的股份转让应遵循特殊规则：

(1) 发起人持有的本公司股份，自公司成立之日起一年内不得转让。

(2) 公司公开发行股份前已发行的股份，自公司股票在证券交易所上市交易之日起一年内不得转让。

(3) 公司董事、监事、高级管理人员所持有的本公司的股份，在任职期间每年转让的股份数不得超过其所持有本公司股份总数的25%；所持本公司股份自公司股票上市交易之日起一年内不得转让。上述人员离职后半年内，不得转让其所持有的本公司股份。公司章程可以对公司董事、监事、高级管理人员转让其所持有的本公司股份作出其他限制性规定。

(4) 上市公司董事、监事、高级管理人员、持有上市公司股份5%以上的股东，将其持有的该公司的股票在买入后六个月内卖出，或者在卖出后六个月内又买入，由此所得收益归该公司所有，公司董事会应当收回其所得收益。

(5) 公司收购本公司股份的规则

由于公司与股东是各自独立的法律主体，为避免出现公司因持有自己公司的股份而成为自己的股东的身份混同现象，我国《公司法》第143条特别规定，一般情况下公司不得收购本公司股份。但是，有下列情形之一的除外：

① 公司需要减少注册资本时

当公司需要减少其注册资本时，可以以公司名义收购本公司股份，但应当自收购之日起十日内注销其收购的本公司股份，以确保达到减资的目的。

② 与持有本公司股份的其他公司合并时

与"持有本公司股份的其他公司"合并,实质上是指公司与其一个或一个以上的法人股东合并。因合并而导致公司持有本公司股份的,公司应当在六个月内转让或者注销该部分股份。

③ 为了将股份奖励给本公司职工而持有本公司股份时

公司可以用股份奖励本公司职工。当公司需要用股份奖励本公司职工时,可以以公司名义收购部分已发行在外的股份。但公司为此而收购的本公司股份,不得超过本公司已发行股份总额的5%;用于收购的资金应当从公司的税后利润中支出;所收购的股份应当在一年内转让给职工。

④ 异议股东行使股份回购请求权时

股东因对股东大会作出的公司合并、分立决议持异议,要求公司收购其股份的,公司可以回购其股份。但公司应当在回购股份后的六个月内转让或者注销。

四、股份有限公司的组织结构

股份有限公司组织机构是指股份有限公司内部权力机构、经营决策机构及监督机构的总称。《公司法》所体现的公司内部组织机构的设置及运行原则是:重视股东作为公司所有者的地位,强调股东在公司治理中的作用,并在各国立法由股东会中心主义向董事会中心主义演化的过程中,坚持对董事、经理等经营管理层的激励与约束并举的权力制衡原则及利益相关者参与公司治理的原则,以促使股份公司内部达到决策及管理的民主性、科学性及效率性的完美结合。

(一) 股东大会

1. 股东大会的性质及职权

股东大会,是股份有限公司的法定必设机构,由全体股东所组成,是公司内部的最高权力机构,享有一系列法定职权。我国《公司法》所规定的股东大会的法定职权是:(1) 决定公司的经营方针和投资计划;(2) 选举和更换非由职工代表担任的董事、监事,决定有关董事、监事的报酬事项;(3) 审议批准董事会的报告;(4) 审议批准监事会或者监事的报告;(5) 审议批准公司的年度财务预算方案、决算方案;(6) 审议批准公司的利润分配方案和弥补亏损方案;(7) 对公司增加或者减少注册资本作出决议;(8) 对发行公司债券作出决议;(9) 对公司合并、分立、变更公司形式、解散和清算等事项作出决议;(10) 修改公司章程;(11) 公司章程规定的其他职权。股东大会的职权是否仅限于上述法定范围?或者说,除了上述法律赋予公司股东大会的职权外,各公司股东大会是否还可以根据本公司章程或本公司股东会决议的规定行使职权?本书认为,股东会的职权,来源于法律的规定和公司内部的授权。除了法定职权外,公司章程或股东会决议当然可以授权本公司股东会行使法定职权以外的其他权利。

2. 股东大会的种类

股份有限公司的股东大会可以分为定期会议和临时会议。

(1) 定期会议。定期会议,是指公司依照法律或公司章程规定的期限定期召开的股东大会。由于股份有限公司的定期会议通常一年召开一次,所以,股份有限公司的定期股东大会又被称做股东大会年会。在我国,股份有限公司应当每年召开一次年会,股东年会的主要议题是讨论决定公司的常规性事务,如年度财务预、决算方案、年度利润分配或亏损弥补方案、重大投资计划等。

(2) 临时会议。临时股东大会,是指在两次定期会议之间,因法定事由的出现而临时召开的股东大会。我国《公司法》第 101 条就股份有限公司临时股东大会的召集事由作了规定。按该规定,股份有限公司有下列情形之一的,应当在两个月内召开临时股东大会:① 董事人数不足本法规定人数或者公司章程所定人数的 2/3 时;② 公司未弥补的亏损达实收股本总额 1/3 时;③ 单独或者合计持有公司 10% 以上股份的股东请求时;④ 董事会认为必要时;⑤ 监事会提议召开时;⑥ 公司章程规定的其他情形。

3. 股东大会的召集

(1) 召集权人。从各国公司法的规定看,股东大会通常是由董事会召集的,特别情况下,监事会、代表一定股权比例的股东、清算人、重整人等也可依法律或公司章程的规定召集股东大会。我国《公司法》第 102 就股份有限公司股东大会的召集权人作了规定。按该规定,股东大会的召集权人依次如下:

① 董事会。股份公司的股东大会由董事会召集,董事长主持;董事长不能履行主持职责或者不履行主持职责的,由副董事长主持;副董事长不能履行主持职责或者不履行主持职责的,由半数以上董事共同推举一名董事主持。

② 监事会。董事会不能履行或者不履行召集股东大会会议职责的,监事会应当及时履行召集和主持股东大会的职责。

③ 法定比例的股东。董事会和监事会都不履行召集和主持股东大会职责的,连续 90 日以上单独或者合计持有股份有限公司 10% 以上股份的公司股东可以自行召集和主持股东大会。

由此可知,在我国,股份有限公司股东大会的第一顺序召集权人是公司董事会,第二顺序召集权人是公司监事会,符合法定要求的股东是第三顺序召集权人。只有当第一顺序权利人不履行职权时,才轮到第二顺序权利人行使职权,在第一、第二顺序权利主体都放弃职权时,第三顺序召集权人召集的股东大会才是合法有效的。

(2) 召集通知。由于股东大会并非公司常设机构,股东也非公司工作人员,为确保股东都能按时出席会议、真正行使参与公司决策的权利而不是搞"走过场"式的形式主义,更是为了提高股东大会开会的效率,我国《公司法》对股东大会召开前的通知规则作出了明确规定。

股份有限公司召开股东大会会议,应当将会议召开的时间、地点和审议的事项于会议召开20日前通知各股东;临时股东大会应当于会议召开15日前通知各股东;发行无记名股票的,应当于会议召开30日前公告会议召开的时间、地点和审议事项。单独或者合计持有公司3%以上股份的股东,可以在股东大会召开十日前提出临时提案并书面提交董事会;董事会应当在收到提案后两日内通知其他股东,并将该临时提案提交股东大会审议。临时提案的内容应当属于股东大会职权范围,并有明确议题和具体决议事项。

4. 股东大会决议

(1) 股东大会的表决方式

理论上讲,股东大会的表决方式可以是传统的会议现场表决,也可以通过由股东在需决议的文件上以签名、盖章的方式表决,还可以用电话、传真、网络等现代通讯方式表决。股份有限公司因股东人数众多,显然不适宜用由全体股东在需决议的文件上以签名、盖章的方式表决,传统的会议现场表决方式及网络等现代通讯方式表决无疑是较合适的。但需注意的是,用不同的方式表决,应遵循的具体规则是不同的。例如,《上海证券交易所上市公司股东大会网络投票实施细则》(以下简称《实施细则》)第4条规定,股东大会股权登记日登记在册的所有股东,均有权通过股东大会网络投票系统行使表决权,但同一股份只能选择一种表决方式。如果同一股份通过现场和网络重复进行表决,以现场表决为准。《实施细则》第11条还规定,同时持有一家上市公司A股和B股的股东,应通过证券交易所的A股和B股交易系统分别投票。又如,证监会发布的《上市公司股东大会规范意见》规定,上市公司年度股东大会和应股东或监事会的要求或提议召开的股东大会不得采取通讯表决方式;临时股东大会审议下列事项时,不得采取通讯表决方式:① 公司增加、减少注册资本或者发行公司债券;② 公司的分立、合并、解散和清算;③《公司章程》的修改;④ 利润分配方案和弥补亏损方案;⑤ 董事会和监事会成员的任免;⑥ 变更募股资金投向;⑦ 需股东大会审议的关联交易;⑧ 需股东大会审议的收购或出售资产事项;⑨ 变更会计师事务所;⑩《公司章程》规定的不得通讯表决的其他事项。因此,公司股东会采取不同的表决方式时,应自觉遵循不同的具体规则。

(2) 股东行使表决权的依据

股东大会决议以股东表决的方式通过。而股东行使表决权的依据,则取决于法律的规定。我国《公司法》第104条规定:“股东出席股东大会会议,所持每一股份有一表决权。但是,公司持有的本公司股份没有表决权。”由此可见,我国股份公司股东行使表决权的依据是法定的,即:按照股东所持股份数的多少决定其拥有的表决权数。由于所持每一份股份便拥有一票表决权,故持股数越多,拥有的表决权数也就越多。但这一规则的例外是：股份有限公司持有的本公司股份没有表决权。因此，无论股份有限公司因何原因而持有本公司自己的股份时，该部分股份都是没有表决权的。

（3）股东表决权的运用

股东出席股东会，对其参与表决的重大事项，享有依法自主运用表决权的权利。原则上，股东表决权既不能被随意剥夺，也不能无故受限制，更不能重复计算和使用。但下列情况下，股东表决权将突破上述一般原则而按特殊规则运用。

① 股东表决权的剥夺。为公平地保护所有股东的合法权益，在坚持一股一权、一股一票原则的前提下，不少国家的立法都设置了特殊情况下的特殊股东表决权剥夺制度，我国也一样。按我国《公司法》的规定，下列两种情况下，股东的表决权将被剥夺：一是利害关系股东表决权的剥夺，二是公司自有股份表决权的剥夺。

所谓利害关系股东表决权的剥夺，是指与表决事项有利害关系的股东，在公司股东会就该利害事项表决时，其表决权将被剥夺。例如，按《公司法》第16条规定，公司为公司股东或者实际控制人提供担保的，必须经股东会或者股东大会决议。拟被担保的公司股东或者受拟被担保的实际控制人支配的股东，不得参加有关担保事项的表决。该项表决由出席会议的其他股东所持表决权的过半数通过。此外，《上市公司股东大会规范意见》（以下简称《规范意见》）也对股东大会就关联交易的表决规则作出了类似规定。按该《规范意见》第34条的规定，股东大会就关联交易进行表决时，涉及关联交易的各股东，应当回避表决，上述股东所持表决权不应计入出席股东大会有表决权的股份总数。

所谓公司自有股份表决权的剥夺是指：公司因各种合法原因而持有的本公司的股份，在股东大会上没有表决权。这对防止内幕交易、操纵股价等违法行为有积极的意义和作用。

② 股东表决权的累积运用。股东表决权的累积运用，主要是指公司股东大会在选举董事、监事时所采取的一种特别表决机制，又叫累积投票制。我国《公司法》第106条规定，股东大会选举董事、监事，可以根据公司章程的规定或者股东大会的决议，实行累积投票制。所谓累积投票制，是指股东大会选举董事或者监事时，每一股份拥有与应选董事或者监事人数相同的表决权，股东拥有的表决权可以集中使用。累计投票制创造、形成于19世纪的美国，20世纪为其他发达国家的公司法普遍采用。[①] 我国引入累计投票制，有利于中小股东的代言人被选进董事会，从而确保董事会的决策能真正体现包括中小股东在内的所有股东的意愿。

---

① 参见赵旭东主编：《公司法学》，高等教育出版社2003年版，第337页。

（4）股东大会决议种类及决议效力

股份有限公司的股东大会决议可以分为普通决议和特别决议。普通决议是指决定公司普通事项时采用的以股东表决权的简单多数通过的决议。所谓“简单多数通过”是指：“经出席会议的股东所持表决权过半数通过”（《公司法》第104条）。特别决议是指决定公司重要事项时采用的以股东表决权的绝对多数通过的决议。不同国家的公司法，对“特别事项”的范围及“绝对多数”的数量要求是不同的。依我国《公司法》第104条的规定，股东大会会议作出修改公司章程、增加或者减少注册资本的决议，以及公司合并、分立、解散或者变更公司形式的决议的，必须经出席会议的股东所持表决权的2/3以上通过。除此之外，股东会可以按照公司章程的规定决定必须以普通决议或特别决议通过的决议事项。

公司股东大会的决议内容违反法律、行政法规的无效。只要股东会决议不存在内容违法或程序违规现象，一经通过，即对全体股东具有约束力。

股东大会的会议召集程序、表决方式违反法律、行政法规或者公司章程，或者决议内容违反公司章程的，股东可以自决议作出之日起60日内，请求人民法院撤销。股东拟诉请撤销股东会决议的，应当在规定的时效内向人民法院提起诉讼，超过公司法规定期限的，人民法院将不予受理。股东依法提起诉讼的，人民法院可以应公司的请求，要求股东提供相应担保。若公司根据股东大会决议已办理变更登记的，人民法院宣告该决议无效或者撤销该决议后，公司应当向公司登记机关申请撤销变更登记。

（5）股东大会会议记录

股份有限公司的股东大会应当对所议事项的决定作成会议记录，主持人、出席会议的董事应当在会议记录上签名。会议记录应当与出席股东的签名册及代理出席的委托书一并保存，以便必要时供股东及有关人员查阅。

（二）董事会及经理

1．董事会的地位及职权

董事会，是公司依法选举产生的若干名董事所组成的、负责执行股东会决议、对外代表公司并享有公司经营决策权的常设机构。

根据我国《公司法》第47条的规定，股份有限公司董事会的法定职权是：（1）召集股东会会议，并向股东会报告工作；（2）执行股东会的决议；（3）决定公司的经营计划和投资方案；（4）制订公司的年度财务预算方案、决算方案；（5）制订公司的利润分配方案和弥补亏损方案；（6）制订公司增加或者减少注册资本以及发行公司债券的方案；（7）制订公司合并、分立、变更公司形式、解散的方案；（8）决定公司内部管理机构的设置；（9）决定聘任或者解聘公司经理及其报酬事项，并根据经理的提名决定聘任或者解聘公司副经理、财务负责人及其报酬事项；（10）制定公司的基本管理制度；除此之外，若公司章程赋予董事会一定范围的职权,亦属合法。

2. 董事会的组成

董事会由符合法定任职资格的若干名董事所组成。但到底何谓“董事”,我国《公司法》并未给出明确的界定。但《布莱克法律大辞典》(以下简称《辞典》)的解释,能为我们提供一个有关董事的学理上的概念。该《辞典》指出:董事是指根据法律被任命或选举并授权管理和经营公司事务的人。[①] 按照我国《公司法》的规定,股份有限公司的董事会人数为“五人至十九人”,由股东大会选举产生,董事会设董事长一人,可以设副董事长;股份有限公司的董事长和副董事长由董事会以全体董事的过半数选举产生。

董事的任期由公司章程规定,但每届任期不得超过三年。董事任期届满,连选可以连任。董事任期届满未及时改选,或者董事在任期内辞职导致董事会成员低于法定人数的,在改选出的董事就任前,原董事仍应当依照法律、行政法规和公司章程的规定,履行董事职务,以确保董事会的工作能正常进行。

无论是正、副董事长还是普通董事,都必须具备相应的任职资格。从理论上讲,董事的任职资格包括积极资格要件与消极资格要件两方面。

所谓积极资格要件,是指担任董事必须具备的任职条件。各国有关董事任职资格的积极要件的规定,不外乎是品行、年龄、学历、职业背景及资格股等的要求。虽然我国《公司法》没有直接规定董事的积极资格要件,但这不等于说我国法律对此毫无要求,更不等于说公司章程也不能对此作出规定。事实上,我国的相关法规、政策对一些特殊公司董事的积极资格要件还是有规定的。如中国证券监督管理委员会2002年发布的《上市公司治理准则》第41条就规定:“董事会应具备合理的专业结构,其成员应具备履行职务所必需的知识、技能和素质。”

所谓消极资格要件,是指担任董事职务时不得具备的情况。我国《公司法》第147条规定的不得担任公司董事的几种情形就属于消极资格要件。按照该条法律规定,有下列情形之一的人员,不得担任公司董事:(1) 无民事行为能力或者限制民事行为能力;(2) 因贪污、贿赂、侵占财产、挪用财产或者破坏社会主义市场经济秩序,被判处刑罚,执行期满未逾五年,或者因犯罪被剥夺政治权利,执行期满未逾五年;(3) 担任破产清算的公司、企业的董事或者厂长、经理,对该公司、企业的破产负有个人责任的,自该公司、企业破产清算完结之日起未逾三年;(4) 担任因违法被吊销营业执照、责令关闭的公司、企业的法定代表人,并负有个人责任的,自该公司、企业被吊销营业执照之日起未逾三年;(5) 个人所负数额较大的债务到期未清偿。公司违反前款规定选举、委派董事的,该选举、委派或者聘任无效。董事在任职期间出现上述情形的,公司应当解除其职务。

---

① See Black' Law Dictionary, West Publishing Co., 1979, p. 415.

3. 董事会会议的召集及议事规则

(1) 董事会会议的召集

按《公司法》第111条的规定,股份有限公司的董事会每年度至少召开两次会议,每次会议应当于会议召开十日前通知全体董事和监事。代表1/10以上表决权的股东、1/3以上董事或者监事会,可以提议召开董事会临时会议。董事长应当自接到提议后十日内,召集和主持董事会会议。董事会召开临时会议,可以另定召集董事会的通知方式和通知时限。

董事会会议由董事长召集和主持,董事长不能召集或者不召集的,由副董事长召集和主持;副董事长不能召集或者不召集的,可以由半数以上董事共同推举一名董事召集和主持董事会会议。

(2) 董事会会议的议事规则

我国《公司法》明确规定的董事会会议的议事规则是:① 董事会会议,应由过半数的董事出席方可举行;② 董事会会议,应由董事本人出席;董事因故不能亲自出席时,可以书面委托其他董事代为出席董事会。委托书中应载明授权范围;③ 经理及监事均应列席董事会会议;④ 董事会研究决定改制以及经营方面的重大问题、制定重要的规章制度时,应当听取公司工会的意见,并通过职工代表大会或者其他形式听取职工的意见和建议;⑤ 董事会决议的表决,实行一人一票;⑥ 董事会作出决议,必须经全体董事的过半数通过,列席人员无表决权;⑦ 董事会应当对会议所议事项的决定作成会议记录,出席会议的董事应在会议记录上签名。

董事应当对董事会的决议承担责任。董事会的决议违反法律、行政法规或者公司章程、股东大会决议,致使公司遭受严重损失的,参加决议的董事对公司负赔偿责任。但经证明在表决时曾表明异议并记载于会议记录的,该董事可以免除责任。

4. 经理

经理是法定的公司内部辅助执行业务机关。股份有限公司应当设置经理。经理是受聘于董事会、负责公司日常事务管理的高级行政管理人员。经理对董事会负责,执行董事会的决议。当公司规模较大时,公司董事会可以下设总经理、副总经理及部门经理和副经理等若干经理人,以便分工协作、各司其职,共同完成公司日常事务的管理。董事会成员可以兼任经理。

根据《公司法》第50条的规定,公司经理行使下列职权:(1) 主持公司的生产经营管理工作,组织实施董事会决议;(2) 组织实施公司年度经营计划和投资方案;(3) 拟订公司内部管理机构设置方案;(4) 拟订公司的基本管理制度;(5) 制定公司的具体规章;(6) 提请聘任或者解聘公司副经理、财务负责人;(7) 决定聘任或者解聘除应由董事会决定聘任或者解聘以外的负责管理人员;

(8) 董事会授予的其他职权。公司章程对经理职权另有规定的,从其规定。

(三) 监事会

1. 监事会的地位及职权

监事会是公司依法设立、对公司经营管理机构及经营管理者的经营行为进行监督并直接对股东会负责的公司必设机关。我国《公司法》第118条明确规定,"股份有限公司设监事会"。

股份有限公司监事会的法定职权是:(1) 检查公司财务;(2) 对董事、高级管理人员执行公司职务的行为进行监督,对违反法律、行政法规、公司章程或者股东会决议的董事、高级管理人员提出罢免的建议;(3) 当董事、高级管理人员的行为损害公司的利益时,要求董事、高级管理人员予以纠正;(4) 提议召开临时股东会会议,在董事会不履行本法规定的召集和主持股东会会议职责时召集和主持股东会会议;(5) 向股东会会议提出提案;(6) 依照《公司法》第152条的规定,对董事、高级管理人员提起诉讼;(7) 公司章程规定的其他职权。此外,监事可以列席董事会会议,并对董事会决议事项提出质询或者建议。监事会发现公司经营情况异常,可以进行调查;必要时,可以聘请会计师事务所等协助其工作。监事会行使职权所必需的费用由公司承担。

2. 监事会的组织制度

依我国《公司法》的规定,公司监事会成员不得少于三人,由股东代表和适当比例的公司职工代表组成,其中职工代表的比例不得低于监事会成员的1/3,具体比例由公司章程规定。监事会中的股东代表有股东大会选举产生,职工代表由公司职工通过职工代表大会、职工大会或者其他形式民主选举产生。无论是股东大会选举的监事还是职工大会选出的职工监事,都应当具备相应的任职资格。凡是《公司法》第147条列举的五种人,都不得担任公司监事。此外,本公司的董事、高级管理人员也不得兼任监事。

监事会设主席一人,可以设副主席。监事会主席和副主席由全体监事过半数选举产生。监事(包括监事会主席、副主席)的任期每届为三年。监事任期届满,连选可以连任。

监事任期届满未及时改选,或者监事在任期内辞职导致监事会成员低于法定人数的,在改选出的监事就任前,原监事仍应当依照法律、行政法规和公司章程的规定,履行监事职务。

股份有限公司的监事会,每六个月至少召开一次会议。监事可以提议召开临时监事会会议。

监事会会议由监事会主席召集和主持;监事会主席不能召集和主持或者不召集和主持会议的,由监事会副主席召集和主持监事会会议;监事会副主席也不能召集和主持或者不召集和主持会议的,由半数以上监事共同推举一名监事召集和主持监事会会议。

监事会决议应当经半数以上监事通过。监事会的议事方式和表决程序，除《公司法》有规定的外，可由公司章程作具体规定。

监事会应当对所议事项的决定作成会议记录，出席会议的监事应当在会议记录上签名，并对监事会决议承担责任。

（四）董事、监事、经理等公司高级管理人员的权利、义务和责任

1．董事、监事、经理等公司高级管理人员的权利

总体上讲，董事、监事、经理等公司高级管理人员都是公司内部的管理者，虽然他们的法律地位不同，各自的具体职责也不一样，但作为个人，他们因履行职务而产生的法律权利是基本相同的。这些基本相同的权利是：

（1）依法履行职责的权利。即每个董事、监事、经理依法正常地行使其职责范围内的职权的权利是受保护的。除非他被依法剥夺了原先授予的职权，否则，任何人不得随意干扰董事、监事、经理正常履行职责的权利。

（2）依法获取报酬的权利。从我国《公司法》的规定看，担任董事、监事、经理等公司高级管理职位的人员，都享有从公司获取合理报酬的权利。当然，报酬的形式、数量、领取方式等具体问题，可由公司依法与董事、监事、经理等公司高级管理人员约定。公司一旦就报酬问题与董事、监事、经理等高管达成约定的，就应当依法履行支付报酬的义务，否则，董事、监事、经理等高管可依法维护自己的报酬权。

2．董事、监事、经理等公司高级管理人员的义务

我国《公司法》规定的公司董事、监事、经理等公司高级管理人员的义务有：

（1）忠实义务。董事、监事、经理应当遵守公司章程，忠实履行职务，维护公司利益，不得利用职权收受贿赂或者其他非法收入，不得侵占公司的财产。不得有下列行为：① 挪用公司资金；② 将公司资金以其个人名义或者以其他个人名义开立账户存储；③ 违反公司章程的规定，未经股东会、股东大会或者董事会同意，将公司资金借贷给他人或者以公司财产为他人提供担保；④ 违反公司章程的规定或者未经股东会、股东大会同意，与本公司订立合同或者进行交易；⑤ 未经股东会或者股东大会同意，利用职务便利为自己或者他人谋取属于公司的商业机会，自营或者为他人经营与所任职公司同类的业务；⑥ 接受他人与公司交易的佣金归为己有；⑦ 擅自披露公司秘密；⑧ 违反对公司忠实义务的其他行为。董事、高级管理人员违反忠实义务所得的收入应当归公司所有。

（2）勤勉义务。董事、监事、经理等公司高级管理人员应该以最大的努力尽到一个管理者应有的勤勉义务。除了积极履行职责、做好本职工作外，股东大会要求董事、监事、高级管理人员列席会议的，董事、监事、高级管理人员应当列席并接受股东的质询。董事、高级管理人员应当如实向监事会提供有关情况和资

料,不妨碍监事会或者监事行使职权。

3. 董事、监事、经理等公司高级管理人员的责任

董事、监事、高级管理人员执行公司职务时违反法律、行政法规或者公司章程的规定,给公司造成损失的,应当承担赔偿责任。

五、上市公司

(一) 上市公司的概念

按我国《公司法》第121条的规定,“上市公司,是指其股票在证券交易所上市交易的股份有限公司”。由此可知,上市公司只能是股份有限公司而不可能是其他种类的公司。并且,不是所有的股份有限公司都能上市,只有那些具备法定上市条件的股份有限公司,才能成为上市公司。

(二) 上市公司的条件

按照《证券法》第50条,股份有限公司申请股票上市,应当具备下列条件:(1) 股票经国务院证券监督管理机构核准已公开发行;(2) 公司股本总额不少于人民币3000万元;(3) 公开发行的股份达到公司股份总数的25%以上;公司股本总额超过人民币四亿元的,公开发行股份的比例为10%以上;(4) 公司最近三年无重大违法行为,财务会计报告无虚假记载。证券交易所规定并经国务院证券监督管理机构批准的其他上市条件。

股份有限公司拟成为上市公司的,应向证券交易所提出申请,由证券交易所依法审核同意并由双方签订上市协议后,其上市资格才可能获得。

(三) 上市公司股票上市的暂停与终止

股份有限公司上市后,可因法定原因的出现而暂停甚至终止上市。

1. 上市公司股票上市的暂停

我国《证券法》第55条规定,上市公司有下列情形之一的,由证券交易所决定暂停其股票上市交易:(1) 公司股本总额、股权分布等发生变化不再具备上市条件;(2) 公司不按照规定公开其财务状况,或者对财务会计报告作虚假记载,可能误导投资者;(3) 公司有重大违法行为;(4) 公司最近三年连续亏损;(5) 证券交易所上市规则规定的其他情形。导致上市公司股票暂停上市的原因消除后,该上市公司的股票可恢复上市交易。

2. 上市公司股票上市的终止

上市公司股票上市的终止是指,证券交易所依照有关法律法规的规定,对上市公司上市交易的股票作出永久停止其挂牌交易的措施。按我国《证券法》第56条的规定,上市公司有下列情形之一的,由证券交易所决定终止其股票上市交易:(1) 公司股本总额、股权分布等发生变化不再具备上市条件,在证券交易所规定的期限内仍不能达到上市条件;(2) 公司不按照规定公开其财务状况,或

者对财务会计报告作虚假记载,且拒绝纠正;(3) 公司最近三年连续亏损,在其后一个年度内未能恢复盈利;(4) 公司解散或者被宣告破产;(5) 证券交易所上市规则规定的其他情形。

需要指出的是:上市公司股票上市的终止与上市公司法人资格的终止是既有联系又有区别的两个概念。上市公司股票上市的终止并不必然导致该上市公司法人资格的终止。股票被终止上市的原上市公司仍然可以作为一个非上市公司而继续存续和经营。但如果某上市公司的法人资格终止了,则必然导致其股票终止上市。

第四节 股东的权利、义务与责任

一、股东的权利

(一) 股东权利的概念及种类

股东权利是指股东基于其身份和地位而享有的从公司获取经济利益并参与公司经营管理的权利。[①] 不仅不同国家的立法赋予股东的权利内容各不相同,就是同一国家中不同类型的公司,其股东享有的权利也有差别。因此,用内容丰富、种类多样描述股东权利绝不为过。常见的股东权的分类有以下几种:

1. 自益权与共益权

这是根据股东行使权利的目的不同而作的分类。自益权,是指股东为了自己的利益而主张和行使的权利,如股利分配请求权、剩余资产分配权等是典型的自益权。共益权,是指股东不仅为了自己的利益还兼以公司的利益为目的而主张和行使的权利,如请求召集股东会的权利、选择管理者的权利、派生诉权等。就内容而言,自益权多属财产权,而共益权多为管理权。当然,自益权与共益权的界限有时并不是绝对的。

2. 固有权与非固有权

这是根据股东权的性质不同而作的分类。固有权又称不可剥夺权,是指公司法赋予股东的、公司不得以章程或股东会决议予以剥夺或限制的权利。[②] 非固有权又称可剥夺权,是指可由公司章程或股东会决议加以限制或予以剥夺的股东权。共益权多属固有权,而自益权则多属非固有权。区分固有权与非固有权的意义在于增强股东的维权意识。当股东的固有权被限制或剥夺时,股东可依法采取补救措施。

---

① 参见刘俊海:《股份有限公司股东权的保护》,法律出版社 1997 年版,第 11 页。

② 参见石少侠主编:《公司法教程》,中国政法大学出版社 2002 年版,第 117 页。

3. 单独股东权与少数股东权

这是根据股权行使的方式不同而作的分类。单独股东权，虽然被不少学者解释为“可以由股东一人单独行使的权利”①，但本书认为，其更确切的含义是指：仅持一股的股东就可以单独主张和行使的权利，如资产收益权、表决权等。少数股东权是指持有已发行股份一定比例以上的股东才能行使的权利。如我国《公司法》第102条规定的股东对股东大会的特别召集权、第103条规定的股东的临时提案权等，都属少数股东权。

4. 一般股东权与特别股东权

这是根据股权行使主体的不同而作的分类。一般股东权是指公司普通股东依法享有的权利；而特别股东权是指依法专属于特别股东的权利。例如，发起人股东、优先股股东通常享有一般股东不享有的一些特权。

（二）股东权利的内容

股东权的具体内容取决于各国公司法的具体规定。依我国《公司法》的规定，股东权利内容主要有以下几项：

1. 资产收益权

资产收益权是股东基于其对公司的投资而享有的请求公司将经营所得分配于他的权利。所以，资产收益权一般是通过股利分配请求权而实现的。按《公司法》第35条及第167条的规定，有限责任公司的股东，按照实缴的出资比例分取红利；但是，全体股东约定不按照出资比例分取红利的除外。股份有限公司的股东，按照其持有的股份比例分配，但股份有限公司章程规定不按持股比例分配的除外。

2. 选择管理者的权利

就《公司法》第38条的规定看，股东有权选择的管理者是指非由职工代表担任的董事及监事。根据《公司法》第106条，股东大会在选举董事及监事时，可以根据公司章程的规定或者股东大会的决议，实行累积投票制。如果公司实行累计投票制，股东大会选举董事或者监事时，股东拥有的每一股份享有与应选董事或者监事人数相同的表决权，股东拥有的表决权可以集中使用，以选出其放心的经营管理者。

3. 参与重大决策权

股东的这项权利主要是通过出席股东会或股东大会，并在股东会或股东大会上对法定的属于股东会职权范围内的公司重大事项以行使表决权的方式参与决策。因此，股东参与重大决策权下的子权利有：

---

① 参见石少侠主编：《公司法教程》，中国政法大学出版社2002年版，第117页；赵旭东主编：《公司法学》，高等教育出版社2003年版，第282页。

(1) 亲自或委托他人出席股东会或股东大会的权利。这是股东的参与重大决策权实现的基础。

(2) 临时提案权。按《公司法》第103条的规定,单独或者合计持有公司3%以上股份的股份有限公司股东,可以在股东大会召开十日前提出临时提案并书面提交董事会。当然,临时提案的内容应当是属于股东大会职权范围的,并且,临时提案应有明确的议题和需要决议的具体事项。

(3) 质询权。股东对应邀列席股东会会议的董事、监事、高级管理人员,就公司事务提出质询的权利。

(4) 表决权。股东对股东会或者股东大会上决议的事项行使表决的权利,是股东参与公司重大决策的根本途径。有限责任公司股东,除公司章程另有规定的外,按照出资比例行使表决权;股份有限公司的股东,所持每一股份有一表决权。但是,公司持有的本公司股份没有表决权。

4. 股东大会的特别召集权

依我国《公司法》的规定,一般情况下,股东大会的召集权是属于董事会的,但当董事会不能履行或者不履行召集股东大会会议职责时,监事会应当及时履行召集职责,监事会也不履行召集股东大会职责的,代表1/10以上表决权的有限责任公司股东或连续90日以上单独或者合计持有公司10%以上股份的股份有限公司股东可以自行召集和主持股东大会。

5. 决议撤销请求权

《公司法》第22条规定,公司股东会或者股东大会、董事会的决议内容违反法律、行政法规的无效。股东会或者股东大会、董事会的会议召集程序、表决方式违反法律、行政法规或者公司章程,或者决议内容违反公司章程的,股东可以自决议作出之日起60日内,请求人民法院撤销。

6. 知情权

《公司法》第34条和第98条分别就有限责任公司股东及股份有限公司股东知情权的范围及行使方式作了规定。

《公司法》第34条规定:股东有权查阅、复制公司章程、股东会会议记录、董事会会议决议、监事会会议决议和财务会计报告。股东可以要求查阅公司会计账簿。股东要求查阅公司会计账簿的,应当向公司提出书面请求,说明目的。公司有合理根据认为股东查阅会计账簿有不正当目的,可能损害公司合法利益的,可以拒绝提供查阅,并应当自股东提出书面请求之日起15日内书面答复股东并说明理由。公司拒绝提供查阅的,股东可以请求人民法院要求公司提供查阅。

《公司法》第98条规定:股东有权查阅公司章程、股东名册、公司债券存根、股东大会会议记录、董事会会议决议、监事会会议决议、财务会计报告,对公司的经营提出建议或者质询。

由此可知,虽然《公司法》赋予了所有股东以知情权,但不同公司股东知情权的范围及行使方式是不同的,这与公司的性质有关。公司股东应按相应的规定行使知情权。

7. 转让股权或股份的权利

原则上讲,所有股东都享有转让股权或股份的权利。但不同公司的股东行使该权利时应遵循的规则是不同的。

(1) 有限责任公司股东股权的转让

按《公司法》第72条的规定,有限责任公司的股东之间可以相互转让其全部或者部分股权。股东向股东以外的人转让股权,应当经其他股东过半数同意。股东应就其股权转让事项书面通知其他股东征求同意,其他股东自接到书面通知之日起满30日未答复的,视为同意转让。其他股东半数以上不同意转让的,不同意的股东应当购买该转让的股权;不购买的,视为同意转让。经股东同意转让的股权,在同等条件下,其他股东有优先购买权。两个以上股东主张行使优先购买权的,协商确定各自的购买比例;协商不成的,按照转让时各自的出资比例行使优先购买权。公司章程对股权转让另有规定的,从其规定。

人民法院依照法律规定的强制执行程序转让股东的股权时,应当通知公司及全体股东,其他股东在同等条件下有优先购买权。其他股东自人民法院通知之日起满20日不行使优先购买权的,视为放弃优先购买权。

(2) 股份有限公司股东股份的转让

股份有限公司股东转让其股份,应当在依法设立的证券交易场所进行或者按照国务院规定的其他方式进行。记名股票,由股东以背书方式或者法律、行政法规规定的其他方式转让;转让后由公司将受让人的姓名或者名称及住所记载于股东名册。无记名股票的转让,由股东将该股票交付给受让人后即发生转让的效力。

股份有限公司发起人持有的本公司股份,自公司成立之日起一年内不得转让。公司公开发行股份前已发行的股份,自公司股票在证券交易所上市交易之日起一年内不得转让。

公司董事、监事、高级管理人员所持有的本公司的股份,在任职期间每年转让的股份数不得超过其所持有本公司股份总数的25%;所持本公司股份自公司股票上市交易之日起一年内不得转让。上述人员离职后半年内,不得转让其所持有的本公司股份。公司章程可以对公司董事、监事、高级管理人员转让其所持有的本公司股份作出其他限制性规定。

8. 优先认股权

公司新增资本时,股东有权优先按照实缴的出资比例认缴出资。但是,全体股东约定不按照出资比例优先认缴出资的除外。

9．股份回购请求权

有下列情形之一的，对股东会该项决议投反对票的股东可以请求公司按照合理的价格收购其股权：

（1）公司连续五年不向股东分配利润，而公司该五年连续盈利，并且符合本法规定的分配利润条件的；

（2）公司合并、分立、转让主要财产的；

（3）公司章程规定的营业期限届满或者章程规定的其他解散事由出现，股东会会议通过决议修改章程使公司存续的。

10．诉权

股东享有包括直接诉权和派生诉权在内的完整诉权。

（1）股东的直接诉权。当董事、高级管理人员违反法律、行政法规或者公司章程的规定，损害股东利益时，股东可以直接向人民法院提起诉讼，通过行使直接诉权的方式维护自己的权益。

（2）股东的派生诉权。董事、监事、高级管理人员执行公司职务时违反法律、行政法规或者公司章程的规定，给公司造成损失的，应当承担赔偿责任。但如果此时公司董事会不采取任何措施追究有关人员对公司的损害赔偿责任的，有限责任公司的股东、股份有限公司连续 180 日以上单独或者合计持有公司 1% 以上股份的股东，可以书面请求监事会或者不设监事会的有限责任公司的监事向人民法院提起诉讼；监事有损害公司利益行为且应承担损害赔偿责任的，前述股东可以书面请求董事会或者不设董事会的有限责任公司的执行董事向人民法院提起诉讼。

监事会、不设监事会的有限责任公司的监事，或者董事会、执行董事收到前述股东书面请求后拒绝提起诉讼，或者自收到请求之日起 30 日内未提起诉讼，或者情况紧急、不立即提起诉讼将会使公司利益受到难以弥补的损害的，前述股东有权为了公司的利益以自己的名义直接向人民法院提起诉讼。

他人侵犯公司合法权益，给公司造成损失的，上述股东也可以依法向人民法院提起诉讼。

11．诉请解散公司的权利

依《公司法》第 183 条的规定，当公司经营管理发生严重困难，继续存续会使股东利益受到重大损失，通过其他途径不能解决的，持有公司全部股东表决权 10% 以上的股东，可以请求人民法院解散公司。

12．公司终止后对公司剩余财产的分配权

公司解散后，必须依法进行清算。公司财产在分别支付清算费用、职工的工资、社会保险费用和法定补偿金，缴纳所欠税款，清偿公司债务后的剩余财产，有限责任公司按照股东的出资比例分配，股份有限公司按照股东持有的股份比例分配。

二、股东的义务

股东的义务可以说是股东行使权利的代价，它是指股东基于其股东身份而必须依法作出一定行为或不得作出一定行为的约束。所有公司股东都应该自觉履行下列义务：

1. 遵守法律和公司章程，依法行权的义务

公司的所有股东都应当遵守法律、行政法规和公司章程，依法行使股东权利，不得滥用股东权利损害公司或者其他股东的利益；不得滥用公司法人独立地位和股东有限责任损害公司债权人的利益。

2. 适时、恰当、足额地履行出资义务

股东应当按期、恰当、足额地缴纳公司章程中规定的各自所认缴（或认购）的出资额（或股份）。公司章程规定一次缴纳的，应即时缴纳全部出资；公司章程规定分期缴纳的，应依规定的期限按时缴纳各期应缴的出资。股东以货币出资的，应当将货币出资足额存入公司在银行开设的账户；以非货币财产出资的，在确保出资的财产确实达到了足够的数额的同时，还应当依法办理其财产权的转移手续。公司成立后，若发现股东用做出资的非货币财产的实际价额显著低于公司章程所定价额的，交付该出资的股东应当履行补足其差额的义务；公司设立时的其他股东对此承担连带责任。

3. 不抽逃出资的义务

股东不仅要履行足额缴纳出资的义务，对已经缴纳给公司的出资，还负有不得抽逃的义务。否则，即构成股东对公司法人财产权的侵权。

4. 违法所得退还公司的义务

按我国《公司法》第 167 条的规定，股东会、股东大会或者董事会违反规定，在公司弥补亏损和提取法定公积金之前向股东分配利润的，股东必须将违反规定分得的利润退还公司。

三、股东的责任

1. 股东的有限责任

由于我国《公司法》只规定了有限责任公司和股份有限公司两种形式，没有无限公司、两合公司的规定，所以，依我国《公司法》成立的公司，其股东承担的都是有限责任。具体而言，有限责任公司的股东是以其认缴的出资额为限对公司承担责任；股份有限公司的股东是以其认购的股份为限对公司承担责任。无论是有限责任公司的股东，还是股份有限公司的股东，通常都不对公司债务负直接责任。这就是股东有限责任的含义。

2. 有限责任的例外——连带责任

公司的独立人格和股东的有限责任是现代公司法的两大基石。股东的有限责任是建筑在股东的财产与公司财产分离、股东的人格与公司法人人格分离的基础上的。如果公司的财产与股东的财产无法分离,则公司的人格也就无法真正独立于股东的人格,相应地,公司的责任必然与股东的责任发生牵连。因此,我国《公司法》在总结了我国多年公司实践的基础上,借鉴他国已有的司法判例,第一次以成文法的方式确立了揭开公司面纱原则及揭开公司面纱时的股东对公司债务的连带责任制度。依《公司法》的规定,下列两种情况下,公司股东不享受有限责任的保护,必须对以公司名义发生的债务负连带责任。

(1) 当一人有限责任公司的股东不能证明公司财产独立于股东自己财产的,应当对公司债务承担连带责任。

(2) 公司股东滥用公司法人独立地位和股东有限责任,逃避债务,严重损害公司债权人利益的,应当对公司债务承担连带责任。

3. 股东虚假出资、抽逃出资时的法律责任

如上所述,足额出资、不抽逃出资是所有股东的法定义务,股东必须认真履行。但是,如果股东不履行该项法定义务,虚假出资、抽逃出资的,必须为此承担相应的法律责任。股东虚假出资,未交付或者未按期交付作为出资的货币或者非货币财产的,由公司登记机关责令改正,处以虚假出资金额5%以上15%以下的罚款。股东在公司成立后,抽逃其出资的,由公司登记机关责令改正,处以所抽逃出资金额5%以上15%以下的罚款。

4. 股东的损害赔偿责任

公司股东滥用股东权利给公司或者其他股东造成损失的,应当依法承担赔偿责任。

第五节　公司的解散与清算

一、公司解散

(一) 公司解散的概念及特征

公司解散,是公司清算的前置性程序,是指已经合法成立的公司,因发生法律或公司章程规定的解散事由而宣告停止其积极主动的营业活动并将进行清算的特定状态。因此,公司法意义上的公司解散具有以下特征:

(1) 公司解散是针对已经合法成立的公司而言的。未合法成立而以“公司”名义对外进行活动的,由国家工商行政管理局予以强制取缔。非法组织因被强制取缔而结束其非法经营活动的,不属于公司法上的公司解散。对此,我国

《公司法》第211条作了明确规定:"未依法登记为有限责任公司或者股份有限公司,而冒用有限责任公司或者股份有限公司名义的,或者未依法登记为有限责任公司或者股份有限公司的分公司,而冒用有限责任公司或者股份有限公司的分公司名义的,由公司登记机关责令改正或者予以取缔,可以并处十万元以下的罚款。"

(2) 公司解散是因法定解散事由的出现而导致的。未出现法定解散事由的公司,用美国学者罗伯特·W.汉密尔顿的话说,是可以永久存续下去的(It has Perpetual Existence)。①

(3) 除因合并、分立而导致的解散外,公司解散的直接后果是:停止积极主动的营业活动并进入清算程序。公司解散的最终目的是消灭其法人资格。

(4) 解散后进入清算阶段的公司,在注销登记前,仍享有法人资格,但公司法人的权利能力受到限制。我国《公司法》第187条规定:"清算期间,公司存续,但不得开展与清算无关的经营活动"。因此,清算中的公司,其权利能力仅限于清算事务。

(二) 公司解散的种类及原因

依是否出于公司法人自愿,可把公司解散分为自愿解散及强制解散两大类。

1. 自愿解散

公司的自愿解散,是指出于公司法人的自愿而导致的解散。而"公司法人的自愿",通常是通过其章程的事先规定或股东会的决议而体现的。常见的公司自愿解散原因有以下几种:

(1) 公司章程中规定的营业期限届满,期满后公司没有改变原规定、无继续营业的打算;

(2) 公司章程规定的其他解散事由出现;

(3) 股东会或者股东大会决议解散公司;

(4) 公司因合并或分立而导致解散的。

2. 强制解散

强制解散,是指非因公司法人的自愿,而是公司法人意志以外的强制力迫使其解散的情形。常见的强制解散的原因有:

(1) 公司登记机关依法撤销公司登记、吊销公司营业执照

根据《公司法》、《公司登记管理条例》等法律法规,公司被吊销执照、责令关闭或者被撤销的具体原因包括:① 登记时提交虚假材料或者采取其他欺诈手段隐瞒重要事实情节严重的(《公司法》第199条);② 公司成立后无正当理由超过六个月未开业的,或者开业后自行停业连续六个月以上的(《公司法》第212

① 参见[美]罗伯特·W.汉密尔顿:《公司法》(英文版),法律出版社1999年版,第2页。

条);③ 利用公司名义从事危害国家安全、社会公共利益的严重违法行为的(《公司法》214 条);④ 越权经营情节严重的(《公司登记管理条例》第 73 条);⑤ 不依法参加年检或年度检验中隐瞒真实情况、弄虚作假情节严重的(《公司登记管理条例》第 76 条);⑥ 有伪造、涂改、出租、出借、转让营业执照等违规使用营业执照行为情节严重的(《公司登记管理条例》77 条);⑦ 其他法定原因。

(2) 法院因股东请求而判决解散公司

《公司法》第 183 条规定:"公司经营管理发生严重困难,继续存续会使股东利益受到重大损失,通过其他途径不能解决的,持有公司全部股东表决权百分之十以上的股东,可以请求人民法院解散公司。"2008 年 5 月,《最高人民法院关于适用〈中华人民共和国公司法〉若干问题的规定(二)》第 1 条进一步指出:"单独或者合计持有公司全部股东表决权百分之十以上的股东,以下列事由之一提起解散公司诉讼,并符合公司法第一百八十三条规定的,人民法院应予受理:① 公司持续两年以上无法召开股东会或者股东大会,公司经营管理发生严重困难的;② 股东表决时无法达到法定或者公司章程规定的比例,持续两年以上不能做出有效的股东会或者股东大会决议,公司经营管理发生严重困难的;③ 公司董事长期冲突,且无法通过股东会或者股东大会解决,公司经营管理发生严重困难的;④ 经营管理发生其他严重困难,公司继续存续会使股东利益受到重大损失的情形。股东以知情权、利润分配请求权等权益受到损害,或者公司亏损、财产不足以偿还全部债务,以及公司被吊销企业法人营业执照未进行清算等为由,提起解散公司诉讼的,人民法院不予受理。"股东提起解散公司诉讼的,应当以公司为被告。原告以其他股东为被告一并提起诉讼的,人民法院应当告知原告将其他股东变更为第三人;原告坚持不予变更的,人民法院应当驳回原告对其他股东的起诉。原告提起解散公司诉讼应当告知其他股东,或者由人民法院通知其参加诉讼。其他股东或者有关利害关系人申请以共同原告或者第三人身份参加诉讼的,人民法院应予准许。人民法院审理解散公司诉讼案件,应当注重调解。当事人协商同意由公司或者股东收购股份,或者以减资等方式使公司存续,且不违反法律、行政法规强制性规定的,人民法院应予支持。当事人不能协商一致使公司存续的,人民法院应当及时判决。人民法院关于解散公司诉讼作出的判决,对公司全体股东具有法律约束力。人民法院判决驳回解散公司诉讼请求后,提起该诉讼的股东或者其他股东又以同一事实和理由提起解散公司诉讼的,人民法院不予受理。

(3) 公司被依法宣告破产的

公司被依法宣告破产,是指公司作为债务人不能清偿到期债务、并且资产不足以清偿全部债务时,依法将其全部财产公平清偿给所有债权人的特别程序。由于公司法人的全部财产都将随破产宣告而用于清偿其债务,所以,公司将因其存续要件之一的法人财产的即将丧失殆尽而不再具备继续经营的条件,只得进行清算。由于破产宣告是人民法院依法做出的一种司法裁判行为,它不以公司法人的主观意志为转移,因此,属于强制解散公司的一种途径。

二、公司清算

(一) 公司清算的概念及意义

公司清算,是指为终结已解散公司的经济和法律关系而清理其债权债务并处分其财产,最终消灭其法人资格的程序。

如前所述,公司解散是公司清算的前置性程序,而公司清算是公司解散的后果。除因公司合并或分立而导致的解散外,公司因其他原因而解散的,都必须进行清算。公司清算的法律意义在于;

(1) 了结各种经济或法律关系。公司解散就意味着公司已不再继续从事原先的经营活动。但是,公司停止经营活动本身,并不会使之前建立起来的各种经济或法律关系(包括因经营活动而产生的各种债权债务关系、公司与职工之间的劳动关系、公司与国家之间的税收关系等)立即随之终止。因此,需要有一个了结上述各种关系的程序,以保护各类相关主体的合法权益。清算,正是各国公司法为了结解散后公司的各种经济或法律关系而确立的一种程序。通过清算,可以使公司对解散前建立起来但尚未终结的各种关系作个了断,以便公司法人顺利退出市场,并确保不留任何"后遗症"给退出市场后的原公司的相关主体(如股东、董事、经理等)。

(2) 处理公司剩余资产,实现股东的权利。公司资产的最初来源是全体股东的投资,除非公司破产,否则,解散后的公司,在了结了各类经济关系后,多少会有些剩余资产。按照谁投资谁收回的原则,通过清算程序,不仅可以弄清公司是否有以及有多少剩余资产,还可以在处理完所有债权债务后仍有剩余资产时,通过向股东按比例分配公司的剩余资产以达到保护股东最后权利的目的。

(二) 公司清算的种类

公司清算,总体上可分为破产清算和非破产清算两大类。限于篇幅,此处只涉及公司的非破产清算。

公司的非破产清算又叫普通清算,可分为法定清算和任意清算两大类。所谓法定清算,是指公司依照法定程序进行的清算。任意清算,是指公司按照公司章程确定的或股东会决议通过的方式进行的清算。法定清算可适用于任何公司,任意清算通常只适用于人合公司。一些国家的立法甚至规定,资合公司只能进行法定清算而不得进行任意清算;而人合公司既可选择法定清算,也可进行任意清算。我国的立法没有明文规定任意清算,所有公司的清算,都得依法进行。所以,客观上讲,现阶段我国公司的清算制度都属法定清算。

（三）清算机构

清算机构，是指公司解散后为进行清算而依法成立的对内执行清算事务、对外代表清算中的公司法人表示意思的专门机构。在我国，清算机构的法定名称叫清算组。

1. 清算组的产生

各国立法对清算机构的产生时间及方式有不同的规定。按我国《公司法》第184条的规定，除因破产而导致的解散外，公司应当在解散事由出现之日起15日内成立清算组，开始清算。有限责任公司的清算组由股东组成，股份有限公司的清算组由董事或者股东大会确定的人员组成。逾期不成立清算组进行清算的，债权人可以申请人民法院指定有关人员组成清算组进行清算。人民法院应当受理该申请，并及时组织清算组进行清算。

清算组一旦成立，所有清算组成员就负有法定义务。我国《公司法》要求清算组成员忠于职守，依法履行清算义务。清算组成员不得利用职权收受贿赂或者其他非法收入，不得侵占公司财产。清算组成员因故意或者重大过失给公司或者债权人造成损失的，应当承担赔偿责任。

2. 清算组的职权

清算组在清算期间行使下列职权：(1) 清理公司财产，分别编制资产负债表和财产清单；(2) 通知、公告债权人；(3) 处理与清算有关的公司未了结的业务；(4) 清缴所欠税款以及清算过程中产生的税款；(5) 清理债权、债务；(6) 处理公司清偿债务后的剩余财产；(7) 代表公司参与民事诉讼活动。

（四）清算程序

1. 在法定期限（即公司解散后的15天）内依法成立清算组。

2. 通知、公告债权人申报债权。清算组应当自成立之日起10日内通知债权人，并于60日内在报纸上公告。债权人应当自接到通知书之日起30内，未接到通知书的自公告之日起45日内，向清算组申报其债权。

债权人申报债权时，应当说明债权的有关事项，并提供证明材料。清算组应当对债权进行登记。在申报债权期间，清算组不得对债权人进行清偿。

3. 清算组在清理公司财产、编制资产负债表和财产清单后，制定清算方案，并报股东会、股东大会或者人民法院确认。

4. 依法定顺序清偿公司债务。公司财产应分别支付清算费用、职工的工资、社会保险费用和法定补偿金，缴纳所欠税款，清偿公司债务。

5. 向股东分配公司剩余资产。清偿完上述各项债务后的剩余财产，有限责任公司按照股东的出资比例、股份有限公司按照股东持有的股份比例分配公司剩余资产。公司财产在未按法定顺序清偿其债务前，不得分配给股东。

6. 公司清算结束后，清算组应当制作清算报告，报股东会、股东大会或者人民法院确认，并报送公司登记机关，申请注销公司登记，公告公司终止。

7. 具备条件时向法院申请破产。清算组在清理公司财产、编制资产负债表和财产清单后，发现公司财产不足清偿债务的，应当依法向人民法院申请宣告破产。公司经人民法院裁定宣告破产后，清算组应当将清算事务移交给人民法院。公司被依法宣告破产的，依照有关企业破产的法律实施破产清算。

第六章　商行为概述

第一节　商行为的界定

一、确定商行为的意义

在各国立法体系中,依商法与民法是否分立,可以分为民商分立的立法体系与民商合一的立法体系。

在民商分立的立法体系中,由于民法与商法同时调整财产流转关系,所以必须确定一个界限,哪些财产流转关系由民法调整,哪些财产流转关系由商法调整。由于各国的政治、文化、经济、宗教、历史等因素的影响,即使在民商分立的国家,其立法中确定的适用商法的分类标准也是各不相同。

有的国家是以主体的行为进行分类,例如《法国商法典》第631条第1款规定:"商事法庭受理下列案件:1. 批发商、零售商和银行经营者之间的债务和交易争议案件;2. 商事公司股东之间因公司事务发生的争议案件;3. 各种人之间商行为引起的争议案件。"《法国商法典》又在第632条和633条通过列举方式,具体规定了哪些行为是商行为。即使不是商人,但其行为符合法典规定的商行为,同样受到商法的调整。

有的国家是以行为的主体进行分类,例如《德国商法典》第343条规定:"商行为是指属于经营商人的营业的一切行为"。同时《德国商法典》在第1条规定:"本法典所称的商人是指经营营业的人。"整个《德国商法典》第一章就是围绕着谁是商人而制定的,也就是说,是否适用商法是以行为的主体进行区分的。商人在营业时的行为就是商行为,适用商法的规定,反之,除法律特别规定之外,商人的行为不属于经营营业的行为,例如非商人的日常行为就不受商法的调整。

上述两种立法主义都存在一定缺陷。从法国商事立法看,在19世纪初制定法律时,商事交易行为比较简单,所以通过列举方式规定商事行为是有效的。如今的商事行为种类繁多而且发展迅速,已经不可能通过制定一部法律一一列举,以法国为代表的客观主义立法已难以穷尽不断出现的新的商事行为,当前客观主义的商事立法也在发生改变。以德国为代表的主观主义的商事立法同样存在诸多问题,在制定法律之初,商人范围比较小,商人与非商人的界限非常容易区分。所以,只要将商人与非商人通过立法方式进行区分,那么适用商法或适用民法是比较容易的。但是,随着社会的发展,商人与非商人在事实上越来越难于区分，在过去，票据主要是商人在商业活动中用来商业汇兑、结算等的支付方式，但在现代社会，非商人也在大量使用汇票、本票，如果还完全拘泥于商人与非商人的区分，将对社会经济发展产生阻碍作用。

因此，有的国家将主体与行为结合起来进行分类。例如《日本商法典》第501条规定了绝对商行为，其意义在于不管是不是商人，只要从事第501条规定的行为，该行为就是商行为，受商法调整，因为这些行为本身具有绝对的营利性。立法者也知道第501条的规定不可能穷尽所有的实质意义上的商事行为，例如采矿、农业、林业、水产等第一产业所从事的行业都没有包括在第501条，从传统理论上说，这些行业并不在商行为范畴之内，不受前述条款的调整，被排除在商法调整的范围之外，这显然不合理。于是，《日本商法典》第4条又从商事主体角度出发，对商人作了规定，即以实施商行为为业者为商人，依店铺或者其他类似设施，以出卖物品为业者，或经营矿业者，虽不以实施商行为为业者，也视为商人，其行为同样受到商法的调整。此外，还有些行为同时具有营利性和非营利性，商人从事该行为的适用商法，非商人从事该行为的则不适用商法，受其他法律调整。例如，《日本商法典》第502条规定，以租赁的意思，有偿取得或承租动产或不动产的行为，或者以出租其取得物或承租物为目的的行为，为他人实施的制造或加工行为，供应电或煤气的行为，运输行为等为营业商行为。

研究商行为的意义在于明确主体之间产生的法律关系究竟是适用商法还是适用其他法律。商行为是确定适用商法的标准之一，只要明确了商行为、商主体的边际，商法与其他法律的划分界限就会清晰。

二、商行为的概念与种类

(一) 商行为的概念

由于主观主义立法标准与客观主义立法标准的区别，对商行为的界定也有所不同。主观主义立法标准认为，商行为是法律规定的，任何人只要从事该营利性行为，就是在实施商行为。立法者只考虑该营利性行为的内容是否与法律规定相一致，而不考虑从事行为的主体是谁。客观主义立法标准认为，只有商人从事营业的行为才是商行为，而不考虑该行为的内容如何。所以，客观主义立法中的商行为是明确的、法定的，而主观主义立法中的商行为是不明确的，只要是商人从事的营业行为都可以认定为商行为。

我们认为，商行为是指法律规定的营利性行为以及商事主体所从事的法律规定以外的营业性行为。

(二) 商行为与民事法律行为的区别

商法与民法都调整财产流转关系，而且又都是平等主体之间的财产流转关系，但由于行为主体的不同或行为的性质不同，最终在适用法律时有所区别。

商法只是民法的特别法。《日本商法典》第 1 条规定："关于商事，本法无规定者，适用商习惯法，无商习惯法，适用民法典。"商行为在适用法律时，商法与民法都奉行有规定的首先适用商法，只有商法没有规定，也没有商事习惯法时，才适用民法的原则。

商行为与民事法律行为具有以下区别：

1. 商行为一定具有营利性质，民事法律行为原则上不具有营利性质

商行为就是商人的营业行为或者是立法者认为具有绝对营利性的行为。商人是为了谋取商业利益的社会阶层，商人通过营业达到赚取商业利益的目的。所以，商人的营业行为当然具有营利性。当然，我们不考虑商人是否实际上真正得到利益，即使商人没有实际赚取利益，同样也不排除商人行为的营利性。

由于商行为具有营利性，与民事法律行为不同，所以在有些法律后果上存在重大区别。例如《德国商法典》第 352 条第 1 项规定："对于双方的商行为，法定利息的数额，包括迟延利息，每年为 5%。对因此种商行为所产生的债务未指定利率而约定利息的，适用相同规定。"第 354 条规定："在从事其营业时，为他人处理事务或提供劳务的人，即使无约定，仍可以就此按在该地点为通常的数额请求佣金，并在涉及保管时，请求仓库使用费。"从上述条文可以看出，即使在当事人没有约定利息或佣金的情况下，只要被认定是双方商行为的，一方就应该按照法律规定向另一方支付利息或佣金。

法律同样规定，在有些法律行为中，由于这些行为本身具有较强的营利性，即使不是商人从事该行为，该行为同样应当视做商行为。例如有关票据或其他商业证券的行为、在交易所进行的交易行为、以获利而转让的意思有偿取得动产或不动产的行为。

民事主体同样可以通过民事法律行为而获取利益，但获取利益不能等同于营利性，民事法律行为原则上不具有营利性，财产的交换不是以营利作为主要目的。在商法产生之前，民事法律行为中包含营利性行为和非营利性行为两类，但当商法体系出现并逐渐完善之后，营利性民事行为就逐渐从民法中淡出，营利性行为归商法调整。

2. 商行为不一定以意思表示作为行为成立的要件，而民事法律行为必须要有意思表示作为成立要件

意思表示是民事法律行为成立的最基本要件之一，如果没有意思表示，民事法律行为就不成立或无效或撤销。所谓意思表示，是指行为人的内心要有与相对方建立某种民事法律关系的想法，而且该意思必须通过行为人的行为向对方表达出来。如果仅有意思没有通过一定方式表示出来，则不能形成民事法律关系。如果行为人的内心意思与外在表示不一致，也同样不能形成民事法律关系。商行为虽然也在许多场合要求行为人要有意思表示，也要求这种内在意思与外

在表示一致,但在有些场合,商行为则强调行为人的外在表现,而不考虑内在意思如何。商法这样规定,目的是在交易过程中保护交易的安全、迅捷。如果所有的商行为都按照民事法律行为的规定,要求内心意思与外在表现一致,那么交易的安全与迅捷就会受到影响。例如在票据立法中,各国一般都规定票据的文义性,如果票据上所记载的内容与实际不一致,按照票据所记载的文义为准。

3. 商行为的方式较为自由,而民事法律行为的方式要求比较高

立法之所以对民事法律行为的方式要求较高,是为了保证行为所产生的后果更为公平。如《德国民法典》第 766 条规定:"为使保证合同有效,需以书面形式给予保证的意思表示。保证人履行主债务的,即可弥补形式上的缺陷。"第 780 条规定:"为使以通过合同而独立成立债务的方式约定给付的合同(债务约定)有效,如果没有规定其他形式,需采用书面形式约定。"第 781 条规定:"为使通过承认债务关系存在(债务承认)的合同有效,需采用书面形式给予承认的意思表示。对承认其存在的债务关系的成立规定有其他形式的,承认合同需要采用此种形式"。在商事活动中,为了保证交易的迅捷以促进整个社会经济的发展,所以对商行为的方式要求比较自由,例如《德国商法典》第 350 条规定:"对于保证、债务约定或者债务承认,以保证在保证人一方、约定或承认在债务人一方为商行为为限,不适用《民法典》第 766 条、第 780 条和第 781 条的方式规定"。

(三) 商行为的分类

客观主义的立法标准是将商行为一一列举在商法中,所以没有必要对商行为进行分类。学理上的商行为的分类,主要是针对主观主义立法和折中主义立法而作出的。

1. 单方商行为与双方商行为

按照主观主义立法规定,商人的经营行为就是商行为。任何交易都必须有双方或多方参与,如果交易的双方都是商人,那当然可以认定该双方所进行的行为是商行为,但如果参与交易的一方是商人,另外一方是非商人,双方行为的性质如何认定,就需要在立法上明确规定。为此,《德国商法典》专门规定了单方商行为与双方商行为。

单方商行为,是指商法规定在商事活动中,参与交易的双方只要有一方的行为是商行为,这时双方的行为就同时适用商行为的规定。

双方商行为,是指商法规定在商事活动中,参与交易活动的双方或多方必须都是商人,这时双方或多方的行为才适用商行为的规定。《德国商法典》第 345 条规定:"对于对双方中的一方为商行为的法律行为,对双方均适用关于商行为的规定,但以此种规定无其他规定为限。"也就是说,如果没有法律特别规定,只要一方的行为被认定为商行为,即使另一方的行为不是商行为,也认定它是商行

为,适用商法的规定,而法律有特别规定的,交易双方都必须是商行为的,则一方是商行为,另一方不被认定是商行为的,适用其他法律而不适用商法规定。

这种商行为的划分意义在于,商法在不同场合适用的对象不同。立法者最初的理念是,由于商法调整的方式方法与其他法不一致,所以原则上商法只适用商人,但在现代社会中,国家为了平衡各方当事人的利益,扩大了商法在主体上的适用范围,在商事活动中规定交易双方只要有一方实施商行为,就适用商法的规定,除非法律有特别规定。例如《德国商法典》第 352 条第 1 项规定:“对于双方的商行为,法定利息的数额,包括迟延利息,每年为 5%。”从这一条文可以看出,适用本条的前提条件必须双方都是商人,从事经营活动,即被认定为双方商行为,而如果只有一方是商人从事经营活动,另一方不是商人或不是从事经营活动的,只能被视为单方商行为,就不能适用商法这一条款。

我国原《经济合同法》第 2 条规定:“本法适用于平等民事主体的法人、其他经济组织、个体工商户、农村承包经营户相互之间,为实现一定经济目的,明确相互权利义务关系而订立的合同。”当时的《经济合同法》要求的是双方商行为才适用该法,如果一方是非商人,不能适用该法的规定,而只能由民法进行调整。

2. 绝对商行为和营业商行为

在采取折中主义立法的国家,在商法中一方面体现客观主义立法标准,即以立法的形式对某些行为一一列举,凡是从事该法定行为的,不管任何人都适用商法;另一方面又体现了主观主义的立法标准,即规定只有当商人实施了营业行为时,该行为才构成商行为,才适用商法。于是法律上就区分为绝对的商行为与营业商行为。

绝对商行为,是指由商法对某些行为进行了列举,不管是商人还是非商人,一旦实施了这些行为,法律就视这种行为为商行为。按照多数国家立法规定,票据行为、保险行为、海商行为和证券交易行为等都视为绝对商行为。《日本商法典》第 501 条对绝对商行为进行了列举,如“以获利而转让的意思,有偿取得动产、不动产、有价证券的行为或有偿转让取得物的行为;缔结供给自他人处取得的动产或有价证券的契约,以及为履行此契约而实施的以有偿取得为目的的行为;于交易所进行的交易;有关部门票据或其他商业证券的行为”。

营业商行为,是指只有商人从事该行为的,该行为才被认为是商行为,否则被认为是民事行为或其他行为。《日本商法典》第 502 条也是通过列举的方法,列举出 12 种营业商行为,如“以租赁的意思,有偿取得或承租动产或不动产的行为,或者以出租其取得物或承租物为目的的行为;为他人实施的制造业;供应电或煤气的行为;运输行为;作业或劳务的承揽;出版、印刷或摄影行业;以招揽顾客为目的所实施的场所交易;兑换及其他银行交易;保险;寄托的承受;居间或代办行为;商行为代理的承受”。营业商行为就是商人经营过程中所从事的第

502 条规定的行为，不管其对象是谁都作为商行为对待。而商人所雇用的员工尽管是直接从事生产或服务的人，他们的行为不是商行为，因为他们只以取得工资收入为目的而制造产品或提供服务，不是取得营利。

这两种商行为的划分意义在于，既不完全按照客观主义立法，将商行为在法律中一一列举，适用任何主体，也不完全按照主观主义立法，将商行为规定为商人的营业行为，而是从两方面进行规定，将完全是营利性行为规定为绝对的商行为，任何人的行为只要符合法律，就适用商法，而将一些不完全的营利性行为规定为只有商人从事这些行为，才适用商法。这样划分使得客观主义立法和主观主义立法各自的片面性得到了较好的弥补。

3. 基本商行为、附属商行为和准商行为

按照前面所述，折中主义立法一般首先将商行为分为绝对商行为与营业商行为，对于商人而言，他在营业中的行为既可能涉及绝对商行为，也可能涉及营业商行为。这些行为都是商行为，但商人为了更好地使其商行为得到更大的效益，可能从事另外一些行为，而这些行为既不属于绝对商行为，也不属于营业商行为，这些行为是否可以归类到商行为？于是法律对商行为就有了另一种划分方式，即基本商行为、附属商行为和准商行为。

基本商行为是相对于附属商行为、准商行为而言的。基本商行为就是商人自己的主要经营行为，如制造商制造产品并予以销售的行为就是基本商行为，运输商的运输行为也是基本商行为。

附属商行为又称为辅助商行为，是商人为了经营而附带进行的行为，如旅馆接受旅客的寄托物品。这种保管行为既不是绝对商行为，也不是营业商行为（营业商行为是商人作为营业而实施时才被视为商行为。为旅客保管物品，并不收取保管费，或者收取保管费没有营利性，不能作为营业）。这时旅馆经营者的行为性质如何确定？按照日本商法规定，这种行为应当被视为附属商行为。《日本商法典》第 503 条第 1 款规定："商人为其营业实施的行为，为商行为。"第 2 款规定："商人的行为推定为为其营业实施的行为。"也就是说，商人的行为是为其营业配套服务的，或者推定其行为是为其营业配套服务的，该行为就视为商行为而适用商法。

准商行为是以营利为目的的社团组织的特定行为，虽然该组织不以实施商行为为业，但立法推定该组织的行为具有商事行为性质，这种商行为就是准商行为。如《日本商法典》第 52 条第 2 款规定："依本编规定设立的以营利性为目的的社团，虽不以实施商行为为业，也视为公司。"第 523 条规定："第 52 条第 2 款规定的公司行为，准用有关商行为的规定。"

上述三种商行为的分类意义在于，从商事主体角度而言，进一步明确和扩大了商行为的适用范围。首先，使得商人的非主营业务的行为也能适用商法；

其次，将设立以营利性为目的但不以实施商行为为业的公司的行为推定为商行为。

第二节　几种常见商行为

区分商行为与民事法律行为的意义，不在于两者形式上的差别，而在于两者本质上的不同。某一行为被归结到商行为时适用商法，反之则适用民法。由于两个部门法的价值取向有着重大的区别，所以，我们应当注意到商行为不同于民事法律行为的特殊一面。根据民商合一立法国家的商法典，特别是客观主义和折中主义立法国家的商法典，商行为有着一些特殊规定。这些规定主要表现在商业买卖、行纪营业、货运营业、运输代理营业、仓库营业等营业活动中。

一、商业买卖

买卖行为被认定为商行为的，就应当认定为商业买卖，适用商法典中对买卖的特别规定。只有商法典没有规定的情况下才适用民法典。

（一）买卖合同标的物的提存和拍卖

商事活动强调商品流转的速度，为了保证流转的迅捷性，商法对商业买卖中的提存的规定不同于民法。例如《德国商法典》第 373 条规定："买受人受领商品有迟延的，出卖人可以买受人的危险及费用向公用仓库或以其他确实的方法寄托商品。此外，其有权在预为警告后将商品交付拍卖；商品有交易所价格或市价的，其在预为警告后，也可以委托一名经公开授权进行此种出卖的商事居间人或委托一名有权进行公开拍卖的人以时价直接卖出。商品易腐烂且有迟延危险的，无须预为警告；因其他事由不能警告的，适用相同规定……"《日本商法典》第 524 条规定："在商人间的买卖，买受人拒绝受领标的物时，出卖人可以将该物提存，或定相当期间实行催告后，将该物拍卖。与此情形，应从速向买受人发出通知。对于易损坏腐败之物，可以不经催告而将其拍卖。"这一规定充分体现了商事活动的迅捷性。《日本民法典》第 495 条第 2 款也规定了提存："关于提存所，法令无另外规定时，法院因当事人请求，应指定提存所，并选任提存物保管人。"同时该法第 497 还规定："清偿标的物不适于提存或该物有灭失或毁损之虞时，清偿人经法院许可，可以将该物拍卖而提存其代价。保存该物需过巨费用时，亦同。"从两部立法的比较可以看出，商业买卖具有以下特点：首先，商业买卖的提存由商人自己决定，无须法院指定提存所和选任保管人；其次，在商业买卖中，当买受人拒绝受领或不能受领标的物时，出卖方无须考虑标的物是什么物品，只要符合程序即可拍卖该标的物。但民法规定，清偿标的物不适于提存或该物有灭失或毁损之虞时，债务人才可以请求拍卖；最后，商业买卖中出卖人也可在经过相当期间的催告后将该物拍卖,如果是易损坏腐败之物,可不经催告而将其拍卖。民法则规定要经法院许可后才可以拍卖。

从我国《合同法》第 101 条规定看,只要标的物不适于提存或者提存费用过高的,债务人依法可以拍卖或者变卖标的物,提存所得的价款。这与国外商法规定的不论什么标的物都可以提存的规定不同。此外,提存或拍卖是否需经法院的许可?类似于国外商事立法,我国立法对此亦不作规定。即使在国外的商法中,卖方要拍卖标的物,虽无须法院许可,但仍要向买受方催告,并给予一定期限,否则,就可能影响到普通买卖中交易的安全性。

(二)定期买卖合同的解除

在买卖合同中,买卖双方一般都会在合同中规定合同履行的期限。一旦一方在规定的期限内没有履行合同,就构成违约。守约的一方是否当然有权在合同到期之日单方解除合同,普通买卖合同与商业买卖合同的立法规定是有所区别的。《德国商法典》第 376 条规定:"约定当事人一方的给付应准确地在一确定的时间或在一确定的期间内履行的,在给付不在此确定的时间或不在此确定的期间内进行时,当事人另一方可以解除合同,或在债务人迟延的情形,可以不请求履行而请求不履行的损害赔偿。其可以请求履行,但只限于其在此时间或期间经过后立即通知相对人其坚持履行的情形。"但是,《德国民法典》第 326 条规定:"一方当事人对于双务合同产生的自己应履行的给付有迟延时,另一方当事人可以为其规定一个适当的履行期限,并声明逾期将拒绝受领给付。期限届满后,如果一方当事人未及时给付,另一方当事人可以因不履行而要求损害赔偿或者解除合同,其履行请求权即归消灭。"通过比较两部立法,可以看出商业买卖立法规定的特点是,对于迟延履行没有催告期,接受履行的一方可以直接向履行方提出解除合同。商业买卖的立法规定显然是以牺牲另一方的利益以加快商事流通的速度,而民法则为了体现交易双方的公平合理,要求接受履行的一方必须要进行催告,否则无权单方解除合同或请求损害赔偿。

我国《合同法》第 94 条第 3 款规定:"当事人一方迟延履行主要债务,经催告后在合理期限内仍未履行,另一方可以解除合同。"该条文明显地偏向民事立法精神。由于我国《合同法》既适用普通买卖,也适用商业买卖,《合同法》并没有作出任何区分,所以立法规定对商业买卖的适用,有可能会影响到商品的流转速度。但值得注意的是,当一方迟延履行的违约行为致使不能实现合同的根本目的时,无论是商法还是民法,另一方的当事人都可以解除合同。

(三)买卖合同中买受人的检查义务和瑕疵通知义务

在买卖合同中,卖方对其所出售的物品有瑕疵担保义务,但作为买方是否有相关的义务,普通买卖与商业买卖之间存在区别。《日本商法典》第 526 条规定:"在商人之间的买卖,买受人受领标的物后,应从速检查。发现瑕疵或数量不足而不立即向出卖人发出通知时,不得因瑕疵或不足而请求解除契约、减少价金或赔偿损害。如买卖标的物有不能当即发现的瑕疵,买受人于6个月内发现时,亦同。前款规定,不适用于出卖人有恶意情形。"《德国商法典》第377条规定:"买卖对当事人双方均为商行为的,买受人应在出卖人交付后不迟延地对商品进行检查,但以此举依通常的营业为可能为限,并在出现瑕疵时,不迟延地向出卖人进行通知。买受人不进行此项通知的,商品视为被承认,但瑕疵在检查时不能辨认的,不在此限。在以后出现此种瑕疵的,必须在发现后不迟延地进行通知;否则,即使存在此种瑕疵,商品仍视为被承认。"德国民法、日本民法对买方并无此检查通知义务,只是规定买受人有解除合同请求权或者减少价金请求权,以及在所保证的品质有瑕疵时的损害赔偿请求权。当然,这些请求权有时效期间,德国民法规定对于动产为物品交付后的六个月,土地为移转后一年内,请求权人不行使权利的,该请求权消灭,但出卖人故意隐瞒其瑕疵的除外。从两部立法规定比较可以看出,商业买卖立法的特点是:首先,要求买卖双方都是商行为;其次,买受人在获取标的物时必须及时检查标的物是否存在瑕疵,如果没有检查则视为标的物没有瑕疵,但买受人无法检查出瑕疵的不受上述规定的限制;再次,在发现标的物存在瑕疵时必须及时通知出卖方,否则也将视为标的物没有瑕疵。在这里可以看到,商法是以牺牲买受人的部分利益来保证商事流转活动的速度,体现了商事买卖迅捷的特点;普通买卖合同,法律则不对买受人规定及时检查、及时告知的义务。即使事后发现存在瑕疵,出卖人仍然应当承担相应的法律责任,这充分体现了普通买卖立法的公平性。

我国《合同法》第158条第2款规定:"当事人没有约定检验期间的,买受人应当在发现或者应当发现标的物的数量或者质量不符合约定的合理期间内通知出卖人,买受人在合理期间内未通知或者自标的物收到之日起两年内未通知出卖人的,视为标的物的数量或者质量符合约定,但对标的物有质量保证期的,适用质量保证期,不适用两年的规定。"该条款基本上是按照商业买卖的原则进行立法的。但当该条款适用的对象不仅是商人之间,而且商人与非商人或非商人之间的买卖时同样适用,这对普通买卖合同的当事人而言是极为不公平、不合理的。

此外,《德国商法典》第378条还规定:"即使交付的是约定的商品以外的其他商品,或交付的是约定的商品数量之外的其他数量的商品,以交付的商品不明显与订单重大偏离,致使出卖人可以认为买受人的承认已被排除为限,仍适用第377条的规定。"按此规定,卖方在履行买卖合同时,可能向买方交付的标的物在数量上多于或少于合同的约定,或者交付的标的物与合同约定存在并不明显的区别,这时买方如不及时检验和通知卖方,就被视为接受该标的物。这一条款规定的意义是,在商业买卖合同中,为了保证交易迅捷,即使出卖人交付的标的物的品种或数量与双方约定有所不同，只要买受人不立即提出异议，即视为买受人接受合同内容的变更。如果按照普通买卖合同规定，双方必须严格按照合同约定履行各自义务，即使买受人接受了标的物，而该标的物的品种或数量与合同内容不一致的，也不等同于买受人同意变更合同内容，放弃提出异议的权利。

我国《合同法》第162条规定："出卖人多交标的物的，买受人可以接收或者拒绝接收多交的部分。买受人接收多交部分的按照合同的价格支付价款；买受人拒绝接收多交部分的，应当及时通知出卖人。"除此之外，无其他相应的规定。

（四）买卖合同中买受人对标的物暂时保管和紧急变卖的义务

在买卖合同中，有可能发生出卖人违反了合同规定的履行地点约定，将标的物运送到买受人的其他处所情形，对此买受人是否有保管的义务，普通买卖合同与商业买卖合同的立法规定有所不同。对于普通买卖合同，民法采取公平原则，即出卖人由于其自身原因而造成错误的，如果发生损失的，出卖人责任自负。对于买受人而言，因其并无过错，所以就无义务对标的物进行保管，即使发生损失，也与买受人无关。但在商业买卖中，立法重视商业整体利益，商业买卖的标的物相对于普通买卖而言，数量和价金要大得多，所以，一旦发生损失，数额将是巨大的。为此，立法也是以牺牲一方的利益维护社会整体经济利益。《德国商法典》第379条规定："买卖对当事人双方均为商行为的，在买受人对从另一地点向其送交的商品有异议时，其负有暂时保管商品的义务。"如果商品易腐烂的，且有迟延危险的，买受人可以直接委托居间人将该商品拍卖。

我国《合同法》对此无相关的规定，可以推断为买方无此义务。

二、行纪

（一）概述

行纪又称为行纪营业，产生于中世纪。当时，意大利地中海沿岸的商业城市不断兴起，商品交易量大增，但当时的交通落后，几乎没有通讯设施，商人们无法应付大量的商事活动，于是类似于民事代理制度的行纪制度产生了。商人将某些商事业务委托给一些业务精通、专门从事某些种类商事事务的商人，然后由这些专业商人代替委托人买进商品或卖出商品，并从中收取一定的报酬。行纪营业因此而一度相当发达。当然，随着社会交通和通讯设施的发达，现代行纪营业有逐渐萎缩的趋势，目前较多地存在于证券和期货交易中。

行纪是指行纪人以自己的名义为委托人从事买卖活动，从而获取一定报酬的商事行为。行纪分为买入行纪和卖出行纪。买入行纪是委托人委托行纪人买入商品，卖出行纪是委托人委托行纪人卖出商品。

行纪与民事代理相同之处是：都是一方授权另一方实施一定的行为，与第三人建立一定的商事或民事法律关系，并由授权方最终承担法律结果。但两者之间也存在着区别：

1. 实施行为的名义不同。在民事代理制度中，代理人是以被代理人的名义实施法律行为；而在行纪营业中，行纪人是以自己的名义实施法律行为，与第三人建立法律关系。《韩国商法典》第 101 条规定："行纪人，是指以自己的名义为他人办理物品或者有价证券买卖的人。"

2. 法律后果的归属不同。在民事代理制度中，其法律后果直接归属于被代理人；而在行纪营业中，法律后果先由行纪人承担，然后再由行纪人将法律后果转移给委托人。

3. 资格的取得不同。在代理制度中，代理行为不一定具有营利性，所以只要具有民事行为能力的民事主体都具有代理资格；而在行纪营业中，行纪人必须进行商业登记，取得行纪业务的资格，才能从事行纪业务。

4. 活动的范围不同。在民事代理制度中，被代理人可以授权代理人从事各种具有法律意义的事务，而在行纪营业中，行纪人所从事的行纪行为只限于商业上的买卖行为。《日本商法典》第 551 条规定："所称行纪人，指以自己的名义为他人出卖或买入物品为业者。"

从上述比较可以看出，行纪实际上是民法委托和代理在商法上的变形。本质上行纪仍然是一种委托和代理。由于商业代理形式灵活多样，只要有利于商业发展，其形式不会受到民法代理制度的拘束。所以，行纪制度是从民事制度中演变而来后，被规定在商法体系中的。行纪制度中的有些内容直接参照民法的代理和委托制度。《日本商法典》第 552 条第 2 款规定："在行纪人与委托人之间，除本章规定外，准用有关委任及代理的规定。"我国《合同法》第 423 条规定："本章没有规定的，适用委托合同的有关规定。"

（二）行纪的法律关系

在行纪关系中存在着两个法律关系，即内部关系和外部关系。内部关系是指行纪合同的当事人即委托人与行纪人之间的委托关系，外部关系是指行纪人与第三人之间的买卖关系。行纪人接受委托人的委托后，以自己的名义对外实施行纪行为而与第三人签定买卖合同。在买卖合同的履行中，行纪人享受合同的权利，承担合同的义务。在合同履行完毕后，行纪人将后果转移给委托人。

在大陆法系的民事委托（委任）合同中，受托人对外是以委托人的名义从事活动的（英美法系没有行纪制度，却有隐名代理制度），其产生的结果毫无疑问地由委托人自己承担。除非受托人超越代理权，该行为结果由受托人自己承担。但行纪是行纪人以自己名义从事商事活动，所以，行纪人与第三人建立的法律关系所产生的后果，由受托人首先承担，然后受托人再将结果转移给委托人。行纪人与委托人之间的委托关系原则上适用民法上的委任关系。《日本商法典》第 552 条对此规定为："行纪人为他人进行的买卖，对相对人自得权利，自负义务。

在行纪人与委托人之间,除本章规定外,准用有关委任即代理的规定。"《韩国商法典》第102条规定:"行纪人通过为委托人所进行的买卖,直接对对方取得权利并承担义务。"我国《合同法》第421条规定:"行纪人与第三人订立合同的,行纪人对该合同直接享有权利、承担义务。"

这里存在的问题是:行纪人从第三人处取得的利益,在还没有向委托人转移之前,该财产利益是属于行纪人自己的,还是为委托人保管的财产利益?

从立法上看,行纪人受委托人委托,与第三人建立买卖关系,行纪人对第三人享有债权,但一旦第三人履行买卖合同,完成了交付或登记后,将财产所有权转移到行纪人名下,这时,在行纪人手中的财产性质如何,不无疑问。

行纪中存在内部关系和外部关系两个方面。从外部关系看,行纪人以自己名义直接与第三人签订买卖合同,所有的权利义务都归行纪人所有,所以,从第三人角度看,该财产利益的权利主体应当是行纪人,第三人将财产转移到行纪人名下,第三人的履行义务完成,第三人与委托人之间没有任何法律关系。但从内部关系看,行纪人与委托人是一种民事委托关系,仍然适用民法规定。当第三人履行义务,将标的物转移到行纪人名下,或者委托人委托行纪人出售标的物,将标的物转移到行纪人名下时,都应当理解为一种保管关系,所有权属于委托人。假设行纪人破产或被法院强制执行,上述财产不属于破产财产,也不能被强制执行。对此《韩国商法典》第103条规定得非常明确:"在委托人与行纪人之间的关系上,或者在委托人与行纪人的债权人之间的关系上,将行纪人自委托人处取得的物品或者有价证券或者因行纪而取得的物品、有价证券、债权,视为委托人所有或者委托人的债权。"《德国商法典》第392条作了部分规定:"对于因行纪人所成立的行为而发生的债权,委托人只有在让与后才可以向债务人主张。但即使此种债权未行让与,其在委托人和行纪人或其债权人之间的关系上,仍视为委托人的债权。"《日本商法典》没有作出明确规定。我国《合同法》第421条第1款规定:"行纪人与第三人订立合同的,行纪人对该合同直接享有权利、承担义务。"

当行纪人与第三人建立买卖关系后,因第三人不履行合同而造成委托人利益损失的责任承担以及当行纪人与第三人建立买卖关系后,因委托人不履行合同而造成第三人损失的责任承担,请参见下文行纪人义务的第三部分,即履行担保义务。

(三) 行纪人的义务

根据一般规定,行纪人具有以下义务:

1. 对标的物检查的义务

从行纪的特点看,委托人如果委托行纪人卖出财产或委托行纪人买入财产,行纪人都有占有标的物的过程。在委托人送交标的物之时或第三人将标的物交付给行纪人之时,标的物有瑕疵的,行纪人的义务如何?《德国商法典》第 388 条规定:“送交行纪人的财产在交付时处于毁损或有瑕疵的状况,而此种状况可以在外部辨识的,行纪人应维护对承运人或船长的权利,注意证明此种状况,并不迟延地向委托人进行通知;在不作为的情形,其负有损害赔偿的义务。财产易腐烂,或嗣后发生财产上的变更,而此种变更可能引起财产贬值,并且没有时间征得委托人的处分,或委托人在给予处分上迟延的,行纪人可以依第 377 条的规定出卖财产。”从上述条文可以看出,德国商法的立法比较明确,规定行纪人在委托人交付标的物时,只负责对标的物的外部进行辨识,观察标的物上是否存在瑕疵或毁损,如有,则应及时通知委托人,只有当行纪人不及时通知时才承担赔偿责任。而对标的物的内部是否存在瑕疵或毁损,行纪人不承担检查义务。在标的物存放期间发生腐烂、变质等情况的,行纪人可以行使拍卖的权利。当第三人将有瑕疵的标的物送交行纪人的,行纪人的义务如何?如果是双方商行为的,应当遵从商业买卖的立法规定,行纪人应在第三人交付后不迟延地对标的物进行检查,如果发现瑕疵,应当迅速向第三人通知。行纪人不进行此项通知的,标的物视为被承认。在以后发现瑕疵的,必须在发现后不迟延地进行通知,否则,即使存在此种瑕疵,标的物仍视为被承认,由此产生的责任由行纪人自己承担。

2. 遵从委托人指定价格的义务

行纪人实际上又是受委托人,只是他在行纪时以其自己的名义与第三人发生法律关系,而法律关系的后果由委托人承担,所以,行纪人必须遵从委托人指定的价格买进或卖出标的物。如果行纪人不遵从委托人指定的价格,可能会出现两种情况:

第一,行纪人没有遵从委托人指定价格,造成委托人利益损失。《日本商法典》第 554 条规定:“行纪人以低于委托人指定的金额出卖,或高于委托人指定的金额买入,如自己负担其差额,则其出卖或买入对委托人发生效力。”韩国商法、德国商法都有相类似的规定。我国《合同法》第 418 条规定:“行纪人低于委托人指定的价格卖出或者高于委托人指定的价格买入的,应当经委托人同意,未经委托人同意,行纪人补偿其差额的,该买卖对委托人发生效力。”

第二,行纪人虽然没有遵从委托人指定价格,但造成委托人获得利益的增加。这时该利益属于委托人还是行纪人?各国立法倾向归委托人。《德国商法典》第 387 条第 1 款规定:“行纪人以比委托人向其指定的条件更有利益的条件成立行为的,利益属于委托人。”《韩国商法典》106 条第 2 款规定:“以高于委托人指定的价格卖出或者廉价买入时,若另无约定,则应归结于委托人的利益。”《日本商法典》无此规定。我国《合同法》第 418 条第 2 款规定:“行纪人高于委托人指定的价格卖出或者低于委托人指定的价格买入的,可以按照约定增加报酬。没有约定或者约定不明确,依照本法第六十一条的规定仍不能确定的,该利益属于委托人。”从立法看,对行纪人而言,在买卖中其行纪行为超出委托人原定利益之外获得额外利益时,行纪人享有可以请求报酬的权利,但如果没有约定或约定不明确的,额外利益归委托人所有。

3. 履行担保的义务

由于行纪不同于代理,行纪人是以其自己的名义与第三人发生法律关系的,所以法律后果并不完全由委托人承担。如果第三人能够履行买卖合同,委托人当然要承担其后果,但当第三人不履行合同时,行纪人是否有责任,各国立法不同。《日本商法典》第 553 条规定:“对于行纪人为委托人进行的买卖,相对人不履行其债务时,行纪人应自己担负履行责任。但是,有另外意思表示或习惯时,不在此限。”《韩国商法典》第 105 条规定与日本立法完全相同。《德国商法典》则没有法定的履行担保义务,该法第 384 第 1 项规定:“行纪人有义务以通常商人之注意实行所承担的行为;其在实行所承担的行为时,应维护委托人的利益,并遵从委托人的指示。”该条规定只要求行纪人以通常商人的注意义务行事,即完成了其行纪的义务。如果由于没有谨慎行事而造成委托人利益损失,则应当承担相应的责任。我国《合同法》第 421 条第 2 款规定:“第三人不履行义务致使委托人受到损害的,行纪人应当承担损害赔偿责任,但行纪人与委托人另有约定的除外。”日本商法强调的是当第三人不履行时由行纪人亲自履行,而我国《合同法》只是规定行纪人有担保第三人履行合同的义务,当委托人的利益由于第三人不履行合同而受到损害时,行纪人负损害赔偿的担保责任。

当委托人不能履行合同时,首先从外部关系看,应当由行纪人向第三人承担违约责任,因为委托人与第三人没有任何法律关系。在行纪人向第三人承担赔偿责任之后,行纪人有权向委托人请求责任的承担。因为行纪人与委托人之间是一种委任关系,其后果当然应当由委托人承担,即使委托合同中没有约定,委托人也应承担责任。

4. 及时通知义务

行纪人在与第三人建立买卖关系后,应当从速通知委托人。《德国商法典》384 条第 2 项规定:“其应向委托人进行必要的通知,特别是应不迟延地通知行纪的实行;其有义务向委托人对行为进行报告,并向委托人交付其处理事务所得。”《韩国商法典》第 104 条规定:“行纪人办理被委托的买卖之后,应毫不迟延地通知委托人该合同的要点及对方的住所、姓名,并提出计算书。”立法规定的意义在于:行纪人在完成买卖之后,如不及时通知,委托人就不能作出更好的商业判断。因为在行纪人完成买卖之前,委托人可以根据商业情势撤销委托、改变委托内容或继续委托,以获取更大的商业利益。

5. 保管标的物的义务

行纪人受委托卖出物品或受委托买入物品,都将在某一时段占有和保管标的物。在这一保管时段内发生标的物毁损、灭失的责任将由谁承担?《德国商法典》第390条规定:“行纪人对在其保管之下的财产的丧失和毁损负责,但丧失或毁损基于不能以通常商人之注意预防的事由的,不在此限。”从这条规定看出,行纪人如果尽到了商人应当尽的注意义务,而仍然发生标的物毁损、灭失的,行纪人不承担赔偿责任,反之,行纪人应该向委托人予以赔偿。我国《合同法》第416条规定:“行纪人占有委托物的,应当妥善保管委托物。”此规定与德国立法规定基本相同。

(三) 行纪人的权利

根据一般规定,行纪人具有以下权利:

1. 获取报酬的权利

行纪行为是典型的商行为,具有营利性特点。行纪人为他人提供行纪服务,以获取报酬。所以,在行纪中委托人与行纪人之间的关系一定是有偿的,行纪人有向委托人请求支付报酬的权利。但行纪人只是部分完成委托工作的,行纪人只能请求完成部分工作的报酬。《德国商法典》第396条规定:“行为已经实行的,行纪人可以请求佣金。行为未实行的,以有地方惯例为限,其仍享有佣金请求权……”我国《合同法》第422条规定:“行纪人完成或者部分完成委托事务的,委托人应当向其支付相应的报酬。委托人逾期不支付报酬的,行纪人对委托物享有留置权,但当事人另有约定的除外。”

对于行纪人在处理委托事务时所支出的费用,一般情况下由行纪人自己负担,双方另有约定的除外。

2. 介入权

按照大陆法系代理制度的规定,代理人禁止与被代理人订立买卖合同。但在商事领域,法律允许行纪人在接受委托人委托之后,只要行纪人认为存在商业利益,就可以直接与委托人建立买卖关系。行纪人的这种权利被称为介入权。《日本民法典》第555条规定:“行纪人受托出卖或买入有交易所市价的物品时,可以自为买受人或出卖人。于此情形,买卖价金以行纪人发出其自为买受人或出卖人的通知时的交易所市价确定。”德国商法与韩国商法与上述立法基本相同。我国《合同法》第419条规定:“行纪人卖出或者买入具有市场定价的商品,除委托人有相反的意思表示的以外,行纪人自己可以作为买受人或者出卖人。”相比国外立法,我国《合同法》规定似乎还不够明确。虽然都是以市场价格确定行纪人行使介入权的价格,但市场价格不断变化,更何况商业买卖瞬息万变,行纪人可以什么时候的市场价行使介入权,应当予以明确。国外立法的一般规定是:按行纪人发出其自为买受人或出卖人通知时的交易所市价确定。这样可以避免交易价格的不确定性,有利于介入权的正常行使,有利于对委托人权利的保护。行纪人在行使介入权时,仍然可以要求委托人支付报酬。

3. 提存拍卖权

行纪人是受托人,一旦他根据委托人的指示购入物品而委托人又不及时取回,将会造成行纪人的商业利益上的损失。为此,各国商法都规定,行纪人享有提存拍卖的权利。《韩国商法典》第109条规定:"在行纪人受托买入的情形下,若委托人拒收或者无法收领时,准用第67条(卖出人的标的物提存、拍卖权)的规定。" 我国《合同法》第420条规定:"行纪人按照约定买入委托物,委托人应当及时受领。经行纪人催告,委托人无正当理由拒绝受领的,行纪人依照本法第101条的规定可以提存委托物。委托物不能卖出或者委托人撤回出卖,经行纪人催告,委托人不取回或者不处分该物的,行纪人依照本法第101条的规定可以提存委托物。"从国外行纪立法规定看,一般都只规定行纪人受委托买入物品,而委托人拒绝受领时,行纪人有提存、拍卖该物品的权利。而我国立法不仅规定了行纪人受委托买入物品的情况,也同时规定了行纪人受委托卖出物品,当行纪人不能卖出或委托人撤回卖出委托后,委托人拒绝受领该物品的,行纪人有提存拍卖的权利。我们认为,国外立法虽然没有在行纪立法中对上述情形作出明确规定,但在适用上仍应当认为行纪人有提存拍卖的权利。

4. 留置权

在行纪关系中,行纪人有收取委托人报酬的权利,委托人有向行纪人支付报酬的义务。如果委托人不按照约定支付报酬,行纪人对其占有的委托物可以行使留置权。《日本商法典》第557条有关行纪人留置权的规定适用该法第51条代理商的留置权规定:"代理商于其因充任交易的代理或媒介而产生的债权已届清偿期时,在其未受清偿前,可以留置为本人占有的物或有价证券。但另有意思表示者,不在此限。"《韩国商法典》第111条、我国《合同法》第422条有类似的规定。行纪人行使留置权,需要具备以下条件:

第一,已合法占有委托物。也就是说,委托物还合法地控制在行纪人手中,如果以非法方式占有委托物,行纪人无权行使留置权;

第二,委托人没有正当理由而拒绝支付报酬超过合同规定期限;

第三,在委托合同中双方没有事先约定不得留置的条款。如果委托人与行纪人在行纪合同中约定不得将委托物进行留置,行纪人就不得留置委托物,但在合同中行纪人可以要求委托人提供其他形式的担保。

三、货运营业

(一) 货运营业概述

与货运营业相对应的概念是客运营业,两者总称为运输营业。《德国商法典》中不包括旅客运输,日本和韩国立法将旅客运输规定在商法典中。

在各国商事立法中,对货运营业都有一个适用的范围,以区别其他运输方面的法律的适用,或者说能与其他运输方面的法律作很好地衔接。《德国商法典》第407条第3项规定:“在下列情形,适用本节的规定:1. 应自陆上、在内陆水域或以航空器运送货物的;并且2. 运送属于经营营利事业企业的……”《日本商法典》第569条规定:“所称运输人,指于陆上、湖川、港湾运输物品或旅客为业者。”《韩国商法典》第125条规定与《日本商法典》相同。上述两种立法有一个重要区别,即德国商法中有关运输营业包括航空器运送货物,而日本、韩国商法不包括航空器运送货物。两者都对海上运输不作规定,由海商法调整。随着交通工具日益发展,航空器已经不再作为普通的运输工具,所以各国立法已逐渐开始专门制定航空方面的专门立法,区别于货运营业立法。

货运营业是随着商业活动的发达而逐渐发展的。早期商人进行买卖活动一般都是依靠自己的运输工具和劳力运输商品。但随着商品交易量、交易频率的增大,商人无法亲自完成运输任务,于是,商人就委托他人进行商品运输。一些拥有一定的运输工具和能力的商人于是成为专业的运输商,为他人进行商品运输活动。

货运营业,是指承运人利用自己的运输工具为托运人将货物从一地运送到另一地,并获取一定报酬的商业行为。承运人是以货物运送为职业的人。《韩国商法典》第125条规定:“承运人是指在陆上或者是在江湖、港湾以货物或者旅客运输为业者。”承运人又称为运输人。

货运营业与运输代办业(运输代理营业)虽然都是为他人提供一定的服务,但两者之间存在一定的区别:货运营业是承运人为客户提供具体运输业务,而运输代办业是运输代办人以自己的名义,为客户代为办理货物运输。运输代办人不会利用运输工具参与具体运输业务,只是帮助客户选择承运人,并以自己名义与承运人签订运输合同并办理一系列货物运输所需要的手续。运输代办业在性质上与行纪相同,只是两者服务的范围有所不同。行纪是行纪人以自己的名义为委托人从事买卖活动,而运输代办人是以自己的名义从事运输代办活动。

国外商事立法不仅对货运营业作出专门规定,并且对运输代办业都有相应的规定,例如《德国商法典》第四编第五章、《韩国商法典》第二编第八章、《日本商法典》第三编第七章。我国《合同法》只是在第十七章规定了“运输合同”,而对运输代办没有作出规定。当前我国运输代办业大量出现,也发生了许多纠纷,但往往缺少相应的法律法规,使得有些纠纷的解决无法可依。

(二) 承运人的义务

1. 签发提货单的义务

提货单又称为取货凭证,是指由承运人签发的确认其收到运输货物,并承诺在达到目的地以后将该货物交付给提货单持有人的一种有价证券。承运人在收取托运人或代办人货物之后,有义务向托运人或代办人签发提货单。在货运营业中,提货单是最为重要的权利凭证。由于提货单可以在商业活动中自由流通,所以提货单又具有票据的特征。签发提货单是承运人的主要义务之一。提货单具有以下法律特征:

第一,提货单具有文义性特征。所谓文义性,是指签发提货单、背书提货单行为的内容必须以提货单上的文字记载为准,即使提货单上的记载与运输合同或其他文件不符合,也不允许行为人以提货单以外的证明方法加以变更或补充。由于提货单签发、背书等行为具有文义性,因此不得依照其他事实或证明以探求当事人的真实意思,也不得任意变更或补充行为人的意思。这与民法中规定的行为人的意思表示必须真实有所不同。立法规定提货单具有文义性的目的在于保护善意的提货单持有人。《日本商法典》第572条规定:“填发提货单后,运输人及提货单持有人间有关运输的事项,均依提货单为准。”我国《合同法》在货物运输合同中没有对提货单进行具体规定。

第二,提货单具有处分性特征。所谓处分性,是指提货单持有人可以按照提货单上规定的内容对货物行使处分权。在货物运输过程中,托运人、提货单持有人根据自己的需要,有权要求承运人停止运输、返还运输货物或者作其他处理。例如《日本商法典》第582条第1款规定:“托运人或提货单持有人可以向运输人提出中止运输,返还运输品或实行其他处分的请求。于此情形运输人可以按运输比例,请求清偿运费、垫款及因该处分而产生的费用。”立法虽然规定托运人和提货单持有人都有处分权,但需要注意的是,托运人本人持有提货单而没有转让时,托运人有处分权,而托运人一旦将提货单转让给收货人或其他第三人,托运人就丧失了运输货物的处分权。随着提货单的转移,运输货物的处分权一并转移。《日本商法典》第573条规定:“填发提货单后,非依提货单所定,不得处分运输品。”

第三,提货单具有流转性特征。一般提单只具有指示性,即出票人在票据上记载“特定人或其指定之人”为票据的权利人,这种票据不能充分流转。但是,在运输营业中,托运人可以通过在提货单上进行记载,指明收取货物的人。被指明的人就是提货人,提货人也可以通过在提货单上进行记载,指定新的提货人。也就是权利人通过背书方式,指示被背书人行使提货单上所记载的权利。最后一个持有提货单并向承运人请求交付运输物品的人就是提货单持有人。《日本商法典》第574条规定:“提货单虽为记名式时,也可依背书转让。但是,提货单上记载了禁止背书意旨时,不在此限。”

第四,提货单具有提示性特征。所谓提示性,是指提货单持有人在行使权利时,必须向承运人提示提货单,否则运输人可以拒绝履行相应的义务。因为提货单是流通证券,提货单持有人在未向承运人提示提货单之前,承运人无从知道提货单的持有人。提货单持有人只有通过向承运人提示提货单,承运人才能履行自己的义务。《韩国商法典》第129条规定："在已填发取货凭证的情形下，若不提示此凭证则不得请求交付货物。"《日本商法典》第584条不仅规定要提示提货单，还规定在提取货物时必须缴回提货单。

第五，提货单具有物权效力。提货单除了有债权效力之外，还具有物权效力。物权法上的交付分为现实交付和拟制交付。提货单在流转中的交付属于拟制交付。提货单是承运人向托运人出具的运输货物收取凭证，也是提货单持有人处分运输货物的凭证，更是收货人提取运输货物的凭证。当提货单持有人根据商业需要而出售该运输物品时，只要将提货单交付给买受人，就产生了物权效力，如风险的转移、所有权的转移等，无须再完成实物的交付。所以，提货单的交付与货物交付具有同等效力。《日本商法典》第575条规定："将提货单交付于可依提货单受领运输品者时，其交付，就取得行使于运输品上的权利，与交付运输品有同一效力。"

2. 遵从权利人处分运输货物的义务

托运人或提货单持有人有权在还未完成运输货物时要求承运人停止运输、返还运输品或实行其他处分。承运人有义务遵从托运人或提货单持有人的指示，停止运输或返回物品。这一规定实际上是托运人或提货单持有人有单方解除运输合同的权利。《韩国商法典》第139条第1款规定："托运人或者持有已填发的取货凭证人可以请求承运人停止运输、返还运输货物或者作其他处理。在此情形下，承运人可以请求支付按已运输的比例计算的运费、垫付款及因处理而支付的费用。"《日本商法典》第582条有相同的规定。立法的目的在于使托运人或提货单持有人能够依据市场行情的变化而采取积极措施。我国《合同法》第308条只规定托运人享有对运输物品的处分权，而对提货单持有人是否享有该项权利没有作出规定。

3. 货物损害赔偿义务

承运人在为托运人运输货物时货物受到损害时，由谁承担责任？各国立法一般规定为承运人应当承担赔偿义务。《日本商法典》第577条规定："运输人非证明自己、承揽运输人、其使用人及其他运输使用人，对运输品的受领、交付、保管及运输并未疏忽，不得免除就运输品的灭失、毁损或迟延所负的损害赔偿责任。"《韩国商法典》第135条、我国《合同法》第311条有相同的规定。

从上述条文中可以看出，各国立法一般都采用过错推定的方式，要求承运人举证。如果承运人不能证明自己在运输过程中不存在过错，则应当承担对货物的损失承担赔偿责任。因为从托运人将货物交付给承运人，一直到收货人提取货物的这个阶段中，运输货物控制在承运人的手中。所以，承运人应当尽到谨慎保管运输物品的义务。如果承运人能够证明运输货物的毁损、灭失是因不可抗力、货物本身的自然属性或者合理损耗以及托运人、收货人等的过错，则不承担损害赔偿责任。两个以上的承运人联运的情形下,如发生灭失、毁损或迟延的,各承运人承担连带责任。

损害赔偿金额如何确定,各国立法略有区别。《日本商法典》第 580 条第 1 款规定:“运输品全部灭失时,损害赔偿额应按照应交付运输品之日的到达地的价格确定。”第 2 款规定:“运输品的一部分灭失时,损害赔偿额应按照交付运输品之日的到达地的价格确定”。前后两款规定的区别在于:确定价格的时间有所不同。前者规定为“应交付之日”,而后者规定为“交付之日”。《韩国商法典》第 137 条与日本商法规定相似。我国《合同法》第 312 条规定:“货物的毁损、灭失的赔偿额,当事人有约定的,按照其约定;没有约定或者约定不明确,依照本法第 61 条的规定仍不能确定的,按照交付或者应当交付时货物达到地的市场价格计算。法律、行政法规对赔偿额的计算方法和赔偿限额另有规定的,依照其规定。”《德国商法典》第 431 条中作了“责任的最高限额”规定,其中第 1 款规定:“依第 429 条和第 430 条应给付的、全部货物或毁损的补偿,对于货物的每千克毛重,限于 8.33 计算单位的数额。”

在不可归责于承运人的情形下货物毁损、灭失,运输费用将如何分担?《韩国商法典》第 134 条第 1 款规定:“全部或者部分运输货物非因托运人的责任事由而灭失时,承运人不得请求支付运费。承运人已收取全部或者部分运费时,应予以退还。”第 2 款规定:“全部或者部分运输货物因其本身的属性或者瑕疵或者因托运人的过失而灭失时,承运人可以请求支付全部运费。”《日本商法典》第 576 条有相同的规定。我国《合同法》第 314 条只规定货物因不可抗力灭失的,承运人不能收取运费,但没有规定货物因本身自然属性或者瑕疵或者因托运人的过失而造成灭失时,承运人是否有权收取运费。

(三) 承运人的权利

1. 请求交付托运单的权利

托运单又称为运单,是指托运人填写的有关运输货物的具体事项的单据。托运人请求承运人运输货物,承运人有权要求托运人向其交付托运单。托运单应当记载运输货物的种类、重量或容积、包装种类、件数及标记、到达地、收货人的姓名或商号、托运单签发的日期、托运人签名等。承运人根据托运单所记载内容并根据自己的运输能力决定是否承接该业务,以及收取多少费用。《韩国商法典》第 126 条第 1 款规定:“托运人根据承运人的请求交付运单。”当然,托运单并不是合同成立的要件,即使没有托运单也不影响货物运输合同的成立。托运人也可以通过其他方式向承运人表明运输货物的具体事项。我国《合同法》第 304 条第 1 款规定:“托运人办理货物运输,应当向承运人准确表明收货人的名称或者姓名或者凭指示的收货人,货物的名称、性质、重量、数量,收货地点等有关货物运输的必要情况。”立法虽然没有明确规定托运人必须交付托运单,但托运人必须通过其他方式将货物运输的具体事项告知承运人。如果托运人没有如实告知,所产生的后果将由托运人承担。《韩国商法典》第127条规定:"托运人虚假或者不正当地填发运单时,应向承运人承担因此而产生的损害赔偿责任。"我国《合同法》第304条第2款有相同的规定。

2. 请求支付运输费用的权利

国外商法一般并不直接规定承运人有请求托运人支付运输费用的权利,即使没有规定,承运人也仍然享有该项权利。因为运输营业规定在商法典中,承运人是商人,从事的商行为具有营利性性质,承运人当然有请求托运人支付运输费用的权利。我国《合同法》第十七章第三节有关"货运合同"中没有直接规定承运人有请求托运人支付运输费用的权利,如果双方在订立合同时也没有约定运输费用,该项请求权是否仍然存在?本书认为,应当按照我国《合同法》第61条与第62条的规定解决。

3. 货物的留置权

托运人应当向承运人支付运输费用以及其他必要的费用,如果托运人没有按照规定向承运人支付上述费用,承运人有权对运输货物行使留置权。《韩国商法典》第147条准用第120条规定,即:"运输代办人就有关运输货物的报酬、运费及其他垫付或者先付款,才可以留置该运输货物。"《日本商法典》第562条与我国《合同法》第315条有相同的规定。

4. 提存与拍卖的权利

当承运人将货物运送到目的地之后,没有收货人、收货人无正当理由拒绝收货或者不能明确谁是收货人时,承运人有将运输货物提存或拍卖的权利。《日本商法典》第585条第1款规定:"不能确知收货人时,运输人可以提存运输品。"第2款规定:"于前款情形,运输人可以定相当期间,催告托运人对运输品处分时作出指示。托运人未作其指示时,运输人可以将运输品拍卖。"第3款规定:"运输人依前二款规定提存或拍卖运输品时,应从速对托运人发其通知。"第586条对交付有争议时的提存、拍卖权作了与第585条相似的规定。《韩国商法典》第142条、第143条、第144条和第145条及我国《合同法》第316条也有相同的规定。因拍卖所得的价款原则上也应该提存,但按照民商法一般规定,承运人有权将拍卖所得的价款优先抵充运输费用或其他合理的费用。

(四) 收货人权利与义务

收货人又称受货人。在货物运输合同中,收货人一般情况下并不是合同的当事人,但考虑到货物运输合同的特殊性质,在货物运输过程中,收货人取得作为合同当事人的托运人同样的地位。运输物品在到达目的地之后,收货人取得托运人因运输合同而产生的权利义务。

收货人在取得提货单的情形下,承运人的地位高于托运人,即优先于托运人行使对承运人的权利。《韩国商法典》第 140 条第 1 款规定："运输货物已到达到达地时，收货人取得与托运人相同的权利。"第 2 款规定："运输货物至到达地后收货人请求交付货物时，收货人的权利优先于托运人的权利。"

1. 收货人的权利

第一，收货人可以自己的名义请求承运人交付运输货物。虽然收货人不是货物运输合同的当事人，但由于托运人指定或将提货单交付给了收货人，使得收货人取得对运输货物的权利。收货人不是托运人的代理人，而是为自己利益行使权利，所以在行使权利时，收货人是以自己的名义请求承运人交付运输货物。当然，在运输货物还没有到达目的地时，该权利是不存在的。

第二，收货人可以自己的名义请求承运人承担因过失而造成运输货物的毁损、灭失或延期到达的赔偿责任。由于收货人是运输货物的权利主体，当运输货物到达目的地后发现有毁损、灭失或延期时，收货人可以请求承运人承担损害赔偿责任。《德国商法典》第 421 条规定："……货物毁损、或迟延交付、或遗失的，受货人可以自己的名义对承运人主张由货运合同产生的请求权；托运人仍有权主张此种请求权。在此，对于收货人或托运人是以自己的利益行为，或是以他人的利益行为，在所不问。"

2. 收货人的义务

第一，收货人应当承担向承运人支付运输费用及其他各项合理费用的义务。一般情况下，运输费由托运人在托运时向承运人支付，但在某些情况下，托运人没有支付的，则由收货人支付。因为收货人享有收取运输物品的权利，其地位也等同于托运人。托运人没有履行的义务则由收货人承担。而且，在运输过程中也可能产生一些合同之外的费用，例如运输物品因自身的原因可能变质，承运人采取一定的救助措施防止损害的发生。救助的费用不是当事人所事先能预料到的，也是合同订立后发生的，不可能由托运人支付，只能由收货人向承运人支付，至于这笔费用最终是由托运人支付还是由收货人支付则由双方解决，与承运人没有法律关系。各国立法都有相同的规定。《德国商法典》第 421 条第 2 项规定："主张其依第一项第一款的权利的收货人，应在由运单得出的数额范围内，支付尚未负担的运费。未签发或未向受货人提示运单，或不能由运单得出应支付的运费的数额的，收货人应支付与托运人约定的运费，但以此种运费非为不适当为限。"

第二，承运人可以对抗托运人的一切抗辩事由对抗收货人。本来托运人委托承运人运输物品，该物品的权利人是托运人，但托运人为了交易方便将运输货物的权利直接转让给了收货人，这实际上是权利的转移。根据民商法一般原理，债权转移后，原来债务人可以对抗债权人的一切抗辩事由对抗新的债权人。虽然各国立法没有作出特别规定，但在理解上应该认为收货人对托运人在运输合同履行中所存在的瑕疵承担义务。

第三,收货人应当及时行使检查运输货物的义务。托运人在将运输货物交付给承运人之后,在运输途中有可能发生货物的毁损或短缺,所以收货人必须在收取货物时及时进行检查,否则将视为运输货物被正常接收到,承运人的责任解除。《德国商法典》第 438 条第 1 项规定:"货物的丧失或毁损能够在外部辨识,并且受货人或托运人至迟在货物交付时不向承运人通知丧失或毁损的,推定货物已以约定的状态交付。通知必须足够清楚地表明损害。"第 2 项规定:"丧失或毁损不能在外部辨识,并且未在交付后 7 日内被通知的,也适用第一项规定。"《日本商法典》第 588 条第 1 款规定:"收货人无保留地受领运输品,并支付运费及其他费用时,运输人的责任即行消灭。但是,如果运输品因不能当即发现的毁损或部分灭失,收货人在交付日起 2 周内对运输人发其通知时,不在此限。"《韩国商法典》第 146 条与日本商法有相同规定。我国《合同法》第 310 条没有具体规定检验期限,只是规定双方有约定的按照约定,没有约定的则应当在合理期限内行使检验的权利,收货人没有在约定的期限或合理期限对货物的数量、毁损等提出异议的,视为承运人已经按照运输单证的记载交付的初步证据。

四、商业寄托

商业寄托又称为保管,是指双方约定,一方有偿或无偿地为他方保管财产,并于约定期限届满或应他方的请求,返还财物的合同。寄托关系最早是一种民事法律关系,但随着商事活动的增多,商业寄托关系产生。商业寄托是从民事寄托中派生出来的,许多内容仍然参照民法的规定,但由于商业寄托是一种商事活动,所以,一些国家的商事立法作出了一些不同于民法寄托的规定。

商业寄托不同于仓库营业。商业寄托一般适用于公共接待(如宾馆、酒店、剧场等)行业,这类行业的店所主人为了招徕顾客、确保其主营业务的进行而需要向客人提供寄托服务。而仓库营业主是以仓库保管作为其主要的营业事务。

我国《合同法》中虽然有保管合同的规定,但该合同性质究竟是民法性质还是商法性质没有明确,从其条文规定的内容看,更多倾向于民法上的保管。所以,当顾客到公共服务场所接受保管,因保管标的物的灭失、毁损后,责任有时难以确定,纠纷难以得到解决。

商业寄托与民事寄托主要区别在于两者之间的责任承担上。

1. 在商业寄托关系中,有偿或无偿寄托对保管人责任承担没有必然联系。《日本商法典》第 593 条规定:"商人在其营业范围内受寄托时,虽未接受报酬,也应以善良管理人的注意进行管理。"这是因为:为顾客提供寄托并不是商人的主营业务,其主营是为顾客提供其他服务,寄托只是招徕顾客的手段,店主提供的寄托往往是无偿的。但无偿服务不能免除其善良管理人的注意义务。在商业寄托中，有偿还是无偿对保管人的责任没有重大区别，而在民事寄托关系中，立法往往会区分有偿寄托和无偿寄托对保管人注意义务的不同要求。《日本民法典》第659条规定："无报酬而受寄托者，负有以对自己财产同样的注意保管寄托物的责任。"负有以对自己财产同样的注意的责任与善良管理人的责任都是认定行为人过错的客观标准，但两者轻重有所不同，前者的责任要重于后者。

2. 在店主营业场所内，即使顾客没有与店主建立寄托关系，店主也应承担适当的保管注意义务。《日本商法典》第594条第2款规定："对于顾客携入店所的虽未特别寄托的物品，因店所主人或其使用人不注意而灭失或毁损时，店所主人也应负损害赔偿责任。"这是因为店主所实施的是商行为，具有营利性，所以其注意义务应当比一般人要高。当然这种注意义务的程度应当为善良管理人的注意义务。我国《合同法》没有类似规定，所以在发生纠纷时，往往是无法可依。各国民法一般都认为当事人如果没有特别约定，寄托关系就不存在，一方财物灭失或毁损的，即使相对方没有尽到注意义务也不承担损害赔偿责任。

3. 店主声明免责无效。在商业寄托关系中，即使店主明确向客人告知，不承担寄托物灭失、毁损责任，或者店主明确告知对没有寄托关系的顾客的物品不承担灭失、毁损责任的，都不能免除店主的赔偿责任，也就是说，如果有这种约定，约定也没有法律效力。《日本商法典》594条第3款规定："店所主人虽表明对顾客携带品不承担责任，也不得免除前二款的责任。"商法对店主的严厉规定，体现了立法对顾客利益的保护。这与普通的民事关系不同。在民事寄托中允许当事人约定对保管人义务的排除。

4. 除非顾客声明寄托财产为贵重物品，否则店主免除该物品灭失、毁损的风险责任。一般情况下，贵重物品具有体积小、价额高、风险大的特点，而且商事寄托的另一特点是寄托的业务量大，店主难以对每一件物品进行仔细察看，如果顾客在寄托时不事先声明，店主可能无法知晓物品的内容和价值，店主也不会将所有寄托物品视为贵重物品进行更为小心谨慎地保管。而当风险发生后，却要店主承担比普通物品更大的赔偿责任，这对店主而言有失公平。《韩国商法典》第153条规定："对货币、有价证券及其他贵重物品，若客人寄存时未表明其种类及价值，公共接待业人则不承担因该物品的灭失、损坏所产生的损害赔偿责任。"民法一般对此不作特别规定。

五、仓库营业

（一）仓库营业概述

1. 仓库营业的概念与特点

仓库营业是商人专为他人储藏、保管货物的一种商行为。仓库营业起源于中世纪欧洲一些沿海城市。由于商品交易的数量越来越大，单靠商人自己的营业场所已经远远不能满足货物的储藏、保管，于是出现了专门从事储藏、保管货物的商人，这种商人被称为仓库营业人或仓储业者，我国《合同法》称之为保管人。寄托货物的人被称为寄托人或寄存人，我国《合同法》称之为存货人。

仓库营业人如果将仓库及设施出租给他人，由他人自己保管物品，则不能构成仓库营业。承运人将托运人的货物暂时放置在自己的营业场所，也不构成仓库营业。

仓库营业不同于民事保管关系，它具有以下特点：

第一，仓库营业所寄托的货物大部分情况下都是大宗物品。由于商人在交易中无法在自己的经营处所存放大宗物品，所以就将大宗物品寄存于仓库营业所。非大宗物品一般不会寄托在仓库中。

第二，仓库营业人与寄存人之间签订的仓储合同具有诺成合同性质。仓储合同只要双方当事人达成一致的意思表示，合同就成立。这是因为商人之间的交易需要事先确定，以便获得更高的经济效益。但民事寄托合同则具有典型的实践性合同性质，虽然双方达成寄托的意思，但寄托人没有将寄托物交付之前，合同不成立。

第三，仓库寄托的物品要求有较高的仓储条件。例如，有些货物易爆易燃，有些需要保持一定的温度或湿度等，有些货物如果储藏不当还会造成其他货物的毁损。因此，随着现代社会商品种类的日益繁多，对仓储条件的要求也越来越高。没有一定资质的仓库营业人是不能从事该业务的。所以，必须是具有专业技术并取得专业资格的法人才能从事该项业务。

第四，仓储时间一般相对比较长。仓储保管的货物往往有商业周期。寄托人委托仓库营业人储存物品的目的可能是为了等到一个合适的价格再出售，而买受人取得提单后也不一定马上会将货物取出，而可能将提单出售。由于提单是有价证券，也是物权凭证，货物虽然在仓库，但该货物可能在市场上已经作了多次流动。

第五，在仓储时间没有约定的情况下，仓库营业人必须遵守法定期限。在民事保管合同中，保管人可随时要求寄托人取回寄托物。《日本民法典》第 663 条第 1 款规定："当事人未定寄托物返还时期时，保管人可以随时返还。"但《日本商法典》第 619 条规定："当事人未定保管期间时，仓库营业人非于受寄托物入库日起经过 6 个月后，不得实行返还。但是，有不得已事由时，不在此限。"德国商法也规定，在不定期的仓库营业合同中，双方当事人都有权在合同履行后 1 个月才能要求取回寄托物或要求对方取回寄托物。我国《合同法》第 391 条规定："当事人对储存期间没有约定或者约定不明确的，存货人或者仓单持有人可以随时提取仓储物，保管人也可以随时要求存货人或者仓单持有人提取仓储物，但应当给予必要的准备时间。"

2. 仓库证券

各国商法对仓库证券的称呼有所区别，主要分为复券主义与单券主义。复券主义立法规定，仓库营业人可以分别向寄托人和质权人签发寄存证券和设质证券；而单券主义立法规定，仓库营业人只签发一份仓库证券，即寄存证券，如果持有人需要将其质押，那么质押手续体现在寄存证券之上，而且原持有人必须将寄存证券交付给质权人。德国和韩国立法采取的都是单券主义立法，即不区分寄存证券与设质证券，统称为仓单；而日本立法则采取复券主义立法，即分别规定寄存证券和设质证券，但立法也允许两者合一。《日本商法典》第 627 条第 1 款规定："寄托人有请求时，仓库营业人可以向其交付仓单，以之代替寄存证券及设质证券。"

仓库营业人向寄托人或质权人发行的仓库证券的特点与货物运输中的托运单的特点基本相同，即具有文义性、指示性、处分性、物权效力等。

（二）仓库营业人的权利义务

1. 仓库营业人的权利

第一，保管费的请求权。这是仓库营业人的最基本的权利。商行为具有营利性，一般商事立法都规定仓库营业人享有保管费的请求权。提出保管费的请求权的时间，一般都规定在寄托物被提取之后。《日本商法典》第 618 条规定："仓库营业人非于受寄托物出库后，不得请求支付保管费、垫款及其他有关受寄托的费用。但是，部分受寄托物出库时，可依按出库比例，请求支付。"《韩国商法典》第 162 条第 1 款规定："仓储业者在所保管的物品出库之前不得请求支付保管费及其他费用、垫付款。但是，保管期间已届满即使未出库也可请求支付。"

第二，对寄托物行使留置权。为了保护仓库营业人的合法权益，各国立法一般都赋予仓库营业人对寄托物的留置权。《日本商法典》第 521 条规定："在商人之间，因双方的商行为而产生的债权到期时，债权人未受清偿前，可以留置因商行为而归自己占有的债务人的所有物或有价证券。但是，有另外意思表示时，不在此限。"

第三，请求交还证券的权利。仓库证券不但是一种证权证券，还是一种交还证券。所谓交还证券，是仓库证券持有人向仓库营业人行使权利受领仓库证券所记载的货物时，仓库营业人有权要求持票人将仓库证券交还。这样才能使仓库证券上的权利义务消灭。因为，虽然仓库营业人对持票人已经因给付货物而免除责任，但是如果持票人不交还仓库证券，该证券难免被持票人恶意利用，流落到善意第三人手中，仓库营业人无法免责。《日本商法典》第 620 条第 1 款规定："制成寄托证券及设质证券后，非以证券兑换，不得请求返还寄托物。"

第四，提存、拍卖的权利。寄托人将货物储存于仓库营业人处，双方对储存、保管有一个时间规定,如果寄托人届时拒绝受领或不能受领货物时,将会影响到仓库营业人的正常流转,对此各国商法一般都规定仓库营业人有提存、拍卖的权利。《韩国商法典》第 165 条规定:"第 67 条第 1 款、第 2 款(买卖标的物的提存、自动变卖)的规定,准用于寄托人或者仓单持有人拒收寄存物或者无法收取的情形。"日本商法与德国商法都有相同的规定。

2. 仓库营业人的义务

第一,对寄托物有储存、保管的义务。这是仓库营业人的最基本的义务。如果仓库营业人在储存、保管货物中发生货物灭失、毁损,则应当承担损害赔偿责任。《德国商法典》第 475 条规定:"仓库营业人对在自接管储藏时起至交付时止的期间,因货物的丧失或毁损而发生的损害负责任,但损害不能以通常商人之注意免除的,不在此限。"立法要求仓库营业人在客观标准上应当以商人的注意义务进行,这种注意义务高于善良管理人的义务。《日本商法典》第 617 条规定:"仓库营业人非证明自己或其使用人对寄托物的保管并未疏忽,对于受寄托物的灭失或毁损,不得免除损害赔偿责任。"立法要求仓库营业人对寄托物的保管没有疏忽进行举证。我国《合同法》第 394 条规定:"储存期间,因保管人保管不善造成仓储物的毁损、灭失的,保管人应当承担损害赔偿责任。"

第二,交付寄存证券及设质证券的义务。当寄托人将货物寄存于仓库营业人处时,仓库营业人有义务向寄托人签发寄存证券;寄存证券持有人有权将寄托物质押,对此,仓库营业人有义务向质权人签发设质证券。《日本商法典》第 598 条规定:"寄托人有请求时,仓库营业人应向其交付寄托物的寄存证券及设质证券。"

仓库证券在寄托物被要求分割之后,仓库证券也可依权利人的要求被分别签发。由于仓库储存的货物数量比较大,而且一般都是可分物,权利人可根据具体情况要求仓库营业人对储存货物进行分割,并分别签发寄存证券或设质证券。这是寄托人或设质人的权利,也是仓库营业人的义务。《日本商法典》第 601 条规定:"寄存证券及设质证券持有人可请求仓库营业人将寄托物分割,并就分割后的各部分交付寄托证券及设质证券。于此情形,证券持有人应向仓库营业人返还以前的寄存证券及设质证券。"

我国《合同法》采单券立法主义,即只规定仓单,而不再区分寄存证券和设质证券。立法对仓单的设质规定并未涉及,仓单的多样性功能的运用受到一定的限制。相比之下,同样是单券立法主义的德国商法,对仓单设质作了许多具体规定。

第三,通知义务。当仓库营业人受领寄托物后发现寄托物发生或可能发生变质等情况的,应当立即通知相关权利人,如果来不及通知或通知后没有得到及时答复的,仓库营业人应当对寄存物进行妥善处置。虽然物品由于自身原因而发生变质等情况，这些情况与仓库营业人的责任无关，但仓库营业人是这些寄托物的最直接管理人，对情况最为了解，所以其应当负有通知义务甚至有权直接处置这些寄托物。《德国商法典》第471条第2项第1款规定："在受领后，货物发生变更，或顾虑货物发生变更，并且此种变更可能引起货物丧失、毁损或仓库营业人的损失的，仓库营业人应不迟延地向寄托人或在签发仓单时向最后的、为其所知悉的仓单的正当持有人进行通知，并征求指示。"第2款规定："仓库营业人不能在适当的时间内取得指示的，其应采取其认为适当的措施。"第3款规定："其特别是可以依第373条，将货物交付出卖；其行使此项权利的，在签发仓单时，仓库营业人应向最后的、为其所知悉的仓单的正当持有人进行第373条第3项规定的出卖警告，以及进行同一规定的第5项规定的通知。"我国《合同法》第389条规定："保管人对入库仓储物发现有变质或者其他损坏的，应当及时通知存货人或者仓单持有人。"该规定并没有赋予保管人有紧急处置的权利。

（三）寄托人、仓库证券持有人的权利义务

1. 寄托人、仓库证券持有人的权利

第一，寄存证券持有人请求仓库营业人返还寄存物的权利。寄存证券是物权凭证，持有人有权请求提取寄存证券所记载的寄托物。仓库营业人有义务积极配合。虽然各国立法没有明确规定此权利，但应当理解为寄存证券持有人的当然权利。寄托物如果被质押，寄存证券持有人在将债权金额向仓库营业人提存之后，受领寄托物。《日本商法典》第621规定："寄存证券持有人即使在设质证券上记载债权清偿期限，也可以将上述债权全额及清偿期前的利息提存于仓库营业人，而请求返还寄托物。"寄存证券持有人也可以根据寄托物被质押的具体情况，请求仓库营业人部分返还寄托物。《日本商法典》第622条第2款规定："寄托物属于同种类、同一品质且能分割的物品时，寄存证券持有人可以提存债权额的一部分及清偿期前的利息，然后按照比例，请求返还部分寄托物。于此情形，仓库营业人应将提存金额及返还寄托物的数量记载于寄存证券，并将其事记载于账簿。"

第二，设质证券持有人对寄托物的拍卖请求权。出质人可能是寄托人，也可能是寄存证券的持有人。出质人与质权人之间存在着与仓储保管无关的债权债务关系，出质人为了保证其能履行债权债务关系，将寄托物出质给质权人，并由仓库营业人向其签发设质证券或在仓单上直接作出质押。当出质人不能履行其对质权人的债务时，质权人即设质证券持有人可以对寄托物行使拍卖的权利。作为仓库营业人有义务予以配合。但是，设质证券持有人在行使拍卖权时必须符合法律规定的条件：一是应该制作拒绝证书；二是经过一定时间。《日本商法典》第609条规定："设质证书持有人至清偿期仍未清偿时，可以依有关票据的规定，请求制成拒绝证书。"《日本商法典》第610条规定："设质证券持有人，非于拒绝证书制成日起经过一周后,不得请求拍卖寄托物。"《韩国商法典》第159条规定:"凭仓单在寄存物上设质时,若有质权人同意,寄存人可以请求部分返还未到偿还期的寄存物。在此情形下,仓储业者应在仓单上记载已返还的寄存物的种类、品质、数量。"

第三,仓单持有人请求支付拍卖价金的权利。当寄存证券持有人拒绝受领或不能受领寄托物的,或者质押人不能在规定期限内清偿债务的,寄托物将被拍卖,拍卖所得的款项按照下列顺序支付:拍卖费用及税收,仓库营业人的保管费用及垫款,设质证券持有人的债权额、利息、制成拒绝证书的费用。《日本商法典》第611条第1款规定:"仓库营业人从拍卖价金中扣除拍卖费用、寄托物应课税款、保管费及有关费用和垫款后,应将余额交付予设质证券持有人,并收回其设质证券。"第2款规定:"从拍卖价金中扣除前款的费用、租税、保管费、垫款及设质证券持有人的债权额、利息、制成拒绝证书的费用后,如有剩余,仓库营业人应将其余额支付给寄存证券持有人,并收回其寄存证券。"

第四,寄托人、仓单持有人对寄托物的清点、取样和保存处分的权利。由于寄托人储存的物品一般具有数量大、时间长,而且保管要求高等特点,所以寄托人、仓单持有人对仓库营业人能否在规定期限内完整地保存好寄托物有所担心。如果期满后再发现寄托物在寄存期间发生灭失、毁损,即使能从仓库营业人处得到一定赔偿,也不一定能弥补仓单持有人的各种其他损失。因此法律规定,仓单持有人享有清点、取样和保存处分的权利。《德国商法典》第471条规定:"仓库营业人应在营业时间之内,许可寄托人检查货物、取样和实施为保存货物所必要的行为。"这一规定排除了仓单持有人的权利,应当说不够全面。《日本商法典》第616条第1款规定:"寄托人或寄存证券持有人在营业时间内,可以随时请求仓库营业人清点寄托物、取出货样或实行其他于保存所必要的处分。"第2款规定:"设质证券持有人在营业时间内,可以随时请求仓库营业人清点寄托物。"韩国商法规定寄存证券持有人享有检查、取样和保存处分的权利,但排除设质证券持有人享有清点寄存物的权利。我国《合同法》对此没有作任何规定。

2. 寄托人、仓单持有人的义务

第一,寄托人负有寄托物危险通知义务。寄托人寄托的物品如果存在某种潜在的危险,寄托人在寄存之前有通知仓库营业人的义务。现代社会,商品种类繁多,其中不乏有些商品具有一定的潜在危险,而仓库营业人对这些潜在的危险并不一定知情,所以,寄托人就有向仓库营业人告知的义务,以使仓库营业人决定是否接受寄存保管以及采取什么措施进行寄存保管。否则,寄托物的潜在危险有可能导致寄托物本身的毁损,也可能影响到仓库营业人的财产或其他寄托人财产的安全。《德国商法典》第468条规定:"寄托危险货物的,寄托人有义务及时以书面或其他可读的形式,向仓库营业人通知危险的确切种类,并在必要时,通知应采取的预防措施。此外,以有必要为限,寄托人应对货物进行包装和标识,并提供文件,以及给予仓库营业人为履行其义务所需要的一切答复。”如果寄托人没有通知,对造成的损害结果应当承担损害赔偿责任。而且,德国商法规定,某些情形,寄托人承担无过错责任。《德国商法典》第468条第3项规定:“即使寄托人不负担过失,其仍应向仓库营业人赔偿因下列原因引起的损害和费用:1. 包装或标识不充分;2. 不对货物的危险性进行通知;或3. 第413条第一项所称的文件或答复的欠缺、不完整或不正确。”我国《合同法》第383条第1款规定:“储存易燃、易爆、有毒、有腐蚀性、有放射性等危险物品或者易变质物品,存货人应当说明该物品的性质,提供有关资料。”第2款规定:“存货人违反前款规定的,保管人可以拒收仓储物,也可以采取相应措施以避免损失的发生,因此产生的费用由存货人承担。”

第二,寄存证券持有人负有及时提取寄托物的义务。仓库营业人与寄托人签订寄托合同,并在合同中确定寄存时间。仓库营业人根据合同约定的时间长短,充分提高仓库的利用效率。如果寄存证券持有人不能按照合同约定时间提货,势必影响到仓库营业人对仓库利用的效率。所以,寄存证券持有人负有及时提取寄托物的义务。

第三,寄存证券持有人负有以寄托物清偿寄存证权上记载的债权额及利息的义务。寄托人或寄存证券持有人有可能与第三人发生债权债务关系,用寄存物作为质押的标的物进行质押,第三人为质权人。当债务人无法向质权人清偿债务时,寄存证券持有人有义务用质物,即寄存物清偿债务及利息清偿寄存证券上记载的债权额及利息。《日本商法典》第607条规定:“寄存证券持有人负有以寄托物清偿寄存证券上记载的债权额及利息的义务。”

第七章　特殊商行为

第一节　票据行为

一、票据概述

（一）票据的概念和特征

票据，是指由出票人依照票据法的规定签发的，约定自己或委托第三人于见票时或指定日期无条件支付一定金额给收款人的有价证券。

在立法上，大陆法系国家多采用“分离主义”的立法模式，分别制定《汇票本票法》与《支票法》，如德、法、日等。英美国家大多将汇票、本票、支票规定在同一部法律中，学者们称之为“概括主义”立法模式。我国《票据法》也采取了概括主义的立法模式，其第 2 条第 2 款规定：“本法所称票据，是指汇票、本票、支票。”

一般地，票据具有以下特征：

（1）票据是设权证券。证券可以分为设权证券和证权证券。权利产生于证券作成之前，证券的作用在于证明权利的，即为证权证券。权利产生于证券的作成，证券的作用在于创设一定的权利的，即为设权证券。票据权利的产生必须首先作成票据，因此票据属于设权证券。

（2）票据是无因证券。票据的无因性是指持票人只要占有票据就可行使票据权利，而无须说明取得票据的原因。即使取得票据的原因关系无效或者不成立，票据权利的行使也不受影响。

（3）票据是要式证券。票据的作成，包括票据的记载事项、记载方式等，必须严格依照票据法的规定进行，否则票据的效力就会受到影响。此外，票据的承兑、背书、保证、付款和追索等行为也必须依票据法规定的程序和方式进行。

（4）票据是文义证券。票据上的权利和义务必须以票据记载事项为准加以认定，即使票据上的记载事项有误，也不允许以票据记载事项以外的其他事项变更、推翻票据上的权利。

（5）票据是金钱债权证券。票据所表彰的权利，是请求给付一定金额的债权，因此票据是金钱债权证券。

（6）票据是流通证券。票据的生命力在于流通。票据之所以具备文义性、无因性、要式性等特征，最主要的目的即在于促使其迅速流通。票据作为流通证券,与民法上的债权转让相比更为灵活,只要依法让渡票据本身就能发生票据权利转让的效果。

(7) 票据是完全有价证券。根据证券和权利是否可以发生分离,可将有价证券分为完全有价证券和不完全有价证券。证券和权利可以分离的是不完全有价证券,持票人在行使权利时无须占有或者提示证券。证券和权利完全在任何情况下都不可以分离的是完全有价证券。票据是完全有价证券,票据权利的发生要作成票据,票据权利的行使要提示票据,票据权利的转让要交付票据。

(二) 票据的种类

票据在法律上一般分为汇票、本票和支票。在学理上,票据主要有以下几类:

(1) 根据出票人和付款人的关系,可将票据分为委付证券和己付证券。出票人同时为付款人的,为己付证券,如本票。出票人本身不为票据付款人,而是委托他人支付一定金额的,为委付证券,如汇票、支票。

(2) 根据出票人的不同,可将票据分为银行票据和商业票据。银行票据是指出票人为银行的票据,如银行汇票、银行本票。出票人为银行以外的其他公司、企业等,则为商业票据,如商业汇票。

(3) 根据票据记载的付款期限的不同,可将票据分为即期票据和远期票据。即期票据是指见票即付的票据,如支票。远期票据是指出票后定期付款、见票后定期付款以及定日付款的票据,如远期汇票。

(4) 根据票据的经济效用,可将票据分为支付证券和信用证券。支付证券是指见票即付且由金融机构充当付款人的证券,如支票。信用证券是指必须在指定的到期日才能付款的票据,在到期日之前,票据的流通依赖于出票人自身的信用。

二、票据行为概述

(一) 票据行为的概念

票据行为有广义和狭义之分。广义上的票据行为是指一切能够使票据关系发生、变更或者消灭的行为,除狭义上的票据行为外,还包括付款、划线、涂销等行为。狭义上的票据行为是指能够产生票据债权债务关系的要式法律行为,通常指出票、背书、承兑、保证、参加承兑和保付六种行为。由于我国《票据法》未规定参加承兑和保付制度,所以,我国只有四种狭义上的票据行为。

对于狭义的票据行为,可将其进一步细分为基本票据行为和附属票据行为。基本票据行为仅指出票行为,是创设票据的基础行为,其他各种票据行为如背书、承兑、保证等,只能在基本票据行为完成后进行。

（二）票据行为的特征

和一般民事行为相比,票据行为的特征是:

1. 票据行为的要式性

一般民事法律行为奉行方式自由原则,但为促进票据的流通,票据行为属于要式法律行为。票据行为的要式性主要体现在:

(1) 签章。无论何种票据行为,行为人都要在票据上签章,否则该票据行为不发生票据上的效力。我国《票据法》第7条规定,票据上的签章,为签名、盖章或者签名加盖章。法人和其他使用票据的单位在票据上的签章,为该法人或者该单位的盖章加其法定代表人或者其授权的代理人的签章。在票据上的签名,应当为该当事人的本名。

(2) 书面。各种票据行为中,行为人的意思表示必须记载于票据上,或记载于票据正面,或记载于票据背面以及粘单上,不记载于票据上的意思表示不发生票据上的效力。

(3) 款式。票据上的记载事项必须符合票据法的规定,票据行为也必须遵守一定的格式。

2. 票据行为的无因性(抽象性)

票据行为人虽因原因关系而授受票据,但票据行为一经完成,其形成的票据关系即独立于原因关系而存在,不受原因关系的影响。持票人在行使票据权利时不必证明自己与前手之间原因关系的有无、种类和内容。

3. 票据行为的文义性

票据行为的文义性是指票据行为的内容应以票据上所记载的文义为准。在票据当事人之间,票据债权人不能向票据债务人主张票据文字记载以外的事项,票据债务人也不得以票据文字记载以外的事项对抗债权人。

4. 票据行为的独立性

票据上存在数个票据行为时,各票据行为均依各自文义独立发生效力,一项票据行为无效并不影响其他票据行为的效力。独立性原则体现在以下几个方面:

(1) 无行为能力人或限制行为能力人在票据上签章的,其签章无效,但不影响其他签章的效力。

(2) 没有代理权而以代理人名义在票据上签章的,应当由签章人自己承担票据责任。代理人超越代理权限的,应当就其超越权限的部分承担责任。

(3) 票据上有伪造、变造的签章的,不影响票据上其他真实签章的效力。

(4) 票据上被保证人的债务即使无效,保证人的保证行为仍然有效,需要承担保证责任。

（三）票据行为的构成要件

票据行为是要式法律行为，必须同时具备一般民事法律行为的构成要件和票据法特别规定的构成要件。前者通常称为票据行为的实质要件，包括当事人的票据能力、意思表示真实、内容不违反法律和社会公共利益等，在此不作讨论。后者通常称为票据行为的形式要件，包括书面记载票据事项、签章和票据交付。

1. 书面记载票据事项

票据记载事项可以分为必要记载事项、任意记载事项、记载有益事项、记载无益事项和记载有害事项五类。

必要记载事项是指依照票据法的规定必须记载的事项，包括绝对必要记载事项和相对必要记载事项。前者是指如不记载将导致票据无效的事项，如《票据法》第 22 条的规定。后者是指如不记载，票据法另有补充规定的事项，如《票据法》第 23 条的规定。

任意记载事项是指是否记载由当事人自己决定，但一经记载就发生票据上效力的事项。各国票据法对任意记载事项的规定不尽一致，禁止背书、利息及利率等是较为常见的任意记载事项。

记载有益事项是指此种记载不发生票据上的效力，但不妨碍其发生民法上的效力。例如，出票人在出票时除记载一定的金额外，又记载给付一定数量的股票。《票据法》第 24 条规定，汇票上可以记载本法规定事项以外的其他出票事项，但是该记载事项不具有汇票上的效力。

记载无益事项是指导致记载无效但不影响票据效力的事项。例如，《票据法》第 90 条规定，支票限于见票即付，不得另行记载付款日期。另行记载付款日期的，该记载无效。

记载有害事项是指一经记载不仅导致记载无效而且将导致票据无效的事项。例如，各国票据法均承认票据为无条件支付的证券，有条件支付的记载将会导致整个票据无效。

2. 票据交付

票据交付，是指票据行为人将票据交给相对人持有。对于票据交付是否为票据行为的构成要件，理论上存在契约说和单方行为说两种观点。契约说认为，票据行为实质上是契约关系，只有在票据交付后，票据行为方属完成。因此，票据作成后交付前被盗或者遗失，出票人无须承担责任。单方行为说认为，只要行为人作成票据并在票据上签名，票据行为即已完成。

我国《票据法》第 20 条规定，出票是指出票人签发票据并将其交付给收款人的票据行为。由此可知，我国采取的是契约说。

（四）票据行为的代理

1. 票据代理的概念和要件

票据代理是指代理人基于被代理人的授权，在票据上载明为被代理人代理的意思和被代理人的名义并签章的法律行为。《票据法》第5条规定，票据当事人可以委托其代理人在票据上签章，并应当在票据上表明其代理关系。因此，票据代理的成立必须具备以下特别要件：明示被代理人的名义；明示被代理人与代理人之间的代理关系；代理人在票据上签章。

2. 无权代理

票据行为的无权代理是指无代理权而以代理人的名义代本人实施票据行为，其中，无代理权具体包括三种情形：未经授权、超越代理权限和代理权已终止。按照民法理论，无权代理应属效力待定的行为，只有在被代理人追认后才能转变为有权代理。但是，这一处理方法若适用于票据行为的无权代理，无疑会使票据关系处于不确定状态，有碍交易安全。因此，我国《票据法》第5条第2款规定："没有代理权而以代理人名义在票据上签章的，应当由签章人承担票据责任；代理人超越代理权限的，应当就其超越权限的部分承担票据责任。"

在阐述了票据行为的基本问题后，下文以汇票为切入点，对各种票据行为进行介绍。

三、汇票的出票

（一）汇票出票的记载事项

汇票作为票据的一种，需要严格依据票据法的规定完成出票时的应记载事项。根据我国《票据法》，汇票出票的记载事项可以分为必要记载事项、任意记载事项和记载有益事项三类。

1. 必要记载事项。依据《票据法》第22条，绝对必要记载事项有：表明汇票的字样；无条件支付的委托；确定的金额；付款人名称；收款人名称；出票日期和出票人签章。汇票上未记载上述事项之一的，汇票无效。此外，根据《票据法》第23条，汇票的相对必要记载事项包括付款日期、付款地、出票地。汇票上未记载付款日期的，为见票即付。持票人在法定提示付款期限内，可以随时请求付款。汇票上未记载付款地的，付款人的营业场所、住所或者经常居住地为付款地。未记载出票地的，出票人的营业场所、住所或者经常居住地为出票地。

2. 任意记载事项。《票据法》第27条第2款规定，出票人在汇票上记载"不得转让"字样的，汇票不得转让。这是《票据法》规定的唯一的任意记载事项。

3. 记载有益事项。《票据法》第24条对此有所规定。

（二）汇票出票的法律效力

汇票的出票行为一经完成，即发生相应的法律效力。具体而言，汇票出票的法律效力体现在三个方面：

1. 对出票人的效力。我国《票据法》第 26 条规定："出票人签发汇票后，即承担保证该汇票承兑和付款的责任。出票人在汇票得不到承兑或付款时，应当向持票人清偿本法第 70 条、第 71 条规定的金额和费用。"这也是很多国家的通行规定。

2. 对收款人的效力。出票行为完成后，收款人即取得票据，并依法享有付款请求权、追索权等票据权利。

3. 对付款人的效力。出票并非出票人与付款人共同进行的行为，因此，即使出票人与付款人之间存在资金关系，付款人在承兑汇票之前也没有必须付款的法律义务。换而言之，出票行为给予付款人的仅仅是付款的资格而非付款的义务。

四、汇票的背书

汇票具有可转让性，汇票的转让有两种方式：一是背书转让，二是单纯的交付转让。根据我国《票据法》第 27 条第 1 款和第 3 款，汇票权利的转让只能通过背书方式进行。

（一）背书的概念和特征

一般认为，背书是指持票人以转让票据权利或授予他人行使一定的票据权利为目的，在票据背面或者粘单上记载有关事项并签章的附属票据行为。

背书具有以下特征：

1. 独立性。在民法上，债权的转让需要通知债务人。但是，汇票的背书转让由背书人独立进行，无须通知汇票债务人。

2. 单纯性。各国票据法普遍规定，背书不得附有条件。我国《票据法》第 33 条第 1 款规定，背书不得附有条件。背书附有条件的，所附条件不具有汇票上的效力。

3. 不可分性。背书人只能将全部票据权利转让给同一人，不能只就汇票金额的一部分为背书转让或将汇票金额分别背书转让给数人，否则即为无效。我国《票据法》第 33 条第 2 款规定：将汇票金额的一部分转让的背书或将汇票金额分别转让给两人以上的背书无效。

4. 可禁止性。汇票背书转让后，背书人即由汇票债权人变为汇票债务人。为缓解背书人的负担，各国一般允许背书人在背书时记载"不得转让"等语句。我国《票据法》第 34 条也规定，背书人在汇票上记载"不得转让"字样，其后手再背书转让的，原背书人对后手的被背书人不承担保证责任。

（二）汇票背书的种类

汇票的背书可以分为转让背书和非转让背书，这是以背书的目的为标准作出的分类。转让背书是指背书人以转让汇票权利为目的进行的背书。非转让背书是指背书人不以转让汇票权利为目的,而是以授予他人一定的汇票权利为目的作出的背书。

转让背书又可分为一般转让背书和特别转让背书。一般转让背书是最一般意义上的背书,具有票据背书的基本效力。特别转让背书是在某些方面具有不同于一般转让背书的因素,因而具有特别效力的背书。

(三) 一般转让背书

一般转让背书又可分为记名背书和不记名背书,其区分标准是背书时是否记载被背书人的姓名或名称。我国《票据法》第30条规定:“汇票以背书转让或者以背书将一定的票据授予他人行使时,必须记载被背书人名称。”因此,我国只承认记名背书。

记名背书具有如下法律效力:(1) 权利转移效力。汇票一经背书,汇票上的一切权利,包括付款请求权、追索权、转让票据的权利等,都转让给被背书人。(2) 权利担保效力。背书人在背书后承担保证汇票承兑和付款的责任,在持票人不获承兑或付款时,其可向背书人行使追索权。(3) 权利证明效力。持票人以背书的连续证明其汇票权利。背书连续,是指在票据转让中,转让汇票的背书人与受让汇票的被背书人在票据上的签章具有不间断性。即在票据上作第一次背书的人应当是票据上记载的收款人,自第二次背书起,每一次背书的背书人必须是前一次背书的被背书人,最后的持票人应是最后一次背书的被背书人。

(四) 特别转让背书

在我国,特别转让背书除了禁止转让背书以外,还包括回头背书和期后背书。

1. 回头背书

回头背书是指以汇票上已有的债务人为被背书人的背书。此时,票据债务人亦为票据债权人,虽然发生混同,但票据权利依然存在,被背书人也可以再作背书转让。回头背书相较于一般背书的特殊性在于被背书人的追索权受到一定的限制。

2. 期后背书

期后背书是指票据在被拒绝承兑、被拒绝付款或超过付款提示期限后进行背书转让的情形,即在汇票到期后所作的背书。我国《票据法》第36条规定:汇票被拒绝承兑、被拒绝付款或者超过付款期限的,不得背书转让;背书转让的,背书人应当承担汇票责任。

(五) 非转让背书

非转让背书包括委任背书和设质背书。

1. 委任背书

委任背书又称委任取款背书，是持票人以行使票据权利为目的，授予被背书人以代理权的背书。委任背书的目的不是实质上的票据权利转让，而是一种以背书形式所进行的委托，即委托被背书人代替自己行使票据权利、收取票据金额。

委任背书不以转让票据权利为目的，所以不发生权利转移的效力。而且，由于被背书人只是代理行使票据权利，背书人与被背书人之间不存在担保效力，背书人不必向被背书人承担保证票据承兑和付款的责任。

2. 设质背书

设质背书又称为质权背书、质押背书，是指背书人以在票据上设定质权为目的所为的背书。设质背书发生设定质权的效力，背书人成为出质人，被背书人成为质权人。只要汇票到期日届至，被背书人即成为真实的票据权利人，有权收取汇票金额。而汇票债务人不得以与背书人之间的抗辩事由对抗持票人，这一点与转让背书相同，而与委任背书不同。

五、汇票的承兑

（一）承兑的概念和特征

承兑，即“承诺兑付汇票金额”的简称，是指汇票付款人承诺在汇票到期日支付汇票金额的票据行为。承兑的意义在于确定汇票上的权利义务关系。汇票是出票人委托付款人支付票据金额给收款人或持票人的票据，出票行为本身不能当然地产生付款人付款的义务，为确定付款人的付款义务以及收款人的付款请求权，票据法上设置了汇票的承兑制度。

承兑具有以下特征：(1) 承兑是一种附属票据行为。承兑行为以出票行为为前提；(2) 承兑是汇票特有的制度。本票为已付证券，不必经承兑程序。支票为见票即付证券，且银行付款以支票存款账户内有足够余额为前提，也不必经承兑程序；(3) 承兑是承诺支付汇票金额的行为，是付款人所为的单方法律行为；(4) 承兑是在汇票上所为的法律行为。承兑是要式法律行为，付款人承兑汇票的，应当在汇票正面记载“承兑”字样和承兑日期并签章。

（二）汇票承兑的原则

1. 承兑自由原则。是指汇票上所记载的付款人可以依自己独立的意思决定是否承兑，即使出票人和付款人约定由付款人承担对汇票的承兑义务，付款人亦可拒绝承兑。

2. 完全承兑原则。是指承兑人对票据进行承兑时，须对全部票载金额进行承兑，又称全额承兑原则。对于付款人能否进行部分承兑，我国《票据法》没有规定，一般认为不允许部分承兑。

3. 单纯承兑原则。又称无条件承兑原则,是指付款人在进行承兑时仅记载承兑文句,不对承兑附加其他条件。我国《票据法》采取这一原则,其第 43 条规定:"付款人承兑汇票,不得附有条件;承兑附有条件的,视为拒绝承兑。"

(三) 汇票承兑的程序

承兑为要式法律行为,必须符合一定的程序。

1. 提示承兑

我国《票据法》第 39 条第 2 款规定:"提示承兑是指持票人向付款人出示汇票,并要求付款人承诺付款的行为。"之所以要求提示承兑,是因为付款人不持有票据,无法主动进行承兑。在提示承兑中,提示人为持票人,被提示人则为汇票上记载的付款人。代理付款人因只是代为付款,故不能作为被提示人。

尽管持票人在提示承兑时应当出示票据,但提示本身不是票据行为,它只是承兑的前提,相当于民法上的请求,其目的在于行使和保全票据权利。若付款人愿意承兑,持票人就可在到期日届至后请求其付款。若付款人拒绝承兑,持票人就可行使追索权。

尽管承兑为汇票特有的制度,但并非所有汇票都必须承兑。对于见票后定期付款的汇票而言,不经承兑就无法确定见票日,从而也无法确定到期日,承兑因此成为必须。对定日付款和出票后定期付款的汇票而言,承兑与否并不影响汇票的效力和汇票权利的行使,因此,是否请求承兑应由持票人自主决定,其可于到期日直接请求付款而不提示承兑。此外,还有一些汇票是无须承兑的,这主要包括两种情形:一种为见票即付的即期汇票,另一种是变式汇票,如已付汇票,该种汇票由出票人自己承诺支付,因而无须承兑。

汇票的提示承兑应在法定期限内进行。我国《票据法》第 39 条第 1 款规定:"定日付款或者出票后定期付款的汇票,持票人应当在汇票到期日前向付款人提示承兑。"第 40 条第 1 款规定:"见票后定期付款的汇票,持票人应当自出票日起一个月内向付款人提示承兑。"汇票未按照规定期限提示承兑的,持票人丧失对其前手的追索权。

2. 承兑

根据《票据法》第 41 条,付款人对向其提示承兑的汇票,应当自收到提示承兑的汇票之日起 3 日内承兑或者拒绝承兑。付款人收到持票人提示承兑的汇票时,应当向持票人签发收到汇票的回单。回单上应当记明汇票提示承兑日期并签章。

付款人在经过一定时间的考虑后作出承兑决定的,应当根据票据法的规定记载应当记载的事项并签章。《票据法》第 42 条规定:"付款人承兑汇票的,应当在汇票正面记载'承兑'字样和承兑日期并签章;见票后定期付款的汇票,应当在承兑时记载付款日期。汇票上未记载承兑日期的,以前条第一款规定期限的最后一日为承兑日期。”

(四) 汇票承兑的效力

付款人承兑汇票并将汇票交还给持票人后,承兑即发生法律效力。《票据法》第 44 条规定,付款人承兑汇票后,应当承担到期付款的责任。

1. 对付款人的效力

在承兑之前,付款人仅为汇票关系人而非汇票债务人。但是,汇票一经承兑,付款人即成为汇票的主债务人,应承担绝对的付款责任。具体而言,这种绝对的付款责任体现在三个方面:其一,即使承兑人与出票人之间不存在资金关系,承兑人也必须付款;其二,即使持票人是出票人(例如在回头背书中),他也可以向承兑人请求支付;其三,即使持票人因超过付款提示期限导致追索权消灭,他对承兑人的权利也不受影响。

2. 对持票人的效力

在承兑之前,汇票上的付款人记载对付款人没有约束力,因此,持票人享有的付款请求权是不确定的。承兑后,这种付款请求权就成为确定的权利。

3. 对出票人和背书人的效力

在持票人提示承兑被拒绝时,出票人和背书人将会被追索,要承担期前追索的责任。汇票一经承兑,出票人和背书人即免受期前追索。

六、汇票的保证

(一) 汇票保证的概念和特征

汇票保证是指票据债务人以外的第三人为担保票据债务的履行,以负担同一内容的汇票债务为目的所为的一种附属票据行为。汇票保证的功能在于增强汇票的信用,确保持票人票据权利的实现,因此,保证人只能由票据债务人以外的他人担任,否则,若以票据债务人担任保证人,显然缺乏实际意义。

通常认为,保证可以适用于汇票、本票和支票,但我国《票据法》仅针对汇票和本票规定了保证制度,对支票则无规定。

票据保证具有以下特征:

1. 票据保证的单方性

在民法上,保证的成立需要保证人和债权人达成协议。票据保证和其他票据行为一样均属单方法律行为,仅由保证人依法作出单方的意思表示即可成立。

2. 票据保证的要式性

票据保证人应依票据法的规定进行保证行为,否则票据保证的效力就会受到影响。

3. 票据保证的从属性和独立性

票据保证以被保证债务在形式上有效为前提。《票据法》第49条规定:“保证人对合法取得汇票的持票人所享有的汇票权利,承担保证责任。但是,被保证人的债务因汇票记载事项欠缺而无效的除外。”因此,相对于被保证债务而言,票据保证具有一定的从属性。但是另一方面,票据保证也具有相当的独立性。票据保证一经成立,即使主债务因存在实质缺陷而无效,票据保证亦为有效。

4. 抗辩的特殊性

在民事保证中,保证人享有债务人可以主张的一切抗辩,即使债务人放弃抗辩权,保证人仍有权提出抗辩。在票据保证中,被保证人可以向债权人主张的抗辩,如签章系伪造等,保证人不得以此主张抗辩。此外,民事保证有一般保证和连带保证之分,一般保证中保证人可以主张先诉抗辩权。票据保证均为连带保证,无先诉抗辩权,债权人可以直接要求票据保证人承担责任。

5. 追索的特殊性

在民事保证中,保证人在承担责任后享有对被保证人的求偿权。而在票据保证中,保证人清偿票据债务后不仅可以向被保证人追索,还可以向被保证人的所有前手追索。

(二) 汇票保证的分类

根据不同的标准,可对票据保证作出不同分类:

1. 正式保证和略式保证。记载保证文句并由保证人签章的保证是正式保证,无保证文句而仅有签章的是略式保证。

2. 单独保证和共同保证。这是根据保证人的人数作出的分类。保证人为一人时,为单独保证。保证人为两人以上的,为共同保证。《票据法》第51条规定,保证人为两人以上的,保证人之间承担连带责任。

3. 单纯保证和不单纯保证。这是根据票据保证人在记载保证文句时是否附加条件作出的分类。保证不附任何条件的,为单纯保证。保证附带条件的,为不单纯保证。《票据法》第48条规定:“保证不得附有条件;附有条件的,不影响对汇票的保证责任。”

4. 全部保证和部分保证。这是根据担保的票据金额作出的分类。全部保证是指就全部票据金额所为的保证,部分保证是指就票据金额的一部分所为的保证。我国《票据法》没有对部分保证作出明确规定。

(三) 汇票保证的记载事项

我国《票据法》第46条规定:“保证人必须在汇票或者粘单上记载下列事项:(1) 表明‘保证’的字样;(2) 保证人名称和住所;(3) 被保证人的名称;(4) 保证日期;(5) 保证人签章。”在这些事项中,保证文句和签章应属绝对必要记载事项,而其他事项应属相对必要记载事项。例如,《票据法》第47条就针对被保证人的名称和保证日期作出了补充规定,保证人在汇票或者粘单上未记载被保证人的名称的,已承兑的汇票,承兑人为被保证人;未承兑的汇票,出票人为被保证人。保证人在汇票或者粘单上未记载保证日期的,出票日期为保证日期。

(四) 汇票保证的效力

1. 对保证人的效力

票据保证具有从属性,保证人承担与被保证人同一的责任,具体而言,保证人须承担与被保证人同样性质、同样种类、同样数量的责任。例如,被保证人为承兑人时,票据保证人承担付款责任;被保证人为背书人或者出票人时,票据保证人承担被追索时的偿还责任。

同时,根据《票据法》第 50 条规定,被保证的汇票,保证人应当与被保证人对持票人承担连带责任。因此,票据债权人既可以向被保证人请求履行债务,也可以直接向保证人请求履行债务,票据保证人不享有先诉抗辩权。

保证人履行票据债务后,其保证债务、被保证人对后手的票据债务、被保证人的后手对持票人的票据债务均归于消灭。保证人取得持票人的地位,并享有对被保证人及其前手的追索权。保证人的再追索权系依法律规定独立取得,被保证人及其前手不得以其对抗原持票人的抗辩事由对抗保证人。

2. 对持票人的效力

由于保证人的加入,持票人票据权利的实现多了一层保障。持票人在行使票据权利时也多了一种选择,他既可以向承兑人或者其前手行使付款请求权或追索权,也可以直接向保证人行使付款请求权或者追索权。

3. 对被保证人的效力

若被保证人为承兑人,保证人履行保证义务后,票据关系消灭,保证人可以依照民法的规定对承兑人追偿。如果被保证人并非承兑人,则在保证人履行义务后,被保证人的后手的责任得以免除。

七、汇票的付款

(一) 汇票付款的概念和特征

汇票付款有两种含义,狭义的付款仅指付款人向票据债权人支付票据金额以消灭票据关系的行为,广义的付款除了包括狭义的付款外,还包括被追索人对追索权人进行的支付行为。由于追索时的付款有专门的追索权规范,故票据法中的付款一般仅指狭义的付款。

付款具有以下特征:

1. 汇票付款的行为人是汇票上记载的付款人

不是任何人对票据进行支付的行为都是付款行为,背书人在被追索时的付款只能使追索权发生转移,只有付款人付款才能使票据关系消灭,实现票据的职能。

2. 汇票付款是付款人依照票据文义支付汇票金额的行为

汇票为金钱债权证券和文义证券,持票人的权利是请求支付一定数额的金钱,付款人则是按照汇票上的记载向持票人支付。

3. 汇票付款是消灭票据关系的行为

无论汇票是否承兑,付款人的付款行为使得持票人的权利得以实现,票据关系随之消灭。但是,由于这种行为无须在票据上为意思表示,因此不属于票据行为。

(二) 汇票付款的程序

汇票付款的程序大致可以分为四个环节,即提示付款、审查、付款和缴回票据。

1. 提示付款

提示付款是持票人向付款人出示汇票并请求付款人支付汇票金额的行为。提示付款的提示人为持票人或其代理人,被提示人为付款人或代理付款人。提示付款的意义在于:票据是流通证券,持票人可以依背书方式转让票据权利,因此付款人一般难以知晓持票人为何人,只有通过提示付款,付款人才可确定现实的持票人。

持票人应当遵期提示付款。我国《票据法》第 53 第 1 款规定,见票即付的汇票,自出票日起 1 个月内向付款人提示付款;定日付款、出票后定期付款或见票后定期付款的汇票,自到期日起 10 日内向承兑人提示付款。如果通过委托收款银行或者通过票据交换系统向付款人提示付款,视同持票人提示付款。需要指出的是,如果持票人没有遵期提示付款,付款人或者承兑人的付款责任并不因此免除。《票据法》第 53 条第 2 款规定,持票人未按照前款规定期限提示付款的,在作出说明后,承兑人或者付款人仍应当继续对持票人承担付款责任。

2. 审查

付款人在收到提示支付汇票金额之前,负有审查义务。对此,《票据法》第 57 条规定:"付款人及其代理付款人付款时,应当审查汇票背书的连续,并审查提示付款人的合法身份证明或者有效证件。付款人及其代理付款人以恶意或者有重大过失付款的,应当自行承担责任。"具体而言,付款人的审查义务包括两项:

一是对汇票本身的形式审查。审查的内容主要有:汇票的样式是否符合法律规定;汇票记载事项是否存在伪造、变造;绝对必要记载事项是否完备;是否存在导致汇票无效的记载有害事项;汇票是否已到付款期限。在代理付款时,付款银行还要审查付款人的签章是否与银行预留印鉴样式或签名相符。

二是对持票人身份进行的审查。首先,付款人应审查确定持票人在形式上是否为合法的汇票权利人,这主要通过审查汇票背书的连续性予以确定。汇票上的背书应前后衔接,且持票人应为最后一次背书的被背书人。其次,付款人应审查提示付款人合法身份证明和有效证件,以防止有人冒充持票人骗取汇票金额。

总体而言,付款人的审查义务是一种形式审查义务,而不是实质审查义务。汇票为流通证券,在持票人提示付款时可能已经多次转让,要求付款人对持票人是否为真实的权利人、各背书人的签章是否为真实签章进行审查是不可行的。因此,只要付款人在形式审查时已经尽到合理的注意义务,即使发生错付,也不能被要求再次付款,因错付产生的损失只能由持票人自己承担。相反,若付款人以恶意或者重大过失付款,仍应承担付款责任。所谓恶意付款,是指付款人明知持票人为无权利人仍然付款。重大过失付款是指付款人应当知道持票人为无权利人,但因怠于履行注意义务而未获知这一情况从而支付了汇票金额。

3. 付款

对于审查没有问题的汇票,付款人应及时付款,以保证持票人的票据权利顺利实现。关于付款期限和付款金额,我国《票据法》第 54 条有明文规定,持票人提示付款的,付款人必须在当日足额付款。

除见票即付的汇票外,其他汇票均有确定的到期日。在一般情况下,付款应在到期日届至后进行。但在特殊情况下,有可能发生到期日未至付款人已经付款的现象。在汇票未到期时,付款人享有相应的期限利益。付款人期前付款意味着其放弃了自己的利益,法律一般不予干涉。我国《票据法》第 58 条规定:"对定日付款、出票后定期付款或者见票后定期付款的汇票,付款人在到期日前付款的,由付款人自行承担所产生的责任。"由此可见,我国票据法虽不禁止期前付款,却加重了付款人的法律责任。这种法律责任体现在两个方面:第一,付款人不仅要进行形式审查,还要进行实质审查,一旦发生错付,付款人对真实权利人仍需付款。第二,如果出票人在到期日之前撤销支付委托,已进行期前付款的付款人要承担相应的损失。

4. 缴回票据

票据为缴回证券,票据债务履行后,付款人应将票据收回,使该票据退出流通。《票据法》第 55 条规定:"持票人获得付款的,应当在汇票上签收,并将汇票交给付款人。持票人委托银行收款的,受委托的银行将代收的汇票金额转账收入持票人账户,视同签收。"

八、汇票的追索

（一）追索权概述

追索权，是指持票人在汇票到期不获付款或期前不获承兑或者有其他法定原因出现时，在依法履行了保全手续后，请求前手或其他票据债务人偿还票据金额、利息及其他费用的权利。

票据权利包括两项权利，即付款请求权和追索权。付款请求权是第一次请求权，在其实现遇到障碍时，产生第二次请求权即追索权。追索权的存在，有力地保证了票据流通的安全，促进了票据被广泛的利用。

行使汇票追索权的当事人可以分为初始追索权人和再追索权人。汇票的最后持票人是初始追索权人，他在所持汇票不获承兑或者付款时可以行使最初的追索权。被追索人（包括出票人、承兑人、背书人、保证人）在向初始追索权人清偿了相应金额后，即成为再追索人，可以向自己的前手行使再追索权。

值得注意的是，《票据法》第69条规定："持票人为出票人的，对其前手无追索权。持票人为背书人的，对其后手无追索权。"在持票人为出票人时，若允许其向前手追索，因前手在清偿后仍可向出票人追索，这只会导致成本的增加而无实际意义。同理，持票人为背书人的，对其后手无追索权。

根据《票据法》第68条，追索权具有以下三种特性：（1）追索对象的可选择性。汇票的出票人、背书人、承兑人和保证人均为汇票的债务人，他们共同对持票人承担连带责任，持票人可以不按汇票债务人债务形成的先后顺序主张权利。（2）追索权的变更性，持票人对汇票债务人中的一人或者数人已经进行追索的，对其他汇票债务人仍可以行使追索权。（3）追索权的代位性。被追索人清偿债务后，与持票人享有同一权利，可向前手再行追索。

（二）汇票追索权行使的条件

追索权的行使必须具备法定的实质条件和形式条件。

1. 追索权行使的实质条件

追索权行使的实质条件又称追索原因，是指追索权人能够进行追索的客观事实前提。根据我国《票据法》，期前追索和期后追索的原因不同。就期后追索而言，《票据法》第61条第1款规定："汇票到期被拒绝付款的，持票人可以对背书人、出票人以及汇票的其他债务人行使追索权。"就期前追索而言，《票据法》第61条第2款规定，汇票到期日前，有下列情形之一的，持票人也可以行使追索权：汇票被拒绝承兑的；承兑人或者付款人死亡、逃匿的；承兑人或者付款人被依法宣告破产的或者因违法被责令终止业务活动的。

2. 追索权行使的形式条件

追索权是由持票人向其前手行使的，持票人必须向前手证明已经存在行使追索权的实质条件,取得有关的证明因此成为追索权行使的形式条件,实质上也是行使追索权的保全手续。

根据我国《票据法》,持票人在行使追索权时应提供的证明文件主要有:

(1) 持票人提示承兑或者提示付款被拒绝的,承兑人或者付款人必须出具拒绝证明,或者出具退票理由书。未出具拒绝证明或者退票理由书的,应当承担由此产生的民事责任。

(2) 持票人因承兑人或者付款人死亡、逃匿或者其他原因,不能取得拒绝证明的,可以依法取得其他有关证明。例如,在承兑人、付款人死亡的场合,可由公安机关出具死亡证明。

(3) 承兑人或者付款人被人民法院依法宣告破产的,人民法院的有关司法文书,如破产裁定书,也具有拒绝证明的效力。

(4) 承兑人或者付款人因违法被责令终止业务活动的,有关行政主管部门的处罚决定具有拒绝证明的效力。

(三) 汇票追索权行使的程序

持票人在具备追索权行使的条件后,即可开始行使权利,行使权利的程序主要有:

1. 通知

《票据法》第 66 条第 1 款规定:“持票人应当自收到被拒绝承兑或者被拒绝付款的有关证明之日起 3 日内,将被拒绝事由书面通知其前手;其前手应当自收到通知之日起 3 日内书面通知其再前手。持票人也可以同时向各汇票债务人发出书面通知。”书面通知,应当记明汇票的主要记载事项,并说明该汇票已被退票。

《票据法》第 66 条第 3 款规定:“在规定期限内将通知按照法定地址或者约定的地址邮寄的,视为已经发出通知。”由此可知,判断通知是否在法定期限内完成的标准是发信主义,而非到达主义。

还要指出的是,通知不是保全追索权的手续,而是追索权行使的一道程序,即使持票人没有按期通知,追索权也不会丧失,但持票人可能要承担相应的民事责任。《票据法》第 66 条第 2 款规定:“未按照前款规定期限通知的,持票人仍可以行使追索权。因延期通知给其前手或者出票人造成损失的,由没有按照规定期限通知的汇票当事人,承担对该损失的赔偿责任,但是所赔偿的金额以汇票金额为限。”

2. 清偿

持票人针对确定的对象行使追索权时,根据《票据法》第 70 条,可以请求被追索人支付下列金额和费用:被拒绝付款的汇票金额;汇票金额自到期日或者提示付款日起至清偿日止,按照中国人民银行规定的利率计算的利息;取得有关拒绝证明和发出通知书的费用。被追索人清偿债务时,持票人应当交出汇票和有关拒绝证明,并出具所收到利息和费用的收据,以便被追索人向其前手行使再追索权。

被追索人行使再追索权的程序与初始追索权行使的程序基本相同,但追索的金额有所不同。根据《票据法》第71条,被追索人依照规定清偿后,可以向其他汇票债务人行使再追索权,请求其他汇票债务人支付下列金额和费用:已清偿的全部金额;前项金额自清偿日起至再追索清偿日止,按照中国人民银行规定的利率计算的利息;发出通知书的费用。

第二节 保险行为

一、保险概述

(一) 保险的概念

保险通常具有两重含义。广义的保险,是指在合理分摊的基础上集合社会多数成员的集资建立后备基金,用于补偿社会少数成员因自然灾害或意外事故所蒙受的经济损失,以确保社会稳定的一种经济制度。它一般包括由国家主办的社会保险、商业保险公司经营的商业保险以及由少数社会成员自己集资合办、互助合作的合作保险。狭义的保险仅指商业保险,即商业保险公司与投保人签订保险合同,将收取的保险费集中起来建立保险基金,对被保险人因自然灾害或意外事故所蒙受的经济损失,或是死亡、疾病、伤残等给付保险金的行为。

2009年2月28日修订的我国《保险法》第2条对保险的概念作出了明确的界定:"本法所称保险,是指投保人根据合同约定,向保险人支付保险费,保险人对于合同约定的可能发生的事故因其发生所造成的财产损失承担赔偿保险金责任,或者当被保险人死亡、伤残、疾病或者达到合同约定的年龄、期限等条件时承担给付保险金责任的商业保险行为。"由此可知,我国保险法所称的保险仅指商业保险。

(二) 保险的要素

保险的要素是指保险得以产生、存在和发展的基本条件,主要包括:

1. 前提要素

保险的前提要素是须有危险的存在。无危险则无保险,但并非任何危险均可成为可保危险,可保危险必须具备不确定性、纯粹性、意外性和可转嫁性。

危险的不确定性首先是指危险的发生与否不确定。如果危险确定要发生,保险公司不会承保;如果危险确定不会发生,没有人会投保。其次,危险发生的时间不能确定。某些危险是确定会发生的,如人的死亡,但发生时间不确定,因此可以成为可保危险。需要指出的是,时间不确定仅指将来而言,过去和现在已经发生的危险不属于可保危险。最后,危险发生的原因和造成的结果无法确定。

危险的纯粹性是指危险的发生只会给当事人带来灾难和损失,而不会给其带来直接利益。纯粹危险与投机危险相对,后者如股市中的投资危险。

危险的意外性是指危险必须由当事人意料以外的原因所导致。如果危险源于被保险人的故意行为,如故意纵火,则不构成可保危险。例外的是人身保险中被保险人的自杀,虽也属于故意行为,但在满足一定条件后保险人仍需给付保险金。同时,在财产保险中,保险标的的自然损耗也不属于可保危险。

危险的可转嫁性是指危险可以转嫁。有些危险,如犯罪行为产生的刑事责任,因其重在惩罚当事人,当然不可以转嫁。

2. 基础要素

保险的基础要素是互助共济。保险的经营原理就是通过集合众多成员共同筹集资金建立集中的保险基金,用以补偿少数人的损失,在保险运营中,众人协力、社会互助的色彩非常明显,正所谓“人人为我,我为人人”。只有众多的人参加保险,才可能积累起一定额度的保险基金,从而确保少数成员的损失获得及时、足额的补偿。

在保险中,有遭受同一危险可能性的组织和个人集合成共同的保险团体,其组织形式有两种:一是相互保险组织,其互助共济的方式是直接的,组织中的每一成员既是保险人,也是被保险人。二是商业保险组织,其互助共济的方式是间接的,可能遭受同一危险的成员向保险公司缴纳保险费,事故发生后则由保险公司支付保险金。

3. 功能要素

保险的功能体现在三个方面,即事先管理,防止危险的发生;事中抢险,防止损失的扩大;事后补偿,消除危险的影响。其中,事后补偿是保险最主要的功能,因为保险本质上是分散事故损失的一种手段,它并不能从根本上消灭危险事故。

在财产保险和人身保险中,保险补偿损失的具体方式是不同的。财产保险的保险标的是财产及其有关利益,危险造成的损失能够用货币衡量,因此,补偿是按照实际损失计算的。人身保险以人的寿命和身体为保险标的,损失一般无法用金钱衡量,因此,人身保险一般采取定额保险的方式,保险公司在事故发生后按照合同约定的金额给付。

二、保险合同概述

(一) 保险合同的概念和特征

保险合同是投保人与保险人约定保险权利义务关系的协议。保险合同的特征如下:

1. 保险合同是双务有偿合同

保险合同是双务合同,双方当事人互享权利,互负义务。具体言之,投保人按照保险合同的约定交纳保险费,保险人对合同约定的可能发生的事故发生所造成的财产损失承担赔偿保险金责任,或者当被保险人死亡、伤残、疾病或者达到合同约定的年龄、期限等条件时承担给付保险金责任。同时,保险合同是有偿合同,被保险人或者受益人获得的保险赔付是以投保人交纳保险费为代价的,保险人收取的保险费则是以以后可能赔付保险金为对价。

2. 保险合同是射幸合同

有偿合同可以分为射幸合同和实定合同。前者是合同订立时当事人的给付义务和范围尚未确定的合同,后者在合同订立时当事人的给付义务和范围就已确定。保险合同的射幸性,是由保险事故发生的偶然性以及造成损失大小的不确定性决定的。

3. 保险合同是诺成合同

诺成合同与要物合同相对,是指只要双方当事人意思表示一致,无须交付标的物即可成立的合同。《保险法》第 13 条第 1 款规定:“投保人提出保险要求,经保险人同意承保,保险合同成立。保险人应当及时向投保人签发保险单或者其他保险凭证。”第 14 条规定:“保险合同成立后,投保人按照约定交付保险费,保险人按照约定的时间开始承担保险责任。”由此可知,保险合同的成立不以保险单或者保险费的交付为要件,属于诺成合同。

4. 保险合同是不要式合同

保险合同的成立无须具备特定的形式,因此属于不要式合同。《保险法》第 13 条第 1 款规定:“投保人提出保险要求,经保险人同意承保,保险合同成立。保险人应当及时向投保人签发保险单或者其他保险凭证。”第 2 款规定:“保险单或者其他保险凭证应当载明当事人双方约定的合同内容。当事人也可以约定采用其他书面形式载明合同内容。”由此可知,保险单或者其他保险凭证是保险合同成立后签发的,保险合同本身并非必须采取书面形式。

5. 保险合同是附合合同

保险合同的条款由保险人单方面制定,投保人只能接受或者拒绝,因此保险合同是附合合同。保险合同的附合性简化了合同签订的环节,节约了交易成本,但也加大了投保人一方的风险,保险公司可能利用其强势地位损害投保人一方的利益。

6. 保险合同是最大诚信合同

保险合同要比其他民商事合同更加强调当事人的诚实信用。这是因为:一方面,保险人难以知道保险标的的真实情况,若投保人对相关信息的披露存在问题,保险人就无法准确评估风险;另一方面,保险合同条款由保险人单方制定,且非常专业和深奥,投保人一方不易理解。在保险法上,最大诚信体现为投保人的如实告知义务、保险人的说明义务、保证、弃权与禁止抗辩等。

(二) 保险合同的分类

1. 强制保险合同和自愿保险合同

这是根据保险合同实施形式的不同作出的分类。强制保险合同又称法定保险合同,是基于法律规定而强制实施的保险合同,如机动车第三者责任险等。自愿保险合同是指当事人基于自由自愿而订立的保险合同。《保险法》第 11 条第 2 款规定:“除法律、行政法规规定必须保险的外,保险合同自愿订立。”通常而言,绝大多数保险合同都是自愿保险合同。

需要指出的是,国家之所以通过法律实施强制保险合同,是出于社会公益的需要。由于强制保险合同构成了对私法自治的干预,其适用范围应当受到严格限制,就此而言,我国目前在一些领域强制推行意外伤害保险的做法并不妥当。所谓意外伤害保险,是指被保险人因意外伤害所需住院费用及医药费用,以及因不能工作所致收入之损失,由保险人负责给付或补偿的保险。意外伤害险具有强烈的个体色彩,通常并不会对公共利益和社会秩序产生影响,是否投保应由当事人自愿选择。

2. 财产保险合同与人身保险合同

这是根据保险标的的不同作出的分类。《保险法》第 12 条第 3 款和第 4 款规定,财产保险是以财产及其有关利益为保险标的的保险。人身保险是以人的寿命和身体为保险标的的保险。

3. 定值保险合同与不定值保险合同

这是根据保险合同订立时保险标的的价值(即保险价值)是否确定作出的分类。定值保险合同是保险合同订立时保险标的的价值已经确定的合同,不定值保险是合同订立时保险标的的价值尚未确定的合同。

定值保险合同的优势在于省略了事故发生后核定保险价值的繁琐程序。具体言之,如果发生保险事故并造成损失,无论标的物的实际价值是多少,保险人都应按照合同约定的保险价值计算赔偿金额。《保险法》第 55 条第 1 款规定:“投保人和保险人约定保险标的的保险价值并在合同中载明的,保险标的发生损失时,以约定的保险价值为赔偿计算标准。”而在不定值保险合同中,如果发生保险事故并造成损失,保险人按照保险标的出险时的实际价值计算赔偿金额。《保险法》第 55 条第 2 款规定:“投保人和保险人未约定保险标的的保险价值的,保险标的发生损失时,以保险事故发生时保险标的的实际价值为赔偿计算标准。”

4. 足额保险合同、不足额保险合同与超额保险合同

这是根据保险金额与保险价值的关系所作的分类。所谓保险金额,根据

《保险法》第 18 条第 4 款,是指保险人承担赔偿或者给付保险金责任的最高限额。

足额保险合同是指保险金额与保险价值相等的保险合同。不足额保险合同又称部分保险合同,是指保险金额低于保险价值的保险合同。《保险法》第 55 条第 4 款规定:“保险金额低于保险价值的,除合同另有约定外,保险人按照保险金额与保险价值的比例承担赔偿保险金的责任。”超额保险合同是指保险金额超过保险价值的保险合同。一旦保险金额超过保险价值,投保人就可以通过投保获取不当得利,容易滋生道德风险和赌博心理,且违背了财产保险中的“损失补偿原则”,因此各国保险法均对超额保险有所规制。《保险法》第 55 条第 3 款规定:“保险金额不得超过保险价值。超过保险价值的,超过部分无效,保险人应当退还相应的保险费。”这一规定的不足之处在于未能区分当事人的善意和恶意,可能诱使当事人恶意超额投保。

5. 单一保险合同与重复保险合同

单一保险合同是指投保人以一个保险标的、一个保险利益、一个保险事故与一个保险人订立的保险合同,实务中单一保险合同最为常见。重复保险合同是指投保人以同一保险标的、同一保险利益、同一保险事故,分别与两个以上的保险人订立的数份保险合同。《保险法》将其规定在财产保险中。

重复保险合同有广义和狭义之分,狭义的重复保险合同是指保险金额总和超过保险价值的保险合同,广义的重复保险合同除此以外,还包括保险金额总和不超过保险价值的保险合同。在狭义的重复保险中,投保人可能恶意重复投保,以获得多于实际损失的赔偿,从而违背财产保险的损失补偿原则。因此,各国保险法均对狭义的重复保险合同有所规范。

我国《保险法》对于重复保险采取的是狭义概念,其第 56 条规定,重复保险的投保人应当将重复保险的有关情况通知各保险人。重复保险的各保险人赔偿保险金的总和不得超过保险价值。除合同另有约定外,各保险人按照其保险金额与保险金额总和的比例承担赔偿保险金的责任。重复保险的投保人可以就保险金额总和超过保险价值的部分,请求各保险人按比例返还保险费。这些规定的不足之处在于:第一,未能明确投保人不履行通知义务的后果;第二,未能区分善意和恶意重复保险给予不同对待,可能刺激当事人恶意重复投保。

6. 原保险合用与再保险合同

这是根据保险人的责任次序不同作出的分类。原保险合同又称为第一次保险合同,是指保险人对被保险人承担直接责任的原始保险合同。再保险合同又称为分保合同、第二次保险合同,是指保险人将其承担的保险业务,以分保形式部分转移给其他保险人而签订的保险合同。

需要注意的是,再保险合同虽以原保险合同为基础,但两者是各自独立的合同。原保险合同的当事人是投保人和保险人,再保险合同的当事人是保险人(分出人)和再保险人(分入人)。基于合同相对性原则,投保人与再保险人之间不发生直接的权利义务关系。《保险法》第29条规定:"再保险接受人不得向原保险的投保人要求支付保险费。原保险的被保险人或者受益人不得向再保险接受人提出赔偿或者给付保险金的请求。再保险分出人不得以再保险接受人未履行再保险责任为由,拒绝履行或者迟延履行其原保险责任。"

三、保险合同法的基本原则

(一) 最大诚信原则

最大诚信原则是指保险合同的双方当事人在保险合同的订立和履行过程中,必须以最大的诚意履行自己的义务,互不欺骗和隐瞒。在现代保险法中,最大诚信原则经历了从海上保险到陆上保险,从仅仅约束投保人到同时约束保险人的发展过程。该原则的主要内容包括投保人的如实告知义务、保险人的说明义务、保证、弃权与禁止抗辩等。

1. 投保人的如实告知义务

一般说来,投保人的如实告知义务是指投保人在订立保险合同时应当将有关保险标的的重要事实向保险人如实陈述,不得有虚假和隐瞒。该义务是一种先合同义务,其法理基础在于:保险人是否同意承保和收取保费的多少,取决于保险人对危险的正确判断。通常,投保人更清楚保险标的的具体情况,因此有义务向保险人作出披露。

在各国保险法中,告知义务人通常为投保人或者被保险人。告知内容是能够影响一个谨慎的保险人决定是否承保以及确定保险费率高低的所有重要事实。告知形式有两种:一是自动无限告知主义,即投保人应将所有重要事实向保险人如实告知。二是询问告知主义,即保险人询问的事项是重要事实,投保人应如实回答。保险人未加以询问的所有事项,都被推定为不重要,保险人无须主动告知。此时,询问不仅有重要事实的推定功能,还有限制告知范围的作用。根据《保险法》第16条第1款,我国采取的也是询问告知主义。

此外,各国保险法一般规定,对于保险人明知或应知的重要事实,投保人不负告知义务,此即为告知义务的豁免规则。我国《保险法》在修改时也确立了这一规则,该法第16条第6款规定:"保险人在合同订立时已经知道投保人未如实告知的情况的,保险人不得解除合同;发生保险事故的,保险人应当承担赔偿或者给付保险金的责任。"

至于投保人违反如实告知义务的法律后果,《保险法》第16条也有明确规定。投保人故意或者因重大过失未履行如实告知义务,足以影响保险人决定是否同意承保或者提高保险费率的,保险人有权解除合同。该项合同解除权,自保险人知道有解除事由之日起，超过30日不行使而消灭。自合同成立之日起超过2年的，保险人不得解除合同；发生保险事故的，保险人应当承担赔偿或者给付保险金的责任。投保人故意不履行如实告知义务的，保险人对于合同解除前发生的保险事故，不承担赔偿或者给付保险金的责任，并不退还保险费。投保人因重大过失未履行如实告知义务，对保险事故的发生有严重影响的，保险人对于合同解除前发生的保险事故，不承担赔偿或者给付保险金的责任，但应当退还保险费。

2. 保险人的说明义务

保险人的说明义务是指保险人须将保险合同的条款内容向投保人予以说明。由于保险合同的条款多为保险人事先单方面拟定，且常常较为专业、深奥，一般的投保人不易明白其含义和后果，为维护投保人一方的权益，保险法遂向保险人施加此项义务。

我国《保险法》第17条规定："订立保险合同，采用保险人提供的格式条款的，保险人向投保人提供的投保单应当附格式条款，保险人应当向投保人说明合同的内容。对保险合同中免除保险人责任的条款，保险人在订立合同时应当在投保单、保险单或者其他保险凭证上作出足以引起投保人注意的提示，并对该条款的内容以书面或者口头形式向投保人作出明确说明；未作提示或者明确说明的，该条款不产生效力。"

（二）保险利益原则

1. 保险利益原则概述

保险利益也称为"可保利益"，我国《保险法》第12条第6款规定："保险利益是指投保人或者被保险人对保险标的具有的法律上承认的利益"。保险利益的实质，是投保人或被保险人对保险标的所具有的利害关系，包括经济上的利害关系及精神上的利害关系两种。

保险利益最早规定于英国保险法中。18世纪以前，英国的海上保险通常不要求被保险人证明他们对投保的船舶或者货物拥有权益，许多人以船舶能否完成航程进行赌博。1746年，英国海上保险法首次要求，被保险人必须对承保财产具有利益。1774年人寿保险法则对人身保险的保险利益作了规定。

确立保险利益原则的意义在于：第一，消除赌博行为，防范道德风险。如果允许投保人或者被保险人不具有保险利益，就意味着投保人或者被保险人可以随便对他人的人身或者财产进行保险，一旦发生事故，他们不受损失却可以得到赔付，保险将与赌博无异，甚至可能引发道德风险，即投保人、被保险人或者受益人可能会为骗取保险金而故意制造保险事故。第二，限制保险赔付额度，保障保险经营稳定。在保险利益原则的制约下，保险人的赔付金额不应超过受损的保险利益的价值，从而可以避免被保险人一方获得不当得利。

在现代各国保险法中，保险利益已成为保险合同的效力要件，没有保险利益的保险合同，即使保险人认可亦归无效。

2. 财产保险中的保险利益

一般来说，财产保险中的保险利益应具备三个要素：适法性、确定性和经济性。适法性是指保险利益必须得到法律认可，不法利益不能构成保险利益，例如以盗窃物、违禁物投保时，投保人与保险标的的关系即不合法。确定性是指保险利益必须是可以确定的利益，包括现有利益（利益已经确定）和期待利益（利益可以确定）。经济性是指保险利益必须是可以用货币计算的经济利益。

各国保险法一般规定，在财产保险合同中，被保险人而非投保人应对保险标的具有保险利益。所谓被保险人，是指其财产或者人身受保险合同保障，享有保险金请求权的人。被保险人之所以能够获取保险金，是因为其对保险标的拥有保险利益，并因事故的发生蒙受损失。如果被保险人没有利益，就不会有损失，也就不应该享有保险金请求权。就时间而言，财产保险的保险利益只要在损失发生时存在即可，在保险合同订立时可以不存在。我国《保险法》第 12 条第 2 款就规定："财产保险的被保险人在保险事故发生时，对保险标的应当具有保险利益。"第 48 条规定："保险事故发生时，被保险人对保险标的不具有保险利益的，不得向保险人请求赔偿保险金。"

3. 人身保险中的保险利益

各国保险法一般规定，在人身保险合同中，投保人应对保险标的具有保险利益。就时间而言，人身保险的保险利益必须在合同订立时存在，在保险合同效力持续期间和事故发生时，可以不具备保险利益。

《保险法》第 12 条第 1 款规定："人身保险的投保人在保险合同订立时，对被保险人应当具有保险利益。"第 31 条规定，投保人对下列人员具有保险利益：本人；配偶、子女、父母；前项以外与投保人有抚养、赡养或者扶养关系的家庭其他成员、近亲属；与投保人有劳动关系的劳动者。除前款规定外，被保险人同意投保人为其订立合同的，视为投保人对被保险人具有保险利益。订立合同时，投保人对被保险人不具有保险利益的，合同无效。

（三）近因原则

1. 近因原则概述

近因原则也是保险法的重要原则。所谓近因，是指引起保险事故发生的最直接、最有效、起主导作用或支配作用的原因。在风险与保险标的的损害关系中，如果近因属于承保风险，保险人应当负赔偿责任；如果近因属于除外风险或未保风险，则保险人不负赔偿责任。所谓近因原则，是指判断风险事故和保险标的损害之间的因果关系从而确定保险赔付责任的一项基本原则。

2. 近因原则的具体运用

近因原则的具体运用可归纳为以下四种情形：

(1) 单一原因致损。若造成损失的原因只有一个，该原因即为近因。若其为承保风险，保险人承担责任；若其不属承保风险，保险人不承担责任。

(2) 多因同时致损。若同时发生的多种原因均属承保风险，保险人承担责任；若同时发生的多种原因均不属承保风险，保险人不承担责任。较为复杂的情况是在同时发生的多种原因中，有的属于承保风险，有的属于除外风险，如果能够明确区分，即两个原因独立，一个原因不依赖于另一个原因，保险人只对承保风险所致的损失承担责任。如果不能够明确区分，即两个原因相互依存，一般认为保险人不承担责任。

(3) 多因连续致损。此时，致损原因之间存在前后因果关系，最先发生并引发一连串原因的原因为近因。若该近因属于承保风险，保险人应负责赔付；反之，保险人不承担责任。

(4) 多因间断致损。此时，前因与后因之间不存在因果关系，保险事故由一独立原因引起。若新的独立原因为承保危险，保险人应对其造成的损失负责赔偿；反之，保险人无须承担其造成的损失。

(四) 损失补偿原则

损失补偿原则是指当保险事故发生使投保人或者被保险人遭受实际损失时，保险人必须在责任范围内对投保人或被保险人的实际损失进行补偿。保险人的补偿额度应等同于保险标的的实际损失，最高不超过保险金额。

损失补偿原则只适用于财产保险，人身保险中因人的寿命或者身体健康无法用金钱衡量，故原则上不适用这一原则，但健康保险和意外伤害保险存在例外。前述超额保险制度、重复保险制度以及财产险中的代位求偿权制度，均体现了损失补偿原则。根据《保险法》第 69 条，代位求偿权是指因第三者对保险标的的损害而造成保险事故的，保险人自向被保险人赔偿保险金之日起，在赔偿金额范围内代位行使被保险人对第三者请求赔偿的权利。

损失补偿的范围包括以下几项：(1) 保险标的的实际损失，最高以保险金额为限。(2) 施救费用。《保险法》第 57 条第 2 款规定："保险事故发生后，被保险人为防止或者减少保险标的的损失所支付的必要的、合理的费用，由保险人承担；保险人所承担的费用数额在保险标的损失赔偿金额以外另行计算，最高不超过保险金额的数额。"(3) 勘查、定损费用。《保险法》第 64 条规定："保险人、被保险人为查明和确定保险事故的性质、原因和保险标的的损失程度所支付的必要的、合理的费用，由保险人承担。"(4) 仲裁和诉讼费用。《保险法》第 66 条规定："责任保险的被保险人因给第三者造成损害的保险事故而被提起仲裁或者诉讼的，被保险人支付的仲裁或者诉讼费用以及其他必要的、合理的费用，除合同另有约定外,由保险人承担。”

四、保险合同的当事人与关系人

(一) 保险合同的当事人

保险合同的当事人是指订立保险合同并享有、承担保险合同确定的权利义务的人,包括保险人和投保人。

1. 保险人

根据《保险法》第10条第3款,保险人是指与投保人订立保险合同,并按照合同约定承担赔偿或者给付保险金责任的保险公司。也就是说,在我国,经营商业保险业务的必须是依法设立的保险公司。

2. 投保人

根据《保险法》第10条第2款,投保人是指与保险人订立保险合同,并按照合同约定负有支付保险费义务的人。无论是自然人、法人还是非法人组织,均可以成为投保人。对于投保人的资格要求主要体现在两个方面:其一,投保人应具有相应的行为能力;其二,在人身保险合同中,投保人应在合同订立时具有保险利益。投保人的主要义务就是按照保险合同的约定支付保险费。

(二) 保险合同的关系人

保险合同的关系人是指在保险合同约定的保险事故发生时,对保险人享有保险金请求权的人,包括被保险人和受益人。

1. 被保险人

被保险人是指其财产或者人身受保险合同保障,享有保险金请求权的人。被保险人可以是投保人自己,也可以是投保人以外的第三人。在财产保险中,投保人往往同时为被保险人;在人身保险中,投保人与被保险人分离的情形也很常见。

关于被保险人的资格,与投保人一样,被保险人可以是自然人、法人或者非法人组织。但在人身保险中,被保险人只能是自然人。传统保险法理论认为,被保险人属被保障的对象,是不承担义务而纯获利益之人,因此无须有完全民事行为能力。但是,被保险人是否为纯获利益之人,要依合同性质而定。

在财产保险合同中,被保险人可谓纯获利益之人。在人身保险合同中,被保险人有时不是纯获利益之人,而可能是为了他人的利益成为被保障的对象,此时很可能产生道德危险,这就要求被保险人具有相应的行为能力。例如,《保险法》第33条规定,除父母为其未成年子女投保外,投保人不得为无民事行为能力人投保以死亡为给付保险金条件的人身保险,保险人也不得承保。第34条规定:“以死亡为给付保险金条件的合同,未经被保险人同意并认可保险金额的,合同无效。按照以死亡为给付保险金条件的合同所签发的保险单,未经被保险人书面同意,不得转让或者质押。父母为其未成年子女投保的人身保险,不受本条第一款规定限制。”此外,在需要指定受益人或者同意投保人指定的受益人的场合,被保险人显然要有行为能力。

2. 受益人

受益人是指人身保险合同中由被保险人或者投保人指定的享有保险金请求权的人。在保险法上,受益人是纯获利益之人,故其资格一般不受限制,任何自然人、法人和其他组织均可成为受益人,胎儿也可被指定为受益人,但出生时不是活体的,受益权自行消灭。

投保人指定受益人时须经被保险人同意。投保人为与其有劳动关系的劳动者投保人身保险,不得指定被保险人及其近亲属以外的人为受益人。被保险人为无民事行为能力人或者限制民事行为能力人的,可以由其监护人指定受益人。被保险人或者投保人可以指定一人或者数人为受益人。受益人为数人的,被保险人或者投保人可以确定受益顺序和受益份额;未确定受益份额的,受益人按照相等份额享有受益权。

受益人享有的权利即保险金请求权,也被称为受益权,这是一种期待权,只有在发生保险事故后才能转变为现实的既得权。基于期待权这一性质,受益人必须后于被保险人死亡方能获得保险金。如果其先于被保险人死亡或者与被保险人同时死亡,受益人的继承人对于保险金都不可主张权利。《保险法》第42条第2款规定:“受益人与被保险人在同一事件中死亡,且不能确定死亡先后顺序的,推定受益人死亡在先。”这一规定不仅合乎人之常情,也与受益权的性质相契合。

被保险人死亡后,有下列情形之一的,保险金作为被保险人的遗产,由保险人依照《继承法》的规定履行给付保险金的义务:没有指定受益人,或者受益人指定不明无法确定的;受益人先于被保险人死亡,没有其他受益人的;受益人依法丧失受益权或者放弃受益权,没有其他受益人的。为保障被保险人的生命安全,受益人故意造成被保险人死亡、伤残、疾病的,或者故意杀害被保险人未遂的,该受益人丧失受益权。

五、保险合同的订立与效力

(一) 保险合同的订立

保险合同的订立是指投保人向保险人提出保险要求,经双方协商,保险人同意承保而签订保险合同的过程。根据《保险法》和《合同法》,保险合同的订立需要经过要约和承诺两个阶段。

1. 要约

要约是希望和他人订立合同的意思表示。在保险实务中,要约一般由投保人向保险人提出,被称为“投保”或“要保”。具体言之,投保表现为投保人向保险人索取由后者准备好的统一格式的投保单,投保人依其所列项目逐一填写,并将投保单交付给保险人。

2. 承诺

承诺是受要约人同意要约的意思表示,在保险实务中,承诺通常由保险人作出,又被称为“承保”。保险人收到投保人填写的投保单后,需要进行审核,如果没有问题就在投保单上签字盖章,这就属于承诺,保险合同自保险人在投保单上签字、盖章时起成立。

需要指出的是,实践中,保险人有时也会提出新的要约,如加费承保,此时投保人与保险人的地位互易,投保人接受新的要约的才构成承诺。

根据《保险法》第 13 条和第 14 条,保险合同的成立不以保险费的交付以及保险单或者保险凭证的交付为要件,它们均为保险合同成立后当事人所负的合同义务。

（二）保险合同的形式

保险合同为不要式合同,除法律另有规定或者当事人另有约定外,当事人可以采用口头形式、书面形式或者其他形式订立保险合同。不过在保险实务中,保险合同多表现为格式化的书面形式,主要有:

1. 投保单。又称要保单、投保书、要保书,是投保人向保险人提出的订立保险合同的书面要约。投保单一经保险人接受,就成为保险合同的组成部分。

2. 暂保单。又称临时保单,是保险人或其代理人在正式保险单签发之前出具给投保人的临时保险凭证。暂保单的效力与保险单相同,但内容比较简单,正式保险单签发后,暂保单自动失效。

3. 保险单。简称保单,是投保人与保险人之间订立的保险合同的正式凭证。保险单由保险人制作、签章之后交付给投保人,应完整记载双方当事人之间的权利义务内容。

4. 保险凭证。又称小保单,是一种简化的保险单,具有和保险单相同的法律效力。保险凭证只记载和保险人约定的主要内容,未载明的内容以正式保险单为准。

（三）保险合同的效力

1. 保险合同的生效

合同生效不同于合同成立,它反映的是对当事人已经达成的合意的评价。保险合同的生效应当具备以下要件:(1) 主体适格。保险合同的双方当事人必须具有签订保险合同的行为能力。换而言之,投保人必须具有相应的行为能力,且对保险标的具有保险利益;保险人必须是依法设立的从事商业保险业务的保险公司。(2) 意思表示真实。双方当事人订立保险合同的意思表示必须真实,不应存在欺诈、胁迫、重大误解等情形。(3) 合同内容合法。即保险合同的内容不违反法律、行政法规中的强制性规定,不损害社会公共利益。

依法成立的合同,如果具备上述生效要件,自成立时起成效。投保人和保险人可以对合同的效力约定附条件或者附期限。

2. 保险合同的无效

保险合同是合同的一种,是一种双方法律行为,因此,民法中关于民事法律行为无效和合同法中关于合同无效的规定也适用于保险合同。除此以外,作为特别法的《保险法》也专门规定了保险合同的无效原因,包括:对保险合同中免除保险人责任的条款,保险人在订立合同时未作提示或者明确说明的,该条款不产生效力;订立人身保险合同时投保人对被保险人不具有保险利益的,合同无效;以死亡为给付保险金条件的合同,未经被保险人同意并认可保险金额的,合同无效;保险金额超过保险价值的,超过的部分无效。

六、保险合同的履行

(一) 投保人一方合同义务的履行

1. 交付保险费的义务

交付保险费是投保人的主要义务,在保险合同成立后,投保人应按照合同约定履行这一义务。保险费可以一次交付完毕,也可以分期交付。根据《保险法》第 36 条,人身保险合同约定分期支付保险费,投保人支付首期保险费后,除合同另有约定外,投保人自保险人催告之日起超过 30 日未支付当期保险费,或者超过约定的期限 60 日未支付当期保险费的,合同效力中止,或者由保险人按照合同约定的条件减少保险金额。

在财产保险中,现行《保险法》没有规定投保人不按约定支付保费的后果。依据法理,投保人不按期支付保费构成违约,需要承担违约责任。但是,只要保险合同未将保费支付与合同的成立、生效或者保险责任的承担联系起来,投保人的违约行为将不会影响保险合同的成立、生效和责任承担。

2. 维护保险标的安全的义务

根据《保险法》第 51 条,被保险人应当遵守国家有关消防、安全、生产操作、劳动保护等方面的规定,维护保险标的的安全。保险人可以按照合同约定对保险标的的安全状况进行检查,及时向投保人、被保险人提出消除不安全因素和隐患的书面建议。投保人、被保险人未按照约定履行其对保险标的的安全应尽责任的,保险人有权要求增加保险费或者解除合同。这一规定的一大缺陷是没有明确事故发生后保险人是否可据此主张不负赔偿责任。

3. 危险增加的通知义务

保险合同为长期性合同,在合同成立后,如有任何情况发生并足以影响原对价关系的平衡时,必须对合同内容作出相应的调整,这也是合同法上“情势变更原则”的体现。因此,《保险法》第 52 条规定:“在合同有效期内,保险标的的危险程度显著增加的,被保险人应当按照合同约定及时通知保险人,保险人可以按照合同约定增加保险费或者解除合同。保险人解除合同的,应当将已收取的保险费,按照合同约定扣除自保险责任开始之日起至合同解除之日止应收的部分后,退还投保人。”被保险人未履行通知义务的,因保险标的的危险程度显著增加而发生的保险事故,保险人不承担赔偿保险金的责任。

4. 出险通知义务

修改前的我国《保险法》就已规定了这一义务,但未明确不履行此项义务的后果,在保险实务中,保险合同约定的后果主要有保险人免责、解除合同、损害赔偿等三种形式。新《保险法》第 21 条规定,投保人、被保险人或者受益人知道保险事故发生后,应当及时通知保险人。故意或者因重大过失未及时通知,致使保险事故的性质、原因、损失程度等难以确定的,保险人对无法确定的部分,不承担赔偿或者给付保险金的责任,但保险人通过其他途径已经及时知道或者应当及时知道保险事故发生的除外。

5. 施救义务

《保险法》第 57 条第 1 款规定:“保险事故发生时,被保险人应当尽力采取必要的措施,防止或者减少损失。”此即为被保险人的施救义务,但是,该款并未规定不履行此项义务的后果,仍有必要进一步完善。

施救义务的法理基础在于:事故发生后施救不仅符合被保险人和保险人的利益,也符合社会公共利益。而之所以由被保险人而非保险人承担这一义务,是因为被保险人通常和保险标的物距离最近,所采取的救助行为一般最为有效。

6. 单证提供和协助义务

《保险法》第 22 条规定了单证提供义务。保险事故发生后,按照保险合同请求保险人赔偿或者给付保险金时,投保人、被保险人或者受益人应当向保险人提供其所能提供的与确认保险事故的性质、原因、损失程度等有关的证明和资料。保险人按照合同的约定,认为有关的证明和资料不完整的,应当及时一次性通知投保人、被保险人或者受益人补充提供。

《保险法》第 63 条规定了被保险人的协助义务。保险人向第三者行使代位请求赔偿的权利时,被保险人应当向保险人提供必要的文件和所知道的有关情况。保险法确立这一义务的理由在于:保险人的代位求偿权来源于被保险人对第三人的损害赔偿请求权,第三人可以向保险人主张其对被保险人的一切抗辩,而保险人对被保险人和第三人之间的关系并不清楚,因此被保险人有必要予以协助。

（二）保险人义务的履行

1. 赔付保险金的义务

赔付保险金是保险人应当履行的主要义务。在保险事故发生或者保险合同约定的条件满足时，保险人即应赔付保险金。关于这一义务，有以下几个问题需要注意：

(1) 赔付期限。《保险法》第23条第1款规定："保险人收到被保险人或者受益人的赔偿或者给付保险金的请求后，应当及时作出核定；情形复杂的，应当在30日内作出核定，但合同另有约定的除外。保险人应当将核定结果通知被保险人或者受益人；对属于保险责任的，在与被保险人或者受益人达成赔偿或者给付保险金的协议后10日内，履行赔偿或者给付保险金义务。保险合同对赔偿或者给付保险金的期限有约定的，保险人应当按照约定履行赔偿或者给付保险金义务。"

(2) 先予支付。《保险法》第25条规定："保险人自收到赔偿或者给付保险金的请求和有关证明、资料之日起60日内，对其赔偿或者给付保险金的数额不能确定的，应当根据已有证明和资料可以确定的数额先予支付；保险人最终确定赔偿或者给付保险金的数额后，应当支付相应的差额。"

(3) 保险金请求权的消灭失效。《保险法》第26条规定："人寿保险以外的其他保险的被保险人或者受益人，向保险人请求赔偿或者给付保险金的诉讼时效期间为2年，自其知道或者应当知道保险事故发生之日起计算。人寿保险的被保险人或者受益人向保险人请求给付保险金的诉讼时效期间为5年，自其知道或者应当知道保险事故发生之日起计算。"

(4) 违约责任。《保险法》第23条第2款规定："保险人未及时履行前款规定义务的，除支付保险金外，应当赔偿被保险人或者受益人因此受到的损失。"

2. 承担其他费用的义务

除了支付保险金以外，保险人还应承担包括施救费用、勘查定损费用等在内的其他费用，具体可见前文关于损失补偿原则的介绍。

七、保险合同的变更、解除和终止

（一）保险合同的变更

保险合同的变更可以分为合同主体的变更与合同内容的变更。

1. 保险合同主体的变更

保险合同主体的变更可以进一步分为当事人的变更和受益人的变更。

(1) 当事人的变更

保险合同当事人的变更也被称为保险合同的转让。在财产保险合同中，当事人变更往往是由保险标的的转让所导致，转让原因则主要包括继承、破产、交易等。由于在不同主体的管理和控制下,保险标的的风险状况会存在差异。因此,当保险标的发生转让时,一方面,为保障受让方的利益,保险人应当继续受保险合同的约束。另一方面,转让方或者受让方也应及时通知保险人标的转让的事实,以使保险人有机会根据新的情形对保险合同作出调整。

我国《保险法》第 49 条规定,保险标的转让的,保险标的的受让人承继被保险人的权利和义务。保险标的转让的,被保险人或者受让人应当及时通知保险人,但货物运输保险合同和另有约定的合同除外。因保险标的转让导致危险程度显著增加的,保险人自收到前款规定的通知之日起 30 日内,可以按照合同约定增加保险费或者解除合同。保险人解除合同的,应当将已收取的保险费,按照合同约定扣除自保险责任开始之日起至合同解除之日止应收的部分后,退还投保人。被保险人、受让人未履行通知义务的,因转让导致保险标的危险程度显著增加而发生的保险事故,保险人不承担赔偿保险金的责任。

在人身保险合同中,《保险法》对投保人转让合同未予明确规定,但对保险人特殊情形下转让合同有所规范。该法第 92 条规定:"经营有人寿保险业务的保险公司被依法撤销或者被依法宣告破产的,其持有的人寿保险合同及责任准备金,必须转让给其他经营有人寿保险业务的保险公司;不能同其他保险公司达成转让协议的,由国务院保险监督管理机构指定经营有人寿保险业务的保险公司接受转让。"

(2) 受益人的变更

根据相关规定,被保险人或者投保人可以变更受益人并书面通知保险人。保险人收到变更受益人的书面通知后,应当在保险单或者其他保险凭证上批注或者附贴批单。投保人变更受益人时须经被保险人同意。

2. 保险合同内容的变更

《保险法》第 20 条规定,投保人和保险人可以协商变更合同内容。合同内容的变更应具备以下要件:

第一,变更必须以合法有效的合同存在为前提。如果保险合同无效或者被解除,均不发生变更的问题。

第二,变更因当事人的约定或法律规定而发生。通常,当事人协商变更合同更为普遍,但在某些情况下也存在法定变更,如《保险法》第 53 条对保险人在特定情形下应当减少保险费的规定。

第三,变更必须符合法定形式。变更保险合同的,应当由保险人在保险单或者其他保险凭证上批注或者附贴批单,或者由投保人和保险人订立变更的书面协议。

(二) 保险合同的解除

保险合同订立后即具有法律约束力,当事人必须按约履行合同。当具备法定或约定事由时，可以解除保险合同。保险合同的解除可以分为任意解除、法定解除、约定解除和协议解除四种。

1. 任意解除

任意解除是指当事人可基于自己的意愿随意解除合同。在各国保险法中，任意解除合同的权利通常赋予投保人而非保险人。我国《保险法》第15条也奉行这一精神："除本法另有规定或者保险合同另有约定外，保险合同成立后，投保人可以解除合同，保险人不得解除合同。"该规定主要是为了保护投保人的权益。同时，鉴于某些保险合同有其特殊性，保险法也对投保人的任意解除权作了一定的限制。《保险法》第50条规定，货物运输保险合同和运输工具航程保险合同，保险责任开始后，合同当事人不得解除合同。

根据《保险法》的规定，在财产保险合同中，保险责任开始前，投保人要求解除合同的，应当按照合同约定向保险人支付手续费，保险人应当退还保险费。保险责任开始后，投保人要求解除合同的，保险人应当将已收取的保险费，按照合同约定扣除自保险责任开始之日起至合同解除之日止应收的部分后，退还投保人。在人身保险合同中，投保人解除合同的，保险人应当自收到解除合同通知之日起30日内，按照合同约定退还保险单的现金价值。

2. 法定解除

法定解除是指当事人基于法定事由解除合同。由于《保险法》原则上允许投保人解除合同，却禁止保险人解除合同，因此，法定解除主要适用于保险人，其情形主要包括：

(1) 投保人故意或者因重大过失未履行如实告知义务，足以影响保险人决定是否同意承保或者提高保险费率的，保险人有权解除合同。

(2) 未发生保险事故，被保险人或者受益人谎称发生了保险事故，向保险人提出赔偿或者给付保险金请求的，保险人有权解除合同。

(3) 投保人、被保险人故意制造保险事故的，保险人有权解除合同。

(4) 投保人申报的被保险人年龄不真实，并且其真实年龄不符合合同约定的年龄限制的，保险人可以解除合同。

(5) 合同效力依照《保险法》第36条规定中止的，经保险人与投保人协商并达成协议，在投保人补交保险费后，合同效力恢复。自合同效力中止之日起满2年双方未达成协议的，保险人有权解除合同。

(6) 因保险标的转让导致危险程度显著增加的，保险人自收到通知之日起30日内，可以按照合同约定增加保险费或者解除合同。

(7) 投保人、被保险人未按照约定履行其对保险标的的安全应尽责任的，保险人有权要求增加保险费或者解除合同。

(8) 在合同有效期内，保险标的的危险程度显著增加的，保险人可以按照合同约定增加保险费或者解除合同。

(9) 保险标的发生部分损失的,自保险人赔偿之日起30日内,投保人可以解除合同;除合同另有约定外,保险人也可以解除合同,但应当提前15日通知投保人。

3. 约定解除

约定解除是指基于约定的事由解除合同。与法定解除一样,约定解除权在实务中也主要赋予保险人而非投保人。

4. 协议解除

协议解除是指在保险合同履行完毕前,虽无法定或者约定解除事由的存在,但双方经协商一致解除合同。由于投保人享有任意解除合同的权利,因此,如果保险人在无法定和约定解除事由的情况下希望解除合同,就只能通过协议解除。

5. 解除权的行使

除协议解除外,无论是任意解除、法定解除还是约定解除,当事人享有的解除权均为形成权,解除合同的行为属于单方法律行为。对于解约行为的具体形式,《保险法》未作规定,因此可以适用《合同法》的相关条款。根据该法第96条,当事人一方主张解除合同的,应当通知对方。合同自通知到达对方时解除。

此外,为促使法律关系尽早确定,解除权应当在一定的期限内行使。对于该期限,《保险法》仅在两种情形下有明确规定:一是在投保人违反如实告知义务的情况下,合同解除权自保险人知道有解除事由之日起,超过30日不行使而消灭。自合同成立之日起超过2年的,保险人不得解除合同。二是在投保人申报的被保险人年龄不真实的情况下,解除权的行使期限与违反如实告知义务的规定相同。而《合同法》第95条规定,法律规定或者当事人约定解除权行使期限,期限届满当事人不行使的,该权利消灭。法律没有规定或者当事人没有约定解除权行使期限,经对方催告后在合理期限内不行使的,该权利消灭。

(三) 保险合同的终止

保险合同的终止是指因特定事由的发生导致保险合同当事人之间的权利义务关系归于消灭。保险合同终止的原因包括:(1) 保险合同的期限届满;(2) 保险人按照保险合同的约定赔付了全部保险金;(3) 保险合同的解除;(4) 在以生存为给付条件的人身保险合同中,被保险人死亡,保险合同终止。

第三节 证券发行与交易行为

一、证券发行

(一) 证券发行的定义和分类

证券发行是指证券的发行者为筹集资金依法向投资者以同一条件招募和出

售股票、公司债券以及其他证券的行为。

依发行者主体的不同，证券发行可分为公司发行、金融机构发行以及政府发行。公司、金融机构主要是发行股票和债券，政府主要发行国债。

依发行对象的不同，证券发行可分为公募和私募。公募即公开发行，是发行者向不特定的社会公众广泛出售证券的行为；私募即非公开发行，是指面向少数特定的投资者发行证券的行为。我国《证券法》对公开发行作了明确的界定。有下列情形之一的，为公开发行：(1) 向不特定对象发行证券的；(2) 向特定对象发行证券累计超过 200 人的；(3) 法律、行政法规规定的其他发行行为。非公开发行证券，不得采用广告、公开劝诱和变相公开方式。

依发行目的不同，证券发行可分为设立发行和增资发行，这种分类适用于股票发行。

依发行是否借助证券发行中介机构的不同，证券发行可分为直接发行和间接发行。直接发行是证券发行人不通过证券承销机构，由自己承担发行风险，办理发行事宜。这种方式发行费用低廉，但要求发行者经营业绩优良并有较高知名度，间接发行是发行人委托证券承销机构发行证券。

依发行价格与证券票面金额或贴现金额的关系不同，证券发行可分为平价发行、溢价发行和折价发行。我国《公司法》第 128 条禁止折价发行股票。

依发行地点不同，证券发行可分为国内发行和国外发行。

（二）证券发行保荐制度

保荐制度又称保荐人（sponsor）制度，源于英国，是指证券发行人申请其证券上市交易，必须聘请依法取得保荐资格的保荐人为其出具保荐意见，证明其发行文件中所载材料真实、完整、准确，符合在交易所上市的条件，从而由保荐人协助发行人建立严格的信息披露制度，承担风险防范责任。我国《证券法》第 11 条规定："发行人申请公开发行股票、可转换为股票的公司债券，依法采取承销方式的，或者公开发行法律、行政法规规定实行保荐制度的其他证券的，应当聘请具有保荐资格的机构担任保荐人。"建立保荐制度的目的是为了充分利用中介机构的中介地位、职业水平和声誉机制，把好证券发行关，并以此提升公司发行证券的质量，提高市场诚信度，增强市场吸引力。①

（三）证券发行的审核体制

国际上证券发行审核主要存在两种不同的体制，一是以美国 1933 年《证券法》与日本《证券交易法》为代表的公开主义，并在此基础上形成的证券发行注册制度；二是以美国部分州的"蓝天法"和欧陆国家公司法为代表的准则主义，

① 参见罗培新、卢文道等：《最新证券法解读》，北京大学出版社 2006 年版，第 23 页。

所采取的证券发行核准制度。[①] 两相比较,注册制比较符合效率原则,核准制比较符合安全原则,各有利弊。

我国《证券法》采取的是核准制,根据该法第10条,公开发行证券,必须符合法律、行政法规规定的条件,并依法报经国务院证券监督管理机构或者国务院授权的部门核准。

(四) 证券发行的预披露制度

所谓预披露,是指申请人首次公开发行证券的,在按照法律规定向国务院证券监督管理机构报送有关申请文件并在其受理后,将有关申请文件向社会公众披露,而不必等到国务院证券监督管理机构对发行文件审核完毕,作出核准发行的决定后再进行披露。预披露制度提前了公开披露发行文件的时间,具有以下优点:(1) 对于发行审核而言,在发行申请人的申请被受理以后就将有关的发行申请文件,包括公开发行募集文件公之于众,可以对发行审核工作形成监督,从而比较有效地避免发行审核中可能出现的有关问题;(2) 将申请材料提前披露,社会公众可以对发行申请人文件中的问题进行举报,适合核准机构能够提前了解、调查有关情况,有利于缩短审核时间,提高发行审核的效率;(3) 提前披露发行文件,可以使社会公众提前了解发行文件的内容,有助于其进行投资决策。

(五) 证券承销

证券承销是指发行人委托证券公司(亦称承销商)向证券市场上不特定的投资人公开销售股票、债券及其他投资证券的活动。证券承销通常有四种方式:

1. 代销

代销是指承销商代理发售证券,并于发售期结束后,将未销售部分证券退还发行人的承销方式。证券代销的法律特点是:第一,发行人与承销人之间建立的是一种委托代理关系。代销过程中,未售出证券的所有权属于发行人,承销商仅是受托办理证券销售事务。第二,承销商作为发行人的推销者,不垫资金,对不能售完的证券不负任何责任。证券发行的风险基本上是由发行人自己承担。

2. 助销

助销是指承销商按承销合同规定,在约定的承销期满后对剩余的证券出资买进(余额包销),或者按剩余部分的数额向发行人贷款,以保证发行人的筹资、用资计划顺利实现。证券助销的特点是:第一,发行人与承销者之间先是建立一种委托代理关系,在承销期满后,才可能转为证券的买卖关系或借贷关系。第二,承销商承担着一定的风险,即当承销期内不能全部售出证券时,所剩证券或由承销商购买,或由承销商贷出相应的资金给发行人。发行人的风险相对于代销方式要小。我国证券法将余额包销归入包销方式。

---

① 参见杨志华:《证券法律制度研究》,中国政法大学出版社1995年版,第63页。

3．包销

包销是指在证券发行时，承销商以自己的资金购买计划发行的全部或部分证券，然后再向公众出售，承销期满时未出售部分仍由承销商自己持有的一种承销方式。证券包销又分两种方式：一种是全额包销，一种是定额包销。全额包销是承销商承购发行人发行的全部证券，承销商将按合同约定支付给发行人证券的资金总额。这种方式包销可使发行人及时得到所需资金，而不必承担市场风险。但因承销商承担较大风险，要求发行人支付的承销费用也较高。定额包销是承销商承购发行人发行的部分证券。承销商没有包销的部分可通过协议由承销商代销。定额包销方式，市场的风险由发行人和承销商分担。无论是全额包销，还是定额包销，发行人与承销商之间形成的关系都是证券买卖关系。在承销过程中未售出的证券，其所有权属于承销商。

4．承销团承销

亦称“联合承销”，是指两个以上的证券承销商共同接受发行人的委托向社会公开发售某一证券的承销方式。由两个以上的承销商临时组成的一个承销机构称为承销团。承销团成员根据分工及承担责任的不同，可分为主承销商和分销商。我国《证券法》规定：向社会公开发行的证券票面总值超过人民币5000万元的，应当由承销团承销。

（六）证券发行失败

按照《证券法》的规定，股票发行采用代销方式，代销期限届满，向投资者出售的股票数量未达到拟公开发行股票数量70%的，为发行失败。发行人应当按照发行价并加算银行同期存款利息返还股票认购人。这样的规定能促使发行人和承销商充分考虑市场需求，确定适当的发行价格。如果发行价格定得过高，则很可能因为无法售出足够的股票而承担发行失败的风险，这有利于促成股票发行的合理定价机制，保护公众投资者利益。

二、证券上市

（一）证券上市的概念和条件

证券上市是指发行人发行的证券，依法定条件和程序，在证券交易所或其他法定交易市场公开挂牌交易的法律行为。

证券上市的标准是指具备怎样的条件才能在法定的交易场所上市。各国规定的上市标准有很大差异。一般而言，股票上市的标准要严于公司债券上市的标准；主板上市的标准要严于二板上市的标准。政府债券的上市享有审核豁免的权利。

股票上市的基准（即“基本标准”）通常包括：

1．规模基准。规模基准的指标一般以公司资本额（净资产）或证券发行量衡量，也有同时用两个指标衡量的。我国《证券法》规定的上市规模为人民币3000万元的股本。如果上市规模达不到一定的标准，潜在的交易量很小，就会造成“有行无市”的结局。

2. 经营基础基准。经营基础基准一般指公司资本结构、盈利水平等。资本结构以资产负债率表示；盈利水平以年利润数额表示，有时用若干年的利润数合并考虑。

3. 股份分布基准。股份分布基准是对最低持股人数及公众持股比例或持股数的要求。如果股份过分集中在少数人手中，不利于证券的流通。我国法律规定：公开发行的股份须达到公司股份总数的25%以上；公司股本总额超过人民币4亿元的，公开发行股份的比例为10%以上。

4. 其他基准。其他基准包括：公司最近3年的财务报表中没有虚假记载，财务报表经注册会计师验证；上市证券的设计符合证交所的要求，对证券的转让未加限制等。①

公司债券的上市也要符合一定的标准，这些标准主要包括：债券的发行量、期限、信用等级和发行公司的资本规模、偿还本金利息的能力等。我国《证券法》规定：公司申请其公司债券上市交易必须符合下列条件：(1) 公司债券的期限为1年以上；(2) 公司债券实际发行额不少于人民币5000万元；(3) 公司申请其债券上市时仍符合法定的公司债券发行条件。

（二）证券上市的程序

1. 股票上市的程序

(1) 申请核准。我国法律规定，股份有限公司申请其股票上市交易，应向证券交易所提出申请，由证券交易所依法审核同意，并由双方签订上市协议。

(2) 签署上市协议。按照国际惯例，上市申请人应当与证券交易所签署上市协议，以明确各自的权利和义务。依此协议，上市公司承诺接受证券交易所的管理，承担上市协议或交易所自律规章所规定的义务。

(3) 公告上市。股票上市交易申请经证券交易所同意并签署上市协议后，签订上市协议的公司应当在规定的期限内公告经核准的股票上市的有关文件，并将该文件置备于指定场所供公众查阅。

2. 公司债券上市的程序

(1) 申请核准。在我国，公司申请其发行的公司债券上市交易，应当向证券交易所提出申请，由证券交易所依法审核同意，并由双方签订上市协议。

(2) 公告上市。公司债券上市交易申请经证券交易所审核同意后，签订上市协议的公司应当在规定的期限内公告公司债券上市文件及有关文件，并将其

---

① 参见顾功耘等主编：《中国证券法学》，中国政法大学出版社1993年版，第126—128页。

申请文件置备于指定场所供公众查阅。

(三) 证券上市的暂停与终止

证券上市的暂停与上市的终止是既有联系又有区别的两个概念。前者是指上市公司发生法定原因时,上市证券暂时停止在证券交易所挂牌交易的情形。一旦暂停原因消除,证券即可恢复上市。后者是指发生法定原因后,原上市证券不得继续在证券交易所交易的情形。二者共同点是上市证券的停止交易活动。区别点是,上市暂停可在具备法定条件时恢复上市交易,而上市终止不能恢复上市。

1. 暂停上市

根据我国《证券法》,股票上市暂停的原因包括以下五种情形:公司股本总额、股权分布等发生变化不再具备上市条件;公司不按照规定公开其财务状况,或者对财务会计报告作虚假记载,可能误导投资者;公司有重大违法行为;公司最近三年连续亏损;证券交易所上市规则规定的其他情形。

公司债券上市暂停的原因也有五种情形:公司有重大违法行为;公司情况发生重大变化不符合公司债券上市条件;发行公司债券所募集的资金不按照核准的用途使用;未按照公司债券募集办法履行义务;公司最近两年连续亏损。

2. 终止上市

在满足法定条件的情况下,证券交易所可依法决定证券终止上市。

我国《证券法》规定了五种股票上市终止的情形,即公司股本总额、股权分布等发生变化不再具备上市条件,在证券交易所规定的期限内仍不能达到上市条件;公司不按照规定公开其财务状况,或者对财务会计报告作虚假记载,且拒绝纠正;公司最近三年连续亏损,在其后一个年度内未能恢复盈利;公司解散或者被宣告破产;证券交易所上市规则规定的其他情形。

公司债券终止上市的条件是:公司有重大违法行为或未按照公司债券募集办法履行义务,经查实后果严重的;公司情况发生重大变化、不符合公司债券上市条件的;发行公司债券所募集的资金不按照校准用途使用的;公司最近两年连续亏损,在限期内未能消除的;公司解散或者被宣告破产。

三、证券交易

(一) 证券交易概述

证券交易是指对已经依法发行并经投资者认购的证券进行买卖的行为,其主要特征是:(1) 它是一种具有财产价值的特定权利的买卖。也就是说,证券交易不仅仅是有一定价值的财产的买卖,而且是与财产相关的权利的买卖,如股票上的股权、债券中的债权等。(2) 它是一种标准化合同的买卖。由于每一种证券的面值设计是一致的,所代表的权利内容也是一致的,所以证券具有标准化合同的性质，当事人买卖证券时除了可以选择品种数量和价格以外，其他均需依统一的规则进行。(3) 它是一种已经依法发行并经投资者认购的证券的买卖。无论是证券内容还是证券形式，都是经法定的主管部门审查认可的；证券已经依法发行且已经到达原始投资者手中。

证券交易依不同的标准可作不同的分类。从交易场所的角度看，可分为集中市场交易和分散市场交易；从买卖双方交易主体结合方式看，可分为议价交易和竞价交易；从达成交易的方式看，可分为直接交易和间接交易（委托交易）；按交割期限和投资方式的不同，可分为现货交易、期货交易、期权交易、信用交易和回购。①

（二）证券交易的一般规则

1. 非依法发行的证券不得买卖

如果允许非依法发行的证券买卖，整个金融市场就无秩序可言。在市场上交易的任何证券都必须是合法的证券，即已经法定的主管部门核准或批准且已经发行的证券。

2. 转让期限有限制性规定的证券，在限定期内不得买卖

有转让限定期的证券，主要是指公司发起人从公司成立起 1 年内持有的本公司股票、大股东从持股比例达 5% 之日起 6 个月内持有的股票等。规定这些股票在一定期限内不得买卖，主要是防止股票持有人利用特殊地位谋取利益，而影响市场的健康发展。

3. 证券从业人员不得买卖股票

证券交易所、证券公司、证券登记结算机构从业人员、证券监督管理机构工作人员和法律、行政法规禁止参与股票交易的其他人员，在任期或者法定限期内，不得直接或者以化名、借他人名义持有、买卖股票，不得收受他人赠送的股票。任何人在成为上述所列人员时，其原已持有的股票，必须依法转让。另外，为股票发行出具审计报告、资产评估报告或者法律意见书等文件的证券服务机构和人员，在该股票承销期内和期满后 6 个月内，不得买卖该种股票。为上市公司出具审计报告、资产评估报告或者法律意见书等文件的专业机构和人员，自接受上市公司委托之日起至上述文件公开后 5 日内，不得买卖该种股票。

4. 依法公开发行的证券应在证券交易所上市交易或在国务院批准的其他证券场所转让

在我国，依法公开发行的股票、公司债券及其他证券，应当在上海证券交易所或深圳证券交易所上市交易；或者在国务院批准的其他证券交易场所转让。

① 参见萧灼基主编：《中华人民共和国证券法实务全书》，中国民主法制出版社 1999 年版，第 882—884 页。

目前，在我国交易所之外的合法证券交易，主要包括两大类：一是通过产权交易所进行的非上市公司股份的转让；二是证券公司的代办股份转让业务。[①] 交易场所的多元化，有利于多层次资本市场的形成和培育，为发展多层次资本市场留下了法律空间。

5. 上市交易的证券应采用公开的集中交易方式或国务院证券监督管理机构批准的其他方式

我国《证券法》规定，证券交易的方式可以采用集中交易的方式或证监会批准的其他方式。集中交易的方式是指在集中交易市场以竞价交易的方式进行交易，可以分为集中竞价交易和大宗交易。

6. 证券交易所、证券公司、证券登记结算机构必须依法为客户所开立的账户保密

为证券交易开立的账户，是投资者进行证券交易的记录，也是证明投资者权益的资料凭据。证券交易所、证券公司、证券登记结算机构必须对客户所开立的账户保密，以防为他人非法利用，损害客户利益。

7. 证券交易的收费必须合理

证券交易费用一般均指证券交易当事人应当缴纳的除税收之外的各项费用。从我国目前看，证券交易费用主要包括以下三项：发行公司需支付的上市费用；投资者需支付的佣金、开户费、委托手续费等；证券商需支付的入场费，即进入证券交易所从事自营或代理买卖证券业务，应向证券交易所支付的有关费用。

8. 上市公司董事、监事、高级管理人员、持有上市公司股份5%以上的股东限期内买卖股票的收益归入公司

上市公司董事、监事、高级管理人员、持有上市公司股份5%以上的股东在法定期限内不得进行短线交易，否则所得收益归公司所有。所谓短线交易，是指上述人等将其持有的该公司股票在买入后6个月内卖出，或者在卖出后6个月内又买入的行为。公司董事会对有短线交易行为的公司有关人员应当行使收益“归入权”，否则股东有权要求董事会在30日内执行。公司董事会未在规定期限内执行的，股东有权为了公司的利益以自己的名义直接向人民法院提起诉讼，公司董事会负有责任的董事依法承担连带责任。

（三）禁止的证券交易行为

1. 内幕交易

内幕交易是指内幕信息的知情人和非法获取内幕信息的人利用内幕信息进行证券交易活动的行为。它属于证券交易中的欺诈行为，不利于保护投资者的合法权益和社会公共利益，必须绝对禁止。

---

① 参见罗培新、卢文道等：《最新证券法解读》，北京大学出版社2006年版，第68页。

内幕信息的知情人，是指知悉证券交易内幕信息的知情人员。具体包括：发行人的董事、监事、高级管理人员；持有公司5%以上股份的股东及其董事、监事、高级管理人员，公司的实际控制人及其董事、监事、高级管理人员；发行人控股的公司及其董事、监事、高级管理人员；由于所任公司职务可以获取公司有关内幕信息的人员；证券监督管理机构工作人员以及由于法定的职责对证券的发行、交易进行管理的其他人员；保荐人、承销的证券公司、证券交易所、证券登记结算机构、证券服务机构的有关人员；国务院证券监督管理机构规定的其他人。至于非法获取内幕信息的人，指的是以窃取、骗取等非法手段获得内幕信息的人。

内幕信息，是指证券交易活动中，涉及公司的经营、财务或者对该公司证券的市场供求有重大影响的尚未公开的信息。这些信息包括：《证券法》第67条第2款所列重大事件；公司分配股利或者增资的计划；公司股权结构的重大变化；公司债务担保的重大变更；公司营业用主要资产的抵押、出售或者报废一次超过该资产的30%；公司的董事、监事、高级管理人员的行为可能依法承担重大损害赔偿责任；上市公司收购的有关方案；证券监督管理机构认定的对证券交易价格有显著影响的其他重要信息。

2. 操纵证券市场

操纵市场，是指通过一定的手段影响证券交易价格或者证券交易量，制造虚假繁荣、虚假价格，诱导其他投资者在不了解真相的情况下作出错误的投资决定，使操纵者获利或减少损失的行为。为了保护广大的投资者利益，维持证券交易公正合理的秩序，必须严格禁止操纵证券市场的行为。

操纵证券市场的手段主要有：单独或者通过合谋，集中资金优势、持股优势或者利用信息优势联合或者连续买卖，操纵证券交易价格；与他人串通，以事先约定的时间、价格和方式相互进行证券交易，影响证券交易价格或者证券交易量；在自己实际控制的账户之间进行证券交易，影响证券交易价格或者交易量；以其他手段操纵证券市场。

3. 编造、传播虚假信息

编造、传播虚假信息是指没有某种情况而进行制造，通过他人或者机构将其进行传播的情形。这种行为与信息公开原则相悖，常常导致投资者的判断失误。

我国《证券法》对此的规定是：禁止国家工作人员、传播媒介从业人员和有关人员编造、传播虚假信息，严重影响证券交易；禁止证券交易所、证券公司、证券登记结算机构、证券服务机构及其从业人员，证券业协会、证券监督管理机构及其工作人员，在证券交易活动中作出虚假陈述或者信息误导。

4. 欺诈客户

欺诈客户是指证券公司及其从业人员在证券交易活动中诱骗投资者买卖证

券以及其他违背投资者真实意愿、损害其利益的行为。我国证券法律法规禁止的欺诈行为包括：违背客户的委托为其买卖证券；不在规定时间内向客户提供交易的书面确认文件；挪用客户所委托买卖的证券或者客户账户上的资金；私自买卖客户账户上的证券或者假借客户的名义买卖证券；为牟取佣金收入，诱使客户进行不必要的证券买卖；不按国家有关法规和证券交易场所业务规则的规定处理证券买卖委托；保证客户的交易收益或者允诺赔偿客户的投资损失；作为客户的交易对方时，故意以不合理的价格与客户进行证券买卖的行为；其他违背客户真实意思表示，损害客户利益的行为。

（四）持续信息公开

1. 持续信息公开的概念及特征

信息公开，也称信息披露，主要是指为股份发行人在发行市场、交易市场依法向证券监督管理机构以及投资者报告自身经营、资产以及财务等状况而设置的一种制度。凡在交易市场的信息公开，称为持续信息公开。

与发行市场的信息公开（也称初始信息公开）相比，持续信息公开具有以下几个特点：公开的功能不单是让投资者了解公司，更主要的是为投资者提供证券交易价值判断的依据；信息公开不是一次性完成的，而是要持续不断地进行。上市公司只要继续存在，只要有影响价格形成的因素或情况产生，就需履行公开义务，信息公开的形式和内容在法律上有不同的要求。持续信息公开主要涉及上市公告书、年度报告、中期报告及临时报告等，而初始信息公开主要是招股说明书、配股说明书、募债说明书等。

2. 持续信息公开的内容

（1）上市公告书

上市公告书，是指已在境内公开发行的证券申请在证券交易所挂牌交易的发行人，在证券经证券监督管理机构核准后，按照要求编制并在上市前进行公告的法律文件。

（2）中期报告

中期报告是依法编制的反映公司上半年生产经营状况及其他各方面基本情况的法律文件。股票或者公司债券上市交易的公司，应当在每一会计年度的上半年结束之日起两个月内，向国务院证券监督管理机构和证券交易所提交中期报告，并予公告。

此外，在2001年发布的《公开发行证券的公司信息披露编报规则》（第13号）文件中，中国证监会要求从2002年第一季度起，所有上市公司必须编制并披露季度报告。季度报告也是中期报告的一种。

（3）年度报告

年度报告是依法编制的反映公司整个会计年度生产经营状况及其他各方面

基本情况的法律文件。股票或公司债券上市交易的公司应当在每一会计年度结束之日起四个月内向国务院证券监督管理机构和证券交易所提交年度报告,并予公告。

(4) 临时报告

临时报告是依法编制的反映公司重大事件的法律文件。重大事件是上市公司发生的可能对股票交易价格产生较大影响的事件。上市公司发生重大事件,投资者尚未得知时,应当立即将有关该重大事件的情况向国务院证券监督管理机构和证券交易所报送临时报告,并予以公告,说明事件的起因、目前的状态和可能发生的法律后果。《证券法》第67条对重大事件进行了列举式的规定。

3. 持续信息公开的操作规程

公开的信息是投资者进行投资交易的判断依据,如果这些信息不真实、不准确、不完整,投资者就有可能遭受意想不到的损失。法律除了规定公司必须公开的信息内容外,还对信息公开的操作提出了具体要求。

(1) 公开的文件不得有虚假记载、误导性陈述或者重大遗漏。虚假记载,是指将不真实的情况说成是真实的情况;误导性陈述,是指文件起草人利用夸大事实诱导投资者相信的语言宣传自己的情况;重大遗漏,是指一些与投资者利益密切相关而没有在有关法律文件中反映出来的重大信息。

发行人、上市公司公告的招股说明书、公司债券募集办法、财务会计报告、上市报告文件、年度报告、中期报告、临时报告以及其他信息披露资料,有虚假记载、误导性陈述或者重大遗漏,致使投资者在证券交易中遭受损失的,发行人、上市公司应当承担赔偿责任;发行人、上市公司的董事、监事、高级管理人员和其他直接责任人员以及保荐人、承销的证券公司,应当与发行人、上市公司承担连带赔偿责任,但是能够证明自己没有过错的除外;发行人、上市公司的控股股东、实际控制人有过错的,应当与发行人、上市公司承担连带赔偿责任。

证券服务机构为证券的发行、上市、交易等证券业务活动制作、出具审计报告、资产评估报告、财务顾问报告、资信评级报告或者法律意见书等文件,应当勤勉尽责,对所依据的文件资料内容的真实性、准确性、完整性进行核查和验证。其制作、出具的文件有虚假记载、误导性陈述或者重大遗漏,给他人造成损失的,应当与发行人、上市公司承担连带赔偿责任,但是能够证明自己没有过错的除外。

(2) 公开文件的公告和置备。依法必须披露的信息,应当在国务院证券监督管理机构指定的媒体发布,同时将其置备于公司住所、证券交易所,供社会公众查阅。目前,中国证券监督管理委员会指定的进行有关证券交易信息披露的报刊主要有《中国证券报》、《上海证券报》、《证券时报》以及《证券市场周刊》等。

(3) 指定专人负责持续信息公开事务。上市公司应当指定专人负责信息公开事务,包括与证券监督管理机构、证券交易所、有关证券经营机构、新闻机构等的联系,并回答社会公众提出的问题。

(4) 对持续信息公开的监督。为保证持续信息公开的顺利进行,保证投资者的权益得到实现,国务院证券监督管理机构要对上市公司的年度报告、中期报告、临时报告以及公告的情况进行监督,对上市公司分派或者配售新股的情况进行监督,对上市公司控股股东和信息披露义务人的行为进行监督。监督工作须按有关法律、行政法规的要求进行。

证券监督管理机构、证券交易所、保荐人、承销的证券公司及有关人员,对公司依照法律、行政法规规定必须作出的公告,在公告前不得泄露其内容。

(五) 上市公司收购

1. 上市公司收购的概念及法律特征

上市公司收购是指投资者(收购人)依法取得上市公司发行在外的有表决权股份,以实现对该上市公司控股或合并的行为。在各国证券法中,上市公司收购的含义各不相同,一般有广义和狭义之分。狭义的上市公司收购即要约收购,广义的上市公司收购还包括协议收购和交易所场内收购。

上市公司收购有以下几个特点:

(1) 上市公司收购不需要经过目标公司及其管理层的同意。上市公司收购在本质上是收购人与目标公司股东之间发生的一种股份买卖行为,是一种合同关系,收购人和目标公司股东是合同的双方当事人,而目标公司及其管理层不是收购任何一方的当事人。因此,收购人进行收购,只需与目标公司股东达成协议即可,无须征得目标公司及其管理层的同意。

(2) 上市公司收购的对象是目标公司发行在外的有表决权的股份。上市公司收购的对象既不是目标公司,也不是公司所拥有的具体形态的资产,而是抽象的表示公司资本份额和股东权利的股份。并且,上市公司收购的是有表决权的股份。在"资本多数决"原则下,收购人只有掌握了多数有表决权股份,才能实现对公司的控制。如果收购人收购的是无表决权股份,将无法在股东大会上行使表决权,这不符合收购人的收购意图。当然,上市公司收购的对象其实并不仅限于股份,还包括可转换成有表决权股份的其他证券,如新股认购权利证书、认股权凭证、附认股权特别股、可转换公司债、附认股权公司债等。

上市公司收购的目的是获取目标公司的控制权。上市公司收购的目的不是为了转售公司的股份谋利,也不是为了获得公司的股息和红利,其根本目的是要获取目标公司的控制权。至于要取得多少股份才能获得一个公司的控股权,则取决于目标公司的股份结构等因素。

确立上市公司收购制度的意义在于:促进上市公司的股票在市场上加速流

动,对上市公司的管理层形成经营上的压力,从而保证上市公司的控制权掌握在最有能力的投资者或由投资者委派的人员手中,使资源得到有效的利用。

2. 上市公司收购的分类

根据我国《证券法》,上市公司股份收购行为包括三种,一种是要约收购,一种是通过证券交易所的集中竞价交易收购(简称“竞价收购”),还有一种是协议收购。

要约收购是指收购者通过向目标公司的全体股东发出购买该上市公司股份的要约,收购该上市公司股份的行为。这种收购方式主要发生在目标公司的股权较为分散,没有控制股东,公司控制权与经营权相分离的情况下。协议收购是指收购者通过私下协商的形式与目标公司股东达成股权收购协议,以取得该公司股份的行为。协议收购多发生在目标公司股权较为集中,尤其是存在控股股东的情况下。在这种情况下,收购者只需与目标公司控股股东达成受让股权的协议即可获得对该公司的控制权。竞价收购是指收购人通过证券交易所交易连续收购上市公司股份并取得控股权的行为。此种收购方式在我国证券市场上已经多次出现过,由于此种方式极易造成股价的剧烈波动,因此需要受到法律的严格规制。

在理论上,依收购是否成为收购人的法定义务为标准,上市公司收购还可分为自愿收购和强制收购。自愿收购,是由收购人依其自己的意愿,选定时间并按自行确定的收购计划依法进行的收购。强制收购则是指收购人依法必须进行的收购。强制收购是对收购人受让的强制,而不是对无意出售所持股票的股东的强制。一般说来,强制收购对投资者比较有利,自愿收购对收购人有利。当然,自愿收购与强制收购的划分是相对的,因为上市公司收购在本质上是收购人依法实施的有计划的购买目标公司股份的行为,即使是强制收购,它的触发也是源于收购者的自愿选择。

3. 上市公司收购的立法原则

上市公司收购涉及多方当事人,如收购人、目标公司及其股东、管理层、雇员甚至债权人和消费者,他们都有自己独立的利益追求,不同的利益追求之间往往会发生冲突。因此,不论对上市公司收购的价值评判如何,收购立法都应当注意在各方利益主体之间寻求一个最佳平衡点,实现公平与效率的兼顾。

在众多的利益主体中,保护目标公司股东尤其是广大中小股东的利益更是公司收购立法的首要目的。因为,中小股东在公司收购中处于弱势地位,利益最容易受到侵害。基于维护股东利益尤其是中小股东利益的目的,各国先后确立了充分披露原则与目标公司股东待遇平等原则这两项最为重要的上市公司收购的立法原则。

（1）充分披露原则

充分披露原则是信息公开原则在上市公司收购中的具体体现，其目的是使中小股东能够在拥有比较充分的信息量的基础上作出投资决策，避免由于信息不完全和信息不对称导致的投资风险以及各种证券欺诈行为，从而维护广大投资者的利益和证券市场的秩序。根据各国证券立法，充分披露原则具体包括以下内容：首先，收购人应将收购意图、收购要约以及与收购有关的信息予以充分披露，已披露的信息发生变更的，该变更应立即披露；其次，目标公司管理层应对收购发表意见以供股东参考，管理层还应披露自身在收购中存在的利益冲突，使目标公司股东能够据此自行作出决定。

（2）目标公司股东待遇平等原则

目标公司股东待遇平等原则是公司法中"股东平等原则"在上市公司收购立法中的具体体现。股东平等原则，是指公司与股东之间在基于股东身份而发生关系的场合，应该给予股东以平等待遇。① 具体而言，目标公司股东待遇平等原则主要包括两个部分：

第一，目标公司股东有平等参与收购的权利。这主要体现在"全体持有人规则"和"按比例接纳规则"两个方面。前者是指在公开要约收购的情况下，收购者必须向目标公司的全体股东发出收购要约。后者是指在进行部分收购时，当目标公司股东承诺出售的股票数量超过收购者计划购买的数量时，收购者必须按比例从所有接受要约的目标公司股东手中购买股份，而不论接受要约的时间先后，这与一般证券交易中遵循的"时间优先原则"明显不同。

第二，目标公司股东有权获得平等的收购条件。这是指要约人应对受要约人给予平等的收购条件，对同类股东应给予相同的收购条件，对不同类别股份的收购条件也应类似，不得给予特定股东以收购要约中未记载的利益。从"收购条件平等规则"进一步发展出"最高价格规则"，即如果要约人在要约期间内提高收购价格，那么该价格也必须适用于所有的受要约人，而不论受要约人在此之前是否已经接受了要约。此外，为避免收购人对目标公司股东给予不平等待遇，有些国家禁止收购人在收购要约有效期间以要约收购以外的方式购买目标公司的股份。

4. 上市公司收购中的信息披露制度

（1）信息披露的主体——一致行动人

在上市公司收购中，当收购者持有一定比例的股份时，往往需要进行披露甚至引发强制要约收购义务。此时，收购者往往联合其他人采取共同行动，并以个人持股未达法定比例为由规避持股披露、强制要约收购等法定义务的约束。如

---

① 参见张龙文：《股份有限公司法实务研究》，汉林出版社 1977 年版，第 61 页。

果收购立法对此听之任之,那么信息披露制度在实际操作中将不能发挥任何作用。有鉴于此,有效的信息披露制度必须将采取联合行动的各个主体视为一体进行规制,反映在立法上就是一致行动人规则的确立。该规则的核心是:采取一致行动的股东所持有的股份应视为一人持有,当持股达到法定比例时须履行披露义务。

从各国规定看,一致行动人的范围非常广泛,既包括关联人,也包括基于协议采取一致行动的非关联人。一致行动人的目的是为了获得或巩固对目标公司的控制权,他们在主观上必须具有一致行动的合意,在客观上要共同实施取得或购买股份的行为。并且,基于实际认定的困难,国外往往通过推定方式来认定主观合意的存在,以更有力地保护投资者的利益和维护证券市场良好、稳定的秩序。

在我国,根据2006年修订的《上市公司收购管理办法》第83条,一致行动,是指投资者通过协议、其他安排,与其他投资者共同扩大其所能够支配的一个上市公司股份表决权数量的行为或者事实。在上市公司的收购及相关股份权益变动活动中有一致行动情形的投资者,互为一致行动人。如无相反证据,投资者有下列情形之一的,为一致行动人:投资者之间有股权控制关系;投资者受同一主体控制;投资者的董事、监事或者高级管理人员中的主要成员,同时在另一个投资者担任董事、监事或者高级管理人员;投资者参股另一投资者,可以对参股公司的重大决策产生重大影响;银行以外的其他法人、其他组织和自然人为投资者取得相关股份提供融资安排;投资者之间存在合伙、合作、联营等其他经济利益关系;持有投资者30%以上股份的自然人,与投资者持有同一上市公司股份;在投资者任职的董事、监事及高级管理人员,与投资者持有同一上市公司股份;持有投资者30%以上股份的自然人和在投资者任职的董事、监事及高级管理人员,其父母、配偶、子女及其配偶、配偶的父母、兄弟姐妹及其配偶、配偶的兄弟姐妹及其配偶等亲属,与投资者持有同一上市公司股份;在上市公司任职的董事、监事、高级管理人员及其前项所述亲属同时持有本公司股份的,或者与其自己或者其前项所述亲属直接或者间接控制的企业同时持有本公司股份;上市公司董事、监事、高级管理人员和员工与其所控制或者委托的法人或者其他组织持有本公司股份;投资者之间具有其他关联关系。一致行动人应当合并计算其所持有的股份。投资者计算其所持有的股份,应当包括登记在其名下的股份,也包括登记在其一致行动人名下的股份。投资者认为其与他人不应被视为一致行动人的,可以向中国证监会提供相反证据。

(2) 大股东持股披露制度

该制度包括两项规则,一是大股东持股披露义务,也称为“权益公开规则”,是指股东在持股达到一定比例时,负有在规定期限内报告并披露其持股状况的义务。证券法为大股东设置这一义务的理论基础在于:大量持股往往是公司收购的前兆,令大股东负有披露义务一方面使广大投资者对迅速积累股票的行为及其可能引起公司控股的变动情势有足够的警觉,另一方面又提醒其对所持有股票的真正价值重新加以评估,以保护投资者在充分掌握信息的基础上自主地作出投资判断,防止大股东以逐步收购的方式暗中操纵证券市场。

我国《证券法》第 86 条第 1 款规定:“通过证券交易所的证券交易,投资者持有或者通过协议、其他安排与他人共同持有一个上市公司已发行的股份达到 5% 时,应当在该事实发生之日起 3 日内,向国务院证券监督管理机构、证券交易所作出书面报告,通知该上市公司,并予公告;在上述期限内,不得再行买卖该上市公司的股票。”

二是大股东持股变动披露义务,该义务也称为“台阶规则”,即要求投资者通过证券交易所的证券交易持有一上市公司法定比例的股份以后,每增加或者减少持有一定比例时,均需暂停买卖该公司的股票,且需依法定要求公开其持股变化情况。法律设置“台阶规则”的目的在于,控制大股东买卖股票的节奏,让上市公司及其大股东的有关信息作广泛传播和充分的消化,使投资者有时间慎重考虑作出继续持有或立即售出的选择。

我国《证券法》第 86 条第 2 款规定:“投资者持有或者通过协议、其他安排与他人共同持有一个上市公司已发行的股份达到 5% 后,其所持该上市公司已发行的股份比例每增加或者减少 5%,应当依照前款规定进行报告和公告。在报告期限内和作出报告、公告后 2 日内,不得再行买卖该上市公司的股票。”

(3) 收购要约的披露制度

收购要约披露制度是指要约收购中的收购人应以一定方式在一定时间内公开披露要约内容及相关信息的制度。由于要约内容及相关信息是市场对收购行为作出投资判断的一个重要依据,因此收购要约的披露制度意义重大。

我国《证券法》第 82 条规定,上市公司收购报告书应载明的事项包括:收购人的名称、住所;收购人关于收购的决定;被收购的上市公司名称;收购目的;收购股份的详细名称和预定收购的股份的数额;收购的期限、收购的价格;收购所需资金额及资金保证;报送上市公司收购报告书时所持有的被收购公司股份数占该公司已发行的股份总数的比例。

(4) 目标公司董事会的信息披露制度

目标公司股东在决定是否接受收购要约时,目标公司董事会的意见可谓是一项重要的参考。而就目标公司董事会而言,就该次收购向股东提供意见及公开其他可能影响股东作出决定的情况,是其忠实于公司和全体股东的义务。因此各国证券立法多规定目标公司董事会负有出具意见的义务。我国《上市公司收购管理办法》明确赋予了董事会这一法定义务,具有积极的意义。

5. 上市公司收购的其他规则

(1) 强制要约规则。强制要约收购是指当收购人持股达到法定比例时,由法律强制其在规定时间内向目标公司的全体股东发出公开收购要约的制度。强制要约收购具有以下特征:首先,要约义务的发生以收购人持有目标公司股份使其在公司股东大会上的表决权达到特定比例为条件;其次,收购人负有法定的发出公开收购要约的义务。非经主管部门依照有关法规予以豁免,收购义务人不能免除此项义务;最后,收购要约的主要条件及发出要约的时间表均由法规强行确定,收购义务人不得自行加以更改。①

我国《证券法》规定,投资者通过证券交易所的证券交易,持有一个上市公司已发行股份的30%时,继续进行收购的,应当依法向该上市公司所有股东发出收购要约。采取协议收购方式的,收购人收购或者通过协议、其他安排与他人共同收购一个上市公司已发行的股份达到30%时,继续进行收购的,应当向该上市公司所有股东发出收购上市公司全部或者部分股份的要约。但是,经国务院证券监督管理机构免除发出要约的除外。

(2) 终止上市规则。根据《证券法》第97条规定,收购期限届满,被收购公司股权分布不符合上市条件的,该上市公司的股票应当由证券交易所依法终止上市交易。

(3) 强制接受规则。强制接受规则要求,如果该上市公司的股票将因前述原因终止上市交易,其余仍持有被收购公司股票的股东,有权向收购人以收购要约的同等条件出售其股票,收购人应当收购。

(4) 转让股份限制规则。在上市公司收购中,收购人对所持有的目标公司股票,在收购行为完成后的12个月内不得转让。

① 参见代越:《强制性公司收购要约的若干法律问题》,载《法学评论》1998年第2期。

第八章　商 事 登 记

第一节　商事登记概述

一、商事登记的概念和特征

（一）商事登记的概念

商事登记，也称商业登记，是指依照法律或法规的规定，由商人的筹办人或商人为了设立、变更或终止商事主体资格，将应当登记的事项向有关登记机关提出申请，并经登记机关核准登记公告的法律行为。可见，商事登记是申请人的申请登记行为和主管机关的审核登记注册行为相结合的行为，它是国家对商事主体实施管理及调控的必要手段。

商事登记是对商事经营中重要的或与经营有直接关系的事项的记载。登记内容和范围在法律上受到某种程度的限定。根据我国有关法律法规的规定，商事登记的事项主要有：商号、商事主体的住所、经营场所、法定代表人、经济性质、经营范围、经营方式、注册资本、从业人数、经营期限、分支机构、财产责任等。

（二）商事登记的特征

商事登记具有以下几个法律特征：

（1）商事登记是一种设立、变更或终止商事主体资格的法律行为

商事登记的基本目的在于为商事活动的参加人设立、变更或者终止商事主体资格谋求法律确认，其效力在于使商事主体取得、变更或终止其商事权利能力和商事行为能力。因此，商事主体资格或其特定商事能力的起始取决于商事登记行为生效的时间。

（2）商事登记是要式法律行为

这主要体现在以下几个方面：一是商事登记必须依照法定的程序向法定主管机关履行；二是商事登记的内容和事项也由法律特别规定，属于强行法的内容。

（3）商事登记是一种本质上带有公法性质的行为[①]

与一般私法以平等主体之间的财产关系和人身关系为其调整对象不同，商事登记法的多数规范并不以平等主体间的权利义务为其调整对象。虽然商事登

---

① 参见范健、王建文：《商法论》，高等教育出版社2003年版，第545—546页。

记主管机关表现为多种形式,但绝大多数国家的商事登记主管机关都属于国家机关。从商事登记申请人角度看,其权利和义务并不以平等当事人为相对人,而是以作为国家机关的登记机关作为相对人。国家机关为商事登记申请人办理登记行为时,也不是以民法上的机关法人这种民事主体身份出现,而是在行使国家权力。事实上,商事登记法所调整的法律关系正是登记申请人与登记机关之间的关系。对于违反登记义务的企业主而言,其违法行为的法律后果并非损害赔偿,而是主要表现为以行政罚款之类的强制措施为主。因此,商事登记作为国家利用公权干预商事活动的行为,可谓作为私法的商法具有公法性的最为集中的体现。

二、商事登记的意义

商事登记作为国家调整商事交易行为的重要手段,对保障商事主体的合法权益、维护商事交易的安全具有重要意义。

(1) 确认商事主体的商事活动资格,保护商事主体的合法营业活动。通过商事登记,核准商事主体的名称、住所、法定代表人、注册资本、企业类型、经营范围、营业期限等,使其取得合法的商事主体资格,并在法律规定和确认的范围内独立从事商事活动,享有商法上的权利,承担商法上的义务,维护自己的合法权益。

(2) 保护社会公众的利益,实现交易的安全。商事登记的基本作用不仅在于通过法律程序创制或确定商事主体,还在于向社会公开商事主体的信用、能力和责任。商事登记便于社会公众了解商事主体的信息和资料,通过商事登记公示商事主体的经营身份、经营状况、经营能力,确立经营信誉,可以为商事活动的参加人提供交易相对人的准确信息,使其明智地选择和决定自己的交易行为,进而保护交易相对人和社会公众的利益,最终实现交易安全。商事主体的登记事项与事实有实质性差别的,将构成商业欺诈。

(3) 便于国家的监督管理,维护良好的社会经济秩序。商事登记可以使国家取得各项必要的统计资料,有利于国家及时了解商事主体的经营状态,有利于对各种不同企业的设立和经营进行必要的国家监督,从而实现国家对商事主体的法律调整和整个国家商事活动的宏观规划,维护良好的社会经济秩序。

三、商事登记制度的历史沿革

(一) 商事登记制度在西方的发展

商事登记制度的历史源远流长。在古罗马时期,开设商店的人必须在店堂里挂一块牌子,上面写明自己的经营项目、经营范围及营业情况,以表明自己的经营状态,这是商事登记的雏形。到中世纪,商事登记的规则随着意大利及地中海沿岸商业的繁荣,以商人行会自治法的形式逐步健全。当时欲取得商人资格和身份者,不仅须取得特定行业的商人行会事实上的认可和接纳,还必须将其商号、营业招牌、商业使用者及所雇学徒等事项登记于商人行会备置的行会成员的名录簿中,此种行业成员名录簿后来又逐渐发展为公示商人营业状况的习惯性文件。进入资本主义社会之后,伴随商事活动的进一步发展,中世纪商人习惯法中的商事登记规则便相继为各国成文立法所采纳。如法国1666年的《法兰克福贸易法》、1673年的《陆上商事敕令》,都不同程度地吸收了中世纪商人登记规则的内容。学者们通常认为,这一时期欧陆各国的商事登记制度实质上仅仅是对中世纪商人习惯法的确认,是早期商人习惯法成文化的过程。①

现代意义上的商事登记制度始于近代资本主义法制发展时期。早在18世纪初,为维护商人的道德和信用,确认公司的内部与外部关系,德国便设立了公司登记簿、代表人登记簿、商号登记簿,而于1861年颁布的《德国商法典》在第一编中进一步对商人资格和能力的取得、商事登记机关、商事登记事项、商事登记程序、商事登记簿、商事名称等内容作出详细规定。《德国商法典》后于1897年又经系统修订,形成新的立法体例,即所谓"新商人法主义"。此法明确规定的商事登记制度很快被欧洲其他国家及日本等国仿效,成为一项基本的商事制度。与德国法不同的是,1807年的《法国商法典》虽开辟了民商分立制和商行为法立法之先河,对一般意义上的商事登记却未作规定,直到1919年制定出单行的《商事登记法》。西方国家对商事登记的法律调整体系各不相同。德国包括韩国等主要是在《商法典》中规定的,日本、法国主要由《商法典》和专门的商事登记法规定,瑞士主要在《债务法》和《商事注册条例》中规定,英美在相关的企业法中予以规定。

(二) 商事登记制度在我国的发展

我国商事登记制度的发端可以追溯到汉代,但在传统的"重农抑商"思想的影响下,商事登记制度发展缓慢。直到1904年清末颁布的《大清商律草案》中才开始有商业注册的规定,但内容非常简单,且不具有实质上的立法意义。直到1937年,国民政府才正式制定了类似于德国和日本的商事登记法。新中国成立后,我国对于企业的登记管理十分重视,相继颁布了一系列商事登记法律规范。我国目前尚未形成统一的商事登记法,调整商事登记关系的法律散见于众多的民事、商事实体法、程序法中。其中,形式意义上的商事登记法主要有《企业法人登记管理条例》、《企业法人登记管理条例实施细则》、《公司登记管理条例》、《合伙企业登记管理办法》、《企业名称登记管理规定》、《企业法人法定代表人登记管理规定》等。实质意义上的商事登记法除前面列举的形式意义的商事法之

---

① 参见董安生等编著:《中国商法总论》,吉林人民出版社1994年版,第163页。

外,还包括《民法通则》、《公司法》、《合伙企业法》、《个人独资企业法》、《商业银行法》、《保险法》、《证券法》、《私营企业暂行条例》、《城乡个体工商户管理暂行办法》、《城乡集市贸易管理办法》等法律法规之中关于商事登记的有关规定。

第二节 商事登记的对象和主管机关

一、商事登记的对象

商事登记的对象即商事主体。具体哪些商事主体应依法履行登记手续,以及履行何种商事登记,各国的立法规定不尽相同。这反映了不同国家的商事立法政策。多数国家法律规定,只要行为人从事了以营利为目的营业活动,即商行为,并且符合商事登记条件,就必须进行商事登记。但同时,有的国家对必须履行商事登记的商人也作了一些限制。例如,1897年《德国商法典》根据商事主体的资格取得是否需要履行相应的注册要求将商人分为三类,并对三类商人的商事登记规定了不同的要求。第一类是从事法定商行为的商人即法定商人。只要当事人从事这种营业行为就自然地成为商人,但法定商人也有进行注册登记的义务。不过,该登记具有的是公示效力而非创设效力。第二类是注册商人。他们只有在商事登记簿上登记才能取得商人资格,即该登记有创设效力。第三类是任意商人。他们根据经营方式和规模需要采用商人方式设立经营,对他们实行自由登记。也就是说,商事登记不是其义务,而仅是一种选择。根据德国商法的规定,能够履行商事登记的行为人必须有自己的商号,必须是完全商人,如果行为人没有自己的商号,他仅仅是小商人,他就不具备登记资格,就不能依法在商事登记法院履行登记。虽然1998年德国在修改商法典时使登记制度不具有创设力,只具有宣示效力,但登记仍是商人的义务。如果未履行此项义务,将被处以罚款。又如,日本法上也只有类似于德国法上的"完全商人"才履行商事登记。"小商人"或不具备商人条件但偶尔从事商行为者,则不必履行商事登记。再如,我国台湾地区"商事登记法"第4条"得免登记之小规模商业"也规定,各款小规模商业,得免依该法申请登记:摊贩;家庭农、林、渔、牧业者;家庭手工业者;合于中央主管机关所定之其他小规模营业标准者。根据其实施细则,所谓小规模经营,是就资本不满1000元之商业而言,主要包括:沿门沿路叫卖者,商场外临时性设摊经营者,家庭农、林、渔、牧业者(以自己经验或虽雇用员工而仍由自己操持者为限),交通手工业者等。韩国《商法典》第9条也明确规定,"本法中有关经理、商号、商业账簿及商业登记的规定,不适用于小商人"①。而

① 转引自吴日焕译:《韩国商法典》,中国政法大学出版社1999年版,第4页。

按英美法的规定,合伙的注册是任意的。可见,各国对无须登记的情形是予以明确说明的。特定国家的商法实践允许此种商人存在,实质上是反映了某种灵活而富有弹性的立法政策。

就我国而言,目前所有的商事主体必须进行商事登记。根据2003年3月1日起施行的《无照经营查处取缔办法》第21条,农民在集贸市场或者地方人民政府指定区域内销售自产的农副产品,不属于该办法规定的无照经营行为。除此之外,从事任何商事活动必须事先进行商事登记,严禁无照经营。实践中,摊商、货郎无须登记也可进行买卖活动。

我国对不同类的商事主体分别适用不同的法律规范进行登记。

关于登记对象的分类,依我国法律主要有两种方式:一种是三分法,即将商人分为公司、非公司企业、外商投资企业;另一种是二分法,即将商人分为具备企业法人条件的企业与不具备企业法人条件的企业或经济组织。前者如全民所有制企业、集体所有制企业、私营企业、联营企业、外商投资企业、有限责任公司、股份有限公司以及其他性质的法人企业,后者如个人独资企业、合伙企业、联营企业、企业法人所属的分支机构、从事经营活动的事业单位和科技性社会团体及其设立的经营组织、外商投资企业设立的从事经营活动的分支机构、外国公司的分支机构、个体工商户等。① 我国现行的登记法体系,对所有企业,包括国有企业、合资企业、公司企业、合伙企业以及独资企业等,都作了必须登记领照的规定,并明令禁止无照经营。地方性的商事统一立法《深圳经济特区商事条例》也规定,个体工商户即个人商人要履行登记手续。从法律规定上看,没有在商事登记种类上适当排除不必要的商事登记活动,以降低登记成本。

二、商事登记的主管机关

商事登记的主管机关是指依照商事登记法的规定,接受当事人的申请,并具体办理商事登记的国家主管机关。

世界各国关于商事登记的主管机关的规定并不完全一致。主要有四种模式。

第一种是在法院登记。德国、日本、韩国采用这个模式。在这些国家,地方法院负责一般商事登记和公司登记。例如德国在新旧商法典和1892年的《有限责任公司法》都对此作了规定,规定在地方法院设登记法官,并置商事登记簿办理商事登记,从实践看,几乎所有的商事登记活动都在德国地方法院进行。在地方法院内部,办理商事登记的主要是法官助理员。日本是在《商法典》第三章设“商业登记”予以规定,尔后在1963年又颁布了《商业登记法》,规定由裁判所管

① 参见范健主编:《商法》,高等教育出版社2002年版,第63页。

辖商业登记。

第二种是由行政机关主管办理。美国、英国、我国港澳台及内地都采用这个模式。具体而言,英国由商业部管理,美国由各州政府管理,我国香港地区由税务局管辖下的商业登记署负责,澳门地区由商业登记局负责管理,我国台湾地区的“商业登记法”规定,登记的主管机关分别为“经济部”、“建设厅”和县(市)政府。

第三种是法院和行政机关分工负责登记。法国采用这个模式。《法国商法典》未对商事登记作规定,直到1919年才以特别法作了规定。即在地方法院设置商事登记簿,由“书记”在院长的监督下办理,此所谓“地方商事登记簿”。后在1935年又增设“中央商事登记簿”,规定商事公司的设立。法院书记官应于受理登记后的一个月内,另将原申请书一份移送到全国性的工业所有权局进行登记。由此可看出,地方法院负责一般商事登记,行政机关则办理公司登记。

第四种比较特别,有的国家采取的是既不由法院负责登记,也不由行政机关主管办理的民间自治模式。荷兰、瑞士采取这个模式。荷兰《商事注册法》规定,商事登记的主管机关为商会,商事注册文件由当地商会保留。瑞士的《债务法》和《商事注册条例》规定,各州都设有专门性的商事注册机构,其中包括州的中心注册机构和设在各区的单独注册机构,它们都具有非官方性质。之所以采用这种体制,是因为他们认为商事登记仅仅是为公众提供有关商事主体基本经营状况信息来源的渠道,商人并不具有特殊的地位。因此,反映在具体制度的设计上,排除了政府主管机关的介入和管理,商事登记制度的公法功能被弱化。

上述几种模式各有特色。我国是以行政机关为主管机关的。如《企业法人登记管理条例》第4条规定:“企业法人登记主管机关是国家工商行政管理局和地方各级工商行政管理局。各级登记主管机关在上级登记主管机关的领导下,依法履行职责,不受非法干预。”可见,我国实行分级登记管理原则,不同级别的工商管理机关独立行使职权,上级登记主管机关有权纠正下级登记主管机关不符合国家法律法规和政策的行为。

具体而言,《企业法人登记管理条例》第5条规定:“经国务院或者国务院授权部门批准的全国性公司、企业集团、经营进出口业务的公司,由国家工商行政管理局核准登记注册。中外合资经营企业、中外合作经营企业、外资企业由国家工商行政管理局或者国家工商行政管理局授权的地方工商行政管理局核准登记注册。全国性公司的子(分)公司,经省、自治区、直辖市人民政府或其授权部门批准设立的企业、企业集团、经营进出口业务的公司,由省、自治区、直辖市工商行政管理局核准登记注册。其他企业,由所在市、县(区)工商行政管理局核准登记注册。”

2006年修订实施的《公司登记管理条例》规定:国家工商行政管理总局负责

下列公司的登记:(1) 国务院国有资产监督管理机构履行出资人职责的公司以及该公司投资设立并持有50%以上股份的公司;(2) 外商投资的公司;(3) 依照法律、行政法规或者国务院决定的规定,应当由国家工商行政管理总局登记的公司;(4) 国家工商行政管理总局规定应当由其登记的其他公司。省、自治区、直辖市一级的工商行政管理局负责本辖区内下列公司的登记:(1) 省、自治区、直辖市人民政府国有资产监督管理机构履行出资人职责的公司以及该公司投资设立并持有50%以上股份的公司;(2) 省、自治区、直辖市工商行政管理局规定由其登记的自然人投资设立的公司;(3) 依照法律、行政法规或者国务院决定的规定,应当由省、自治区、直辖市工商行政管理局登记的公司;(4) 国家工商行政管理总局授权登记的其他公司。最后,除前述两级工商主管机关登记所列公司以外的其他公司,及由它们授权登记的公司则属于设区的市(地区)工商行政管理局、县工商行政管理局,以及直辖市的工商行政管理分局、设区的市工商行政管理局的区分局的管辖范畴。

由此可见,不同的登记主管机关有不同的权限。这种多级登记的制度有其合理性,但是也有不少弊端。如现行登记法规对内、外资企业实行不同的登记体制。内资企业实行分级管理,各级工商机关依据法律、法规的一般授权,即可对管辖范围内的内资企业进行登记。外资企业的法定登记机关则是国家工商总局,地方工商局只有取得了总局的特别授权,才能对外资企业进行登记。外资企业实行授权登记制,这与我国改革开放初期外资引进规模不大的状况相适应的。随着我国加入WTO,经济市场化和经济全球化的步伐日益加快,引进外资的力度正逐渐加强,领域将不断扩大,授权登记制的基础也已不复存在。所以,应该结合新情况对此予以改进。

第三节　商事登记的内容及种类

一、商事登记的内容

商事登记的内容即商事登记的注册事项,是指商事登记的申请人依照商事登记法规必须在登记主管机关予以登记的和可以选择登记的有关商事主体的各种信息和情况。其中,必须予以登记的信息和情况是绝对登记事项,当事人对此负有登记义务。而相对登记事项是指在法定必须登记事项外,由当事人自行决定是否登记的事项。相对登记事项一经登记,同样产生法律效力。

由于绝对登记事项具有法定性和强制性,其他国家和地区的商事登记立法一般都有明确规定。当然,具体的登记事项各立法规定不尽相同。例如《德国商法典》规定,开始经营的基本商事业务(第1条)、企业地址及其变更(第13

条)、分支机构的开设(第 13 条)、商号(第 29 条)、商号或其所有人的变更(第 31 条)、特别商事代理权的授予和撤销(第 53 条),以及股份有限公司和有限责任公司的组建(分别在《股份公司法》第 36 条和《有限责任公司法》第 7 条)等事项,必须在商事登记簿中进行登记。法院亦可令其登录,并对拒不登录者处以罚金(《商法典》第 14 条)①。《意大利民法典》第 2196 条规定,在企业设立后的 30 天内,从事商事活动的企业主应当向企业住所地的企业登记机构申请登记,在申请书中应当载明下列内容:(1) 企业主的姓名、出生地点和出生日期、国籍;(2) 商号(第 2563 条);(3) 企业经营范围;(4) 企业的住所(第 2197 条);(5) 经营管理人(第 2203 条)或代理人(第 2209 条)的姓名。② 我国台湾地区"商事登记法"规定,商业开业前,应将下列各事项申请登记:一是名称;二是组织;三是所营业务;四是资本额;五是所在地;六是负责人姓名、住所或居所、身份证统一编号或其他经政府核发之身份证明文件、字号、出资种类及数额;七是合伙组织者,应登记合伙人姓名、住所或居所、身份证统一编号或其他经政府核发之身份证明文件、字号、出资种类、数额及合伙契约副本;八是其他经主管机关规定之事项。相比其他立法,这个内容规定得比较详细。可见,一般情况下,商号、住所、经营范围、资本额、公司执行人等事项会作为登记事项。我国台湾地区"商事登记法"还规定,对应登记事项,主管机关得随时派员抽查。商业负责人及其从业人员不得妨碍或拒绝。

我国现行的商事登记法律规范是针对不同类型商事主体制定的,分别对公司、非公司企业法人、合伙企业、个人独资企业、外商投资企业的登记事项进行了规定,不同的企业登记事项会有些差异,即使同一性质的企业同一登记事项在表述上也不是完全相同。例如,1988 年的《企业法人登记管理条例》第 9 条规定,企业法人登记注册的主要事项有:企业法人名称、住所、经营场所、法定代表人、经济性质、经营范围、经营方式、注册资金、从业人数、经营期限、分支机构。1996 年修订的《企业法人登记管理条例实施细则》第 20 条规定,营业登记的主要事项包括:名称、地址、负责人、经营范围、经营方式、经济性质、隶属关系、资金数额,第 21 条则规定,外商投资企业登记注册的主要事项有:名称、住所、经营范围、投资总额、注册资本、企业类别、董事长、副董事长、总经理、副总经理、经营期限、分支机构。2006 年修订实施的《公司登记管理条例》第 9 条规定,公司的登记事项包括:名称、住所、法定代表人姓名、注册资本、实收资本、公司类型、经营范围、营业期限、有限责任公司股东或者股份有限公司发起人的姓名或者名称以及认缴和实缴的出资额、出资时间、出资方式。修订后的《合伙企业登记管理

① 参见杜景林等译:《德国商法典》,中国政法大学出版社 2000 年版,第 5—15 页。

② 参见费安玲等译:《意大利民法典》,中国政法大学出版社 2004 年版,第 513 页。

条例》第6条规定,合伙企业的登记事项应当包括:名称、主要经营场所、执行事务合伙人、经营范围、合伙企业类型、合伙人姓名或者名称及住所、承担责任方式、认缴或者实际缴付的出资数额、缴付期限、出资方式和评估方式;合伙协议约定合伙期限的,登记事项还应当包括合伙期限;执行事务合伙人是法人或者其他组织的,登记事项还应当包括法人或者其他组织委派的代表。《个人独资企业登记管理办法》第8条规定,个人独资企业的登记事项应当包括:企业名称、企业住所、投资人姓名和居所、出资额和出资方式、经营范围及方式。《城乡个体工商户管理暂行条例》第8条规定,个体工商户应当登记的主要项目如下:字号名称、经营者姓名和住所、从业人数、资金数额、组成形式、经营范围、经营方式、经营场所。

由这些林林总总的规定可以看出,虽然不同的商事主体在应登记事项上存在一些差异,但有一些事项是不能遗漏的。下面就一些比较重要的事项进行具体分析。

（一）名称

名称,即商事名称或商号,是商事主体在从事商事活动时用以表示自己的符号。商事名称必须经主管部门登记注册后方能使用。对于这个问题,详见本书商号部分,此不赘述。

（二）住所和经营场所

住所,是指商事主体的主要办事机构(管理机构和核心领导机构)所在地,它是商事主体的法定注册地址。它在法律上有比较重要的意义:首先,它是确定登记主管机关的依据,在我国,除了法律特别规定,一般商事主体登记都在其所在地的工商行政管理部门进行;其次,它是确定债务履行的依据,当履行地点不明确时,它可起到确定债务履行地的作用;再次,它是确定诉讼管辖地和受送达地的依据,经济交往中纠纷难免发生,住所地的确定可以为诉讼双方维护各自的合法权益提供有力保障。而经营场所是指商事主体从事生产经营或服务活动的场所,它包括一定的场地及大型的设施。法律规定,商事主体经登记的住所只能是一个,而经营场所可以是一个或多个。住所和经营场所可以一致,也可以不一致。当两者不一致时,应在营业执照住所一栏同时注明其经营场所。

（三）法定代表人

由于法人只是一种法律的拟制,不像自然人那样能够亲自从事商事活动,它必须由自然人代表其从事这些活动,所以,确立商事主体的法定代表人非常重要。法定代表人是依据法律、法规和法人组织章程的规定产生,代表法人或非法人组织进行商事活动的负责人。登记主管机关核准登记的法定代表人是代表企业行使职权的签字人。法定代表人的签字应当向登记主管机关备案。对于法定代表人的任职资格,1999年修订的《企业法人法定代表人登记管理规定》第4

条规定,有下列情形之一的,不得担任法定代表人,企业登记机关不予核准登记:(1) 无民事行为能力或者限制民事行为能力的;(2) 正在被执行刑罚或者正在被执行刑事强制措施的;(3) 正在被公安机关或者国家安全机关通缉的;(4) 因犯有贿赂罪、侵犯财产罪或者破坏社会主义市场经济秩序罪,被判处刑罚,执行期满未逾五年的;因犯有其他罪,被判处刑罚,执行期满未逾三年的;或者因犯罪被判处剥夺政治权利,执行期满未逾五年的;(5) 担任因经营不善破产清算的企业的法定代表人或者董事、经理,并对该企业的破产负有个人责任,自该企业破产清算完结之日起未逾三年的;(6) 担任因违法被吊销营业执照的企业的法定代表人,并对该企业违法行为负有个人责任,自该企业被吊销营业执照之日起未逾三年的;(7) 个人负债额较大,到期未清偿的;(8) 有法律和国务院规定不得担任法定代表人的其他情形的。另外值得注意的是,现行《公司法》第 13 条规定,公司法定代表人依照公司章程的规定,由董事长、执行董事或者经理担任,并依法登记。这改变了原《公司法》中仅规定董事长为公司的法定代表人的规定,赋予公司选择法定代表人更多的自主空间,有助于提高公司竞争力,完善公司治理结构。

(四) 注册资本

注册资本是指商人的各股东或发起人或商事个人实缴或者认缴的并在登记机构登记的出资数额。注册资本对于商事主体的设立、运营及债务承担都有非常重要的意义。例如依据《公司注册资本登记管理规定实施细则》,公司注册资本是公司登记机关依法登记的全体股东或者发起人实缴或者认缴的出资额。公司登记机关依据法律、行政法规和国家有关规定登记公司的注册资本,对符合规定的,予以登记;对不符合规定的,不予登记。公司注册资本数额、股东或者发起人的出资方式,应当符合法律、行政法规的有关规定。公司设立登记或者注册资本变更登记必须经法定验资机构验资并出具验资证明。现行《公司法》更是对一人公司、有限责任公司及股份有限公司注册资本的最低限额及出资方式分别作了明确规定,如一人公司最低注册资本为人民币(以下同)10 万,有限责任公司注册资本的最低限额为 3 万元,股份有限公司注册资本的最低限额为 500 万元,都比修订前降低了不少,这可以鼓励投资创业,促进经济发展和扩大就业。在出资方式上也比较灵活。公司股东可以用货币出资,也可以用实物、知识产权、土地使用权等可以用货币估价并可以依法转让的非货币财产作价出资。需注意的是,对于承担无限责任的商事合伙企业或个人独资企业,规定的是“出资额”,且不设出资额的最低限制。并且在出资方式上可以更灵活。例如合伙企业可以用劳务出资。

(五) 经营范围

经营范围是商事主体从事经营活动的业务范围,应当依法经商事登记机关登记。它由商事登记机关根据投资人或者企业的申请依法登记。企业的经营范围应当与章程或者合伙协议的规定相一致。经营范围分为许可经营项目和一般经营项目。许可经营项目是指企业在申请登记前依据法律、行政法规、国务院决定应当报经有关部门批准的项目。一般经营项目是指不需批准,企业可以自主申请的项目。2004 年国家工商行政管理总局发布的《企业经营范围登记管理规定》第 13 条规定,企业申请的经营范围中有下列情形的,企业登记机关不予登记:(1) 法律、行政法规、国务院决定禁止企业经营的;(2) 属于许可经营项目,不能提交审批机关的批准文件、证件的;(3) 注册资本未达到法律、行政法规规定的从事该项目经营的最低注册资本数额的;(4) 法律、行政法规、国务院规定特定行业的企业只能从事经过批准的项目而企业申请其他项目的;(5) 法律、行政法规、国务院规定的其他情形的。

实践中经常会遇到这样一个问题:商事主体如果超越经营范围进行经营活动会有什么后果?对于这个问题,1988 年的《企业法人登记管理条例》第 13 条规定,企业法人的经营范围应当与其资金、场地、设备、从业人员以及技术力量相适应;企业法人应当在核准登记注册的经营范围内从事经营活动。1993 年制定的《公司法》也规定公司应当在登记的经营范围内活动,超越经营范围的行为无效。这样的规定不免有时代局限性。为此,现行《公司法》第 12 条作了如下修改:公司的经营范围由公司章程规定,并依法登记。公司可以修改公司章程,改变经营范围,但是应当办理变更登记。公司的经营范围中属于法律、行政法规规定须经批准的项目,应当依法经过批准。可见,现行《公司法》删除了原《公司法》中"公司应当在登记的经营范围内从事经营活动"的规定,这是公司立法的一大进步,反映了公司立法的发展趋势,也反映了实践的要求。因为在市场经济条件下,商机稍纵即逝,如果公司不能适时拓展新的业务,越权行为一律被认定为无效,股东就不能分享新业务带来的利润收入。①

(六) 经营期限

经营期限是指商事主体进行经营活动的时间限制。经营期限一般由商事主体的发起人决定,一般对于经营期限有规定的,主要是外商投资企业、联营企业。一般通过章程、协议或者合同确定经营时限。经营期限自登记主管机关核准登记之日起计算。登记主管机关应在核发给外商投资企业的证照上注明有效期。另合伙协议约定合伙期限的,登记事项还应当包括合伙期限。值得说明的是,2006 年修订实施的《公司登记管理条例》第 9 条规定的是"营业期限"。这反映了不同的法律规范用语不完全相同,相互之间缺乏必要的统一和协调。

---

① 参见顾功耘主编:《最新公司法解读》,北京大学出版社 2006 年版,第 9 页。

二、商事登记的种类

关于商事登记的种类,由于各国立法的差异和理论研究角度的不同,有以下几种分类标准。[①]

首先,根据商事主体的不同类型,主要分为商个人登记、商合伙登记、商法人登记。

其次,根据商事登记内容的不同,可分为共通事项登记和特定事项登记。共通事项登记是具有共性的登记事项,而特定事项登记根据我国台湾地区"商业登记法"规定,包括限制行为能力人之营业登记、法定代理人代营之登记、经理人及主办会计人员之登记以及商业或负责人特别印章之登记。这一区分方法既顾及了共性,又考虑到相关商事主体的特性。

再次,根据登记的事由不同,可分为设立登记、变更登记、注销登记。这是我国目前最典型的商事登记的种类的分类标准。

在我国,根据《企业法人登记管理条例》及其施行细则和《公司登记管理条例》,企业法人(包括公司)的商事登记可分为开业登记(设立登记)、变更登记和注销登记三类,其他商事主体的商事登记散见于其他有关法律、法规、条例之中,如《合伙企业登记管理办法》、《个人独资企业登记管理办法》等,其登记种类也与此大体相似。另外,企业法人(包括公司)还包括名称预先核准登记。此外,一般还规定商事主体分支机构的登记。

(一)设立登记

设立登记,亦即开业登记,是指为使商事主体成立并取得商事主体资格,由申请人向登记主管机关提出申请,并由登记主管机关办理登记的法律行为。它是所有登记中最基础、最重要的登记类型。

1. 设立登记的申请人与设立原则

我国有关商事登记的法律规范对不同的商事主体申请人作了不同的规定。个人独资企业以投资人或者其委托的代理人为申请人。合伙企业以全体合伙人指定的代表或者共同委托的代理人为申请人。一般企业办理企业法人登记,由该企业的组建负责人申请。外资企业以外国投资者为申请人。有限责任公司以全体股东指定的代表或者共同委托的代理人为申请人,国有独资公司以国务院或者地方人民政府授权的本级人民政府国有资产监督管理机构作为申请人,股份有限公司以董事会为申请人。

至于申请人何时提出设立登记,由于是否从事商事活动取决于商事主体的意思,因此许多国家立法一般不对此作规定。但是,鉴于有些商事主体的设立还

---

① 参见任先行主编:《商法总论》,北京大学出版社、中国林业出版社 2007 年版,第 182—183 页。

需要经过核准,这样就有时间要求。如法律、行政法规或者国务院决定规定设立有限责任公司必须报经批准的,应当自批准之日起90日内向公司登记机关申请设立登记;另外,以募集方式设立股份有限公司的,应当于创立大会结束后30日内向公司登记机关申请设立登记。

商事主体的设立是否需要经过核准实际上体现了设立登记的不同原则。从国外商事主体的发展历史看,商事主体的设立原则经历了自由设立、特许主义设立、核准主义设立、准则主义设立原则的沿革。

(1) 自由设立原则。也称放任主义设立原则,是指国家法律对商事主体的设立不加任何限制,商事主体如何设立、何时成立等,完全由设立人自由决定,无须履行任何法律手续即可成立。这一原则盛行于欧洲中世纪末的自由贸易时代。它虽在一定程度上促进了当时经济的发展,但却导致了滥设商事主体的不良后果,危及了社会交易的安全。近代以后,该原则即为各国所抛弃。

(2) 特许主义设立原则。特许主义设立原则是指商事主体的设立必须经国家元首或议会以颁布特许令或通过特别法令的形式予以许可,方可为之。未得特许令者,不得以商事主体的形式开展商事活动。此种原则起源于13至15世纪,盛行于17至19世纪初的英国、荷兰等国。它虽克服了自由设立原则的缺陷,有效地控制了一度蔓延的滥设商事主体的现象,但因手续烦琐、时间缓慢,严重制约了商事组织的成立和发展,因此,19世纪后,该原则逐渐被各国放弃。

(3) 核准主义设立原则。也称行政许可主义或审批主义原则。是指设立商事主体除应具备法定的设立条件外,还需事先取得政府主管机关的审核批准,否则不得成立商事主体。该原则虽降低了特许主义设立原则盛行时给商事主体设立带来的不确定性,但却需经过烦琐的审批手续。不仅如此,严格的核准主义设立原则还为行使审批权的政府机构及其工作人员滥用权力、以权谋私提供了条件。因此客观上讲,它与市场经济环境下讲求公平、效率的商法原则仍存在不协调之处。

(4) 准则主义设立原则。也称登记主义设立原则。是指设立商事主体无须经政府的审核、批准,只要符合法律规定的各项条件,设立人即可直接登记成立商事主体。这是当今世界各国最为普遍采用的一种设立原则。之所以如此是因为:一方面,法律规定了商事主体的设立条件和程序、设立人的法律责任等,能有效地控制滥设商事主体现象的出现;另一方面,因免去了获取特许令或获得批准的烦琐手续而使设立商事主体变得灵活、方便,极大地促进了社会经济活动的繁荣和发展,有助于各国政府对社会经济活动的监管。

我国商事主体的设立原则也经历了一个演变过程。在计划经济时代,立法奉行的是核准主义设立原则,对包括公司在内的各类企业的设立,除具备法律规定的实质条件外,还须经政府有关主管部门批准。随着市场经济体制的确立,我国对商事主体的设立原则进行了重大的改革。1993年颁布的《公司法》,在公司设立原则问题上一改延续了几十年的设立公司必须先行审批的核准主义设立原则,采取了核准主义与准则主义并行原则。适用核准主义原则的是所有的股份有限公司和部分特殊的有限责任公司(如中外合资有限责任公司、保险公司、证券公司等);适用准则主义原则的主要是一般行业的有限责任公司。2006年实施的新《公司法》所采取的公司设立原则应属准则主义原则,但该原则并不排除那些确实需要经国家审批的特殊公司的设立仍按特殊法规履行审批手续。与旧《公司法》相比,在公司设立原则的选择上,现行《公司法》不仅仅是在立法原则的选择上有了突破,而且在立法技术及适用效果上都做到了兼顾。①

2. 设立的条件及应提交的法定文件。

《企业法人登记管理条例实施细则》第15条规定,申请企业法人登记,应当具备下列条件:(1)有符合规定的名称和章程;(2)有国家授予的企业经营管理的财产或者企业所有的财产,并能够以其财产独立承担民事责任;(3)有与生产经营规模相适应的经营管理机构、财务核算机构、劳动组织以及法律或者章程规定必须建立的其他组织;(4)有必要的并与经营范围相适应的经营场所和设施;(5)有与生产经营规模和业务相适应的从业人员,其中专职人员不得少于8人;(6)有健全的财会制度,能够实行独立核算,自负盈亏,独立编制资金平衡表或者资产负债表;(7)有符合规定数额并与经营范围相适应的注册资金;(8)有符合国家法律、法规和政策规定的经营范围;(9)法律、法规规定的其他条件。

设立登记时还应提交法定文件。根据《企业法人登记管理条例》第15条,申请企业法人设立登记,应当提交下列文件、证件:(1)组建负责人签署的登记申请书;(2)主管部门或者审批机关的批准文件;(3)组织章程;(4)资金信用证明、验资证明或者资金担保;(5)企业主要负责人的身份证明;(6)住所和经营场所使用证明;(7)其他有关文件、证件。这是一般的共性的条件,如果设立不同类型的商事主体,要注意根据不同的要求提交不同的文件。

另外,不具备法人条件的企业申请营业登记,企业法人申请设立分支机构或外商投资企业申请设立办事机构等,都应依法提交相应文件。

一般情况下,登记机关在接到申请人的全部申请文件之后的30天内作出核准登记或不予核准登记的决定。如果核准,由登记机关向申请人发出"企业法人营业执照"或"营业执照"。执照签发之日为商事主体成立之日。

(二)变更登记

变更登记,是指商事登记机关对已经成立的商事主体,因其自身状况发生变化,要求其依法对变更后的状态予以再登记的行为。通常,商事主体因名称、住

① 参见顾功耘主编:《商法教程》,上海人民出版社、北京大学出版社2006年版,第93—94页。

所、经营场所、法定代表人、经济性质、经营范围、经营方式、注册资本、股东人数、经营期限或因合并、分立、转让、出租、联营等发生变化,都会导致变更登记。

在我国,不同类型的商事主体,立法规定变更登记的事项并不完全相同。就我国现行的商事登记法律规范看,对商事主体变更登记最为完善的就是《公司登记管理条例》。它对公司变更登记的法定程序和法定方式作了明确规定。

1. 公司变更登记的法定程序

公司变更登记应当由公司向原登记机关提交下列文件:(1) 公司法定代表人签署的变更登记申请书;(2) 依照《公司法》作出的变更决议或者决定;(3) 国家工商行政管理总局规定要求提交的其他文件。

公司变更登记事项涉及修改公司章程的,应当提交由公司法定代表人签署的修改后的公司章程或者公司章程修正案。

变更登记事项依照法律、行政法规或者国务院决定规定在登记前须经批准的,还应当向公司登记机关提交有关批准文件。

2. 对公司主要登记事项进行变更的法定方式

(1) 公司名称和住所的变更。由于公司名称和住所是公司章程必须记载的事项,所以在名称和住所变更的同时,应修改公司的章程。公司变更名称的,应当自变更决议或者决定作出之日起30日内申请变更登记。公司变更住所的,应当在迁入新住所前申请变更登记,并提交新住所使用证明。

公司变更住所跨公司登记机关辖区的,应当在迁入新住所前向迁入地公司登记机关申请变更登记;迁入地公司登记机关受理的,由原公司登记机关将公司登记档案移送迁入地公司登记机关。

(2) 公司法定代表人的变更。应当自变更决议或者决定作出之日起30日内申请变更登记。

(3) 公司注册资本的变更。应当提交依法设立的验资机构出具的验资证明。

(4) 公司经营范围的变更。应当自变更决议或者决定作出之日起30日内申请变更登记;如果变更的经营范围涉及法律、行政法规或者国务院决定规定在登记前须经批准的项目的,应当首先报有关部门批准,并在有关部门批准之日起30日内申请变更登记。

可见,公司变更登记要遵循法定程序、法定方式,如果未向主管机关履行变更登记,公司不能擅自改变登记事项。登记主管机关应当自收到符合规定的全部有关文件后,在规定的时间内作出核准变更或不予以变更登记的决定。变更登记事项如果涉及"企业法人营业执照"载明事项的,公司登记机关应当换发营业执照。

其他商事主体在进行变更登记时也要提交相关文件,并按法定的程序和方式进行。

(三) 注销登记

注销登记,是指当商事主体出现法律规定的应予终止营业的原因时,应当向原登记机关申请办理注销登记的法律行为。

不同类型的商事主体,要遵循立法规定的注销登记的原因,并且在进行注销登记时要依法提交相关文件。

《个人独资企业法》规定,个人独资企业有下列情形之一时,应当解散:(1) 投资人决定解散;(2) 投资人死亡或者被宣告死亡,无继承人或者继承人决定放弃继承;(3) 被依法吊销营业执照;(4) 法律、行政法规规定的其他情形。

《合伙企业法》第 85 条规定,合伙企业有下列情形之一的,应当解散:(1) 合伙期限届满,合伙人决定不再经营;(2) 合伙协议约定的解散事由出现;(3) 全体合伙人决定解散;(4) 合伙人已不具备法定人数满 30 天;(5) 合伙协议约定的合伙目的已经实现或者无法实现;(6) 依法被吊销营业执照、责令关闭或者被撤销;(7) 法律、行政法规规定的其他原因。

《公司登记管理条例》第 43 条规定,有下列情形之一的,公司清算组应当自公司清算结束之日起 30 日内向原公司登记机关申请注销登记:(1) 公司被依法宣告破产;(2) 公司章程规定的营业期限届满或者公司章程规定的其他解散事由出现,但公司通过修改公司章程而存续的除外;(3) 股东会、股东大会决议解散或者一人有限责任公司的股东、外商投资的公司董事会决议解散;(4) 依法被吊销营业执照、责令关闭或者被撤销;(5) 人民法院依法予以解散,依《公司法》183 条规定,公司经营管理发生严重困难,继续存续会使股东利益受到重大损失,通过其他途径不能解决的,持有公司全部股东表决权 10% 以上的股东,可以请求人民法院解散公司。(6) 法律、行政法规规定的其他解散情形。

商事主体向登记主管机关提出办理注销登记后,经登记机关对提交的文件核准后,依法收缴法人营业执照或营业执照及副本、收缴公章、撤销其登记注册号,并将注销登记情况通知开户银行,商事主体依法终止。

第四节 商事登记的程序

商事登记的程序是指法律规定的在办理商事登记时,申请登记的商事主体和商事登记机关应共同遵守的法定实施步骤。对申请登记的商事主体而言,有了登记程序,就可以清楚地知道自己在经济活动中的权利和义务,从而维护自己的合法权益。对商事登记机关而言,有了登记程序,可以保障登记活动的有效有序进行。商事登记程序作为商事登记制度中的重要组成部分,是整个商事登记制度的核心,对于实现商事登记法律制度的目的起着十分重要的作用。世界各国为保证商事登记的安全和效率,都竭力设定比较完善的登记程序。一般认为,商事登记的程序应包括四个阶段:申请与受理、审查、核准和公告。

一、申请与受理

申请是商事登记程序的起始阶段,是指由商事主体的申请人向商事登记主管机关提出的设立商事主体或变更已登记事项或终止商事主体登记请求的行为。提出申请应依法律规定提交有关文件、证件。如果经营活动依法需经行业主管部门许可,还需提交相应的特别许可证明。对不同的商事主体,法律规定的申请条件和申请时提交的文件和证件也有所区别。只有符合法定要求,登记主管机关才予以受理。

通常情况下,申请必须以书面的形式提交,也可以通过信函、电报、电传、传真、电子数据交换和电子邮件等方式提出申请。通过这些方式提出申请的,应当提供申请人的联系方式以及通讯地址。

受理是指登记机关对登记申请人提交的登记文件予以初步审查,确认文件已经齐备、符合申请条件后作出的接受商主体申请登记的法律行为。登记机关在决定受理申请人的申请时,应向申请人出具受理通知书并载明受理时间。决定不予受理的,应当出具"不予受理通知书",说明不予受理的理由。

二、审查

审查是指受理登记申请的机关,在接到申请者所提交的申请之后,于法定期限内,对申请者所提交的申请内容,依法进行审查的活动。审查的目的在于通过审查,确认向登记主管机关申请设立的商事主体是否符合国家法律规定的设立要件,能否取得合法的市场经营主体资格,能否给予核准登记并颁发营业执照,从而使其能够以法人或非法人组织的身份从事生产经营活动。

从各国立法看,审查主要存在三种立法例。

(一) 形式审查主义

所谓形式审查主义,即登记机关仅对申请是否符合法律要求进行审查,而不对登记事项的真伪调查核实。换言之,登记机关对于申请人提交的有关文件、证件等,仅审查其形式上是否合法,而对其记载事项的真实性,则不负有审查的责任。这个做法的优点是简单便捷,可以加快审查进程,提高审批效率,缺点是公信力较弱,即使已经登记注册,也难证明其为真实可信,容易产生商事欺诈行为。所以,一般采用这种审查方式的是信用制度建设比较好的国家,并且要有相关的制度设计,如目前北欧各国的公司注册制度规定,登记机关对公司申请材料,只进行形式上审查,材料的真实性由股东、董事、经理承担责任,由会计师、律师承担连带责任。

(二) 实质审查主义

所谓实质审查主义,即登记机关不仅对申请从形式上审查其是否合法,而且对申请事项予以调查核实,以保证登记事项的法律效力。依此主义,凡经登记之事项,皆有证明其为真实合法之效力。这个做法的优点是可以保证登记事项的真实性、合法性,防止出现商事欺诈行为;主要缺点是登记机关要承担很多的工作量,这无疑会使商事登记的周期延长,并造成登记成本的增加,不符合商法的效率、效益原则。

(三) 折中审查主义

所谓折中审查主义,即登记机关在审查申请材料时,对一些重点或者存在疑问的登记事项,有权进行实质审查。但是,已登记的事项不能因此而推定为完全真实,其登记事项的真伪最终取决于执法机关的裁决。这个做法的优点是如果做得好,它完全可以集前两者的优点,避其不足。但如果做得不好,会存在一些弊端。因为折中审查制"只对一些重点或者存在疑问的登记事项,有权进行实质审查",这可能会增加登记机关的自由裁量权,所以,怎样从制度设计上解决这个问题,对折中审查制的顺利推行有重要的意义。本书认为,可以针对不同的商事主体作不同的规定。如对股份有限公司和重要的有限责任公司应当进行实质审查,对商个人、商合伙进行形式审查等。另外,建立一支职业素质良好的审查队伍,也是发挥折中审查制优越性的关键。

从我国具体情况看,《企业法人登记管理条例施行细则》第 55 条规定,登记主管机关应审核提交的文件、证件和填报的登记注册书的真实性、合法性、有效性,并核实有关登记事项和开办条件。这一规定表明当时我国商事登记采取的是实质审查原则。2004 年《企业登记程序规定》第 3 条规定,"企业登记机关依法对申请材料是否齐全、是否符合法定形式进行审查。根据法定条件和程序,需要对申请材料的实质内容进行核实的,依法进行核实。"这说明我国商事登记的实质审查主义原则已开始松动。

三、核准

登记机关在收到申请人的申请及相关的材料并予以审查之后,应在法定期限内将审查结果,即核准登记或不予登记的决定及时通知申请人。申请人亦有相应的请求权。各国立法为限制登记机关滥用职权,保证其及时履行登记职责,大都对登记机关的核准有一定的时间要求。我国同样如此,一般适用 30 天的规定,并针对不同的商事主体,规定了登记机关作出登记决定的不同期限。例如,对个人独资企业,登记机关应在收到申请人提交的全部文件之日起 15 日内,作出核准登记或者不予登记的决定。对合伙企业,申请人提交的登记申请材料齐全、符合法定形式，登记机关能够当场登记的，应予当场登记，发给合伙企业营业执照。除此之外，企业登记机关应当自受理申请之日起 20 日内，作出是否登记的决定。予以登记的，发给合伙企业营业执照；不予登记的，应当给予书面答复，并说明理由。可见，对核准登记的申请人，应分别颁发有关证照，如对具备法人条件的企业，核发企业法人营业执照；对不具备法人条件的，核发营业执照；对外商投资企业设立的分支机构，核发中华人民共和国营业执照；对外商投资企业设立的办事机构，核发外商投资企业办事机构注册证。对于核准登记的商事主体，登记主管机关应当分别编定注册号码，在颁发的证照上加以证明，并记入登记档案。及时通知法定代表人（负责人）领取证照，并办理法定代表人签字备案手续。

四、公告

商事登记事项经核准登记之后，应及时予以公告。公告是指将登记的有关事项，通过一定的途径让公众周知。公告作为商事登记程序的最后一个阶段，对实现商事登记的目的意义重大。各国立法一般对发布公告的主体、公告发布的具体方式、公告的内容及公告效力作出明确规定。

首先，关于发布公告的主体，通常由商事登记机关发布。如《德国商法典》规定，发布公告的主体为法院。我国立法的规定则不尽统一，有规定商事登记机关发布，也有规定商事主体发布，如原《公司登记管理条例》有股份有限公司自己发布公告的规定。而新《公司登记管理条例》仅规定公司登记机关应当将登记的公司登记事项记载于公司登记簿上，供社会公众查阅、复制。今后立法应予以统一。

其次，关于公告的具体方法，各国立法例及商业习惯各有不同：有的是在专门设立的公告场所进行公告，有的是在当地的商业报纸上进行公告，有的则是将登记事项登载于政府的官方公报上。早在 1990 年 6 月国家工商行政管理总局发布的《企业法人登记公告管理办法》第 6 条规定："企业法人登记公告的基本形式为期刊式，刊名为《中国企业法人登记公告》，规格式样和组织发布时间由国家工商行政管理局统一规定。"这一规定虽然有集中公开发布和便于相关商事主体查阅的优点，但是期刊有一定的滞后性，这严重违背了公告本身及时性的要求。而后《企业法人登记管理条例实施细则》第 56 条规定，企业法人登记公告由登记主管机关通过报纸、期刊或者其他形式发布。从实践看，多通过登记管理机关指定的报纸、期刊或通过其他方式进行公告。值得注意的是，目前电子形式也在快速发展，据欧盟法律要求，自 2007 年 1 月 1 日起，欧盟国家将全部采用电子登记并实行电子公告。这种形式有利于加快公告的速度，也便于更多公众的查询，更加适应信息时代的发展趋势，值得我们借鉴。

再次,关于公告的内容,这是与商事登记有关的事项。根据《企业法人登记公告管理办法》,企业法人登记公告分为开业登记公告、变更登记公告和注销登记公告。开业登记公告的内容包括名称、住所、法定代表人、经济性质或企业类别、注册资本、经营范围、经营方式、注册号、核准登记注册日期。企业变更登记公告的内容包括原核准的名称、变更登记后的名称、住所、法定代表人、经济性质或企业类别、经营范围、核准变更登记日期。企业注销登记公告的内容包括名称、住所、法定代表人、注册号、注销原因、核准注销登记日期。

最后,关于公告的效力,公告不仅仅具有公示的作用,而且直接影响到商事登记的效力问题。许多国家虽立法各异,但商事登记立法都将公告与登记的效力联系在一起,而我国目前却没有明确规定。

可见,虽然我国已经有了关于商事登记公告的规定,但尚未形成完备的公告制度。而公告制度直接关系到商事登记程序制度功能的实现。因此,商事登记公告制度的建立与完善尤为重要。

第五节 商事登记的效力与监管

商事登记依法公告后,能在法律上产生一定的后果,主要包括两个方面:一是商事登记的效力,二是商事登记的监管。

一、商事登记的效力

商事登记的效力是指登记事项经登记后所产生的法律上的拘束力。我国现行法律对这个问题规定不够完备,尤其对商事登记的一般效力缺乏明确规定,在特殊效力方面,除了创设效力外,对其他特殊效力的规定缺乏系统性。在这种情形下,学者们各抒己见,有的将商事登记的法律效力从对登记人的效力和对第三人的效力两方面展开分析;[①]有的将商事登记的法律效力从发生创设法律关系的效力、免责效力和公示效力三个方面进行分析,[②]还有许多学者将商事登记的法律效力分为一般效力和特殊效力。对一般效力进一步分为消极效力和积极效力,但对特殊效力的划分并不完全一致:有的学者分为创立效力、弥补效力和免责效力;[③]另有学者分为创立效力、弥补效力、宣告效力和免责效力。[④] 可见,对商事登记的效力问题没有统一的观点。

本书比较赞同把商事登记的效力分为一般效力和特殊效力。因为一般效力

---

① 参见赵万一:《商法学》,法律出版社 2001 年版,第 167—169 页。

② 参见赵中孚主编:《商法总论》,中国人民大学出版社 2003 年版,第 209 页。

③ 参见王晓川编著:《商事法学》,对外经济贸易大学出版社 2003 年版,第 42—43 页。

④ 参见郭富青:《论商事登记制度的若干法律问题》,载《甘肃政法学院学报》2002 年第 6 期。

是一种对抗效力，即任何登记事项经注册登记并公告后便赋予公信力，登记行为人可以凭借该登记事项对抗第三人。特殊效力指除对抗效力外的其他效力。比如创设效力、免责效力等。之所以将对抗效力视为一般效力，其他效力归为特殊效力，其理由是：其一，对抗效力具有普遍性，而创设效力具有限定性，即任何商事登记都有公示力，但登记是否具有创设效力要取决于法律的规定和合同的约定；其二，效力根据不同，对抗效力为法定的公信力，而创设效力、免责效力需要专门规定的约定；其三，拘束对象不同，创设效力是对特定当事人，即对登记申请人有约束力，而对抗效力的对象是不特定的第三人。①

前已述及，商事登记中有很多强行性规定。商事主体作为登记申请人是否需要登记、登记的内容及程序必须严格按照法律的规定进行。登记申请人没有按照法律的规定进行登记的，包括未经登记及已经登记还未公告的，任何该登记事项的行为人都不能用该事项对抗第三人，除非第三人已经了解该事项的真实情况，这是商事登记的一般效力中的消极效力。如《德国商法典》第 15 条第 1 款规定，在应登入商业登记簿的事实尚未登记和公告期间，在其事实上应对此种事实进行登记的人，不得以此种事实对抗第三人，但此种事实为第三人所知的，不在此限。在德国这又称为消极公示主义。《日本商法典》第 12 条也有类似规定。

积极效力是指申请人按照法律的规定完成所有的登记的内容及程序后，即凡商事登记应登记事项已登记和公告后，除第三人由于不可抗力对此尚不知悉外，不论该第三人是善意或恶意，均能对其产生对抗力。在德国这又称为积极公示主义。如《德国商法典》第 15 条第 2 款明确规定，此种事实已经进行登记和公告的，第三人必须承受事实的效力。《日本商法典》第 12 条也有类似规定。

商事登记的特殊效力，主要体现在以下几个方面：

(1) 创设效力。新成立的股份有限公司或有限责任公司要取得法人资格，很多国家都规定注册登记是必经程序。如《日本商法典》第 57 条规定：“公司因本公司所在地的设立登记而成立”。因此，登记具有创设效力。我国采取登记要件主义，任何企业包括个体工商经营户，必须依法登记才能取得法人资格或营业主体资格。未经登记严禁从事经营活动。

(2) 弥补效力。公司依法登记成立对其成立之前设立过程中某些瑕疵具有弥补的功能。根据登记而成立的公司，即使有成立无效或取消的判决，其以往的法律关系也不受影响。如《韩国商法典》第 320 条规定：“公司成立之后认股人不得以认股书上的要件不全为由主张其认股无效，或者以欺诈、胁迫为由取消认股。出席创立大会已行使其权利的人，在公司成立之前，亦同。”

---

① 参见石慧荣：《商事制度研究》，法律出版社 2003 年版，第 8—9 页。

(3) 宣告效力。即登记事项经注册并公告后仅能证明其客观存在的法律状况。在德国,商事登记制度具有宣告的效力而非创设效力。但登记仍是商人的义务,如果未履行此项义务,将被处以罚款。

(4) 免责的效力。即根据商事主体的变更和注销登记,如果该登记经主管机关的批准而生效,商事主体可对基于该登记而生的责任部分或全部免责。

以上一般效力和特殊效力均以真实的登记为前提,假如存在不实登记,又将产生何种效力?一般商法均作出这样的规定:当事人因故意或过失而为不实登记时应以登记的事项为准,不得以之对抗善意第三人。如《日本商法典》第14条规定:“因故意或过失而登记不实事项者,不得以该事项的不实对抗善意第三人”。又如,《德国商法典》第15条第3款规定:“对登记的事实已经进行不正确公告的,第三人可以对在其事务上应对此种事实进行登记的人援用已经公告的事实,但第三人明知不正确的,不在此限。”不实登记的规定是基于法学上的表见理论和商法上的禁反言原则,目的在于维护商事登记的公信力,保护信赖的第三人。若法律规定不实登记没有任何效力,会给信赖登记的善意第三人造成意外的损失,商事登记的信用与功能会遭到破坏。因此,为寻求法律上的利益平衡,各国商法往往如上规定不实登记的效力。

商事登记的一般、特殊和不实登记的效力都是在对绝对事项进行了登记的情况下产生的。绝对登记事项是强制登记事项,为依法必须登记的事项,只要有一定事实发生登记义务人即应报告登记。各国商法上的登记事项多为绝对登记事项。绝对登记事项一般定有一定期间,而在一定期间内义务人怠于进行绝对事项的登记会产生什么效力,也值得我们研究。这方面可以借鉴日本商法的规定。

二、商事登记的监管

商事登记的监管,即商事登记的监督管理,是指登记机关依照法定职责对商事主体及其登记事项实行的检查监督。这是狭义上的理解。广义上的监管不仅包括主管机关,还包括社会公众的监督管理。社会公众的监督管理主要是通过规定公众有查阅商事登记簿、查阅与登记相关的各项资料和信息的权利对商事主体的经营状况进行监督。我国《公司登记管理条例》第57条规定:“公司登记机关应当将登记的公司登记事项记载于公司登记簿上,供社会公众查阅、复制。”本书下面主要介绍登记机关的监督管理。

1. 对登记事项和经营活动的日常监管

依《企业法人登记管理条例》规定,登记主管机关对企业法人依法履行下列监督管理职责:(1) 监督企业法人按照规定办理开业、变更、注销登记;(2) 监督企业法人按照登记注册事项和章程、合同从事经营活动;(3) 监督企业法人和法定代表人遵守国家法律、法规和政策;(4) 制止和查处企业法人的违法经营活动,保护企业法人的合法权益。如果企业法人有下列情形之一的,登记主管机关可以根据情况分别给予警告、罚款、没收非法所得、停业整顿、扣缴、吊销企业法人营业执照的处罚:登记中隐瞒真实情况、弄虚作假或者未经核准登记注册擅自开业的;擅自改变主要登记事项或者超出核准登记的经营范围从事经营活动的;抽逃、转移资金,隐匿财产逃避债务的;从事非法经营活动的。对企业法人进行处罚时,应当根据违法行为的情节,追究法定代表人的行政责任、经济责任。对于登记主管机关的监督检查,各商事主体应积极配合,提供检查所需的文件、账册、报表及其他相关资料。

2. 年度检验制度

我国商事登记法律法规规定了登记机关对企业法人登记管理实行年度检验制度。企业法人应当按照登记主管机关规定的时间提交年检报告书、资金平衡表或者资产负债表。登记主管机关应当对企业法人登记的主要事项进行审查。年检时间为每年1月1日至4月30日,外商投资企业应当在每年5月底以前向登记主管机关办理年检手续,而根据《公司登记管理条例》,每年3月1日至6月30日,公司登记机关对公司进行年度检验。公司应当按照公司登记机关的要求,在规定的时间内接受年度检验,并提交年度检验报告书、年度资产负债表和损益表、企业法人营业执照副本。设立分公司的公司在其提交的年度检验材料中,应当明确反映分公司的有关情况,并提交营业执照的复印件。公司登记机关应当根据公司提交的年度检验材料,对与公司登记事项有关的情况进行审查。可见,年检时间相对比较集中。这有时不免导致主管机关工作的顾此失彼,因此,实践中有些地方探索实施了新的年检方法,如“滚动式年检”或“分类式管理”,达到较好的效果。

3. 证照管理

这里的证照主要是指企业法人营业执照和营业执照,有正本和副本的区分。它们都是主管机关核发的,内容相同,具有同等法律效力。但是,两者使用上有些区别,正本为悬挂式,只有一份,必须置于企业住所或者分支机构营业场所的醒目位置,办理税务登记必须提供正本。副本为折叠式,可以有多份,企业可以根据业务需要向登记机关申请核发营业执照若干副本,主要是供企业在其活动中提供证明之用。

在《企业法人登记管理条例》、《公司登记管理条例》、《合伙企业登记管理办法》中都有关于证照管理的专门规定。概括起来有以下几方面:(1) 除登记主管机关依照法定程序可以扣缴或者吊销外,其他任何单位和个人不得收缴、扣押、毁坏企业证照;(2) 企业证照及副本,不得伪造、涂改、出租、出借、转让、出卖和擅自复印;(3) 企业证照遗失或者毁坏的,企业应当在登记机关指定的报刊上声明作废,并向企业登记机关申请补领或更换;(4) 企业营业执照正本、副本样式以及企业登记的有关重要文书格式或者表式,由国家工商行政管理总局统一制定,其中正本必须置于企业住所或者分支机构营业场所的醒目位置。

对于企业不按照规定报送年检报告书办理年检的,伪造、涂改、出租、出借、转让、出卖或者擅自复印企业法人营业执照、企业法人营业执照副本的,登记主管机关可以根据情况分别给予警告、罚款、没收非法所得、停业整顿、扣缴、吊销企业法人营业执照的处罚。对企业法人进行处罚时,应当根据违法行为的情节,追究法定代表人的行政责任、经济责任。

4. 登记档案管理

企业登记档案是反映企业登记状况的基础资料。它是对各种行业各个企业基本信息的客观反映,它既可以为国家决策部门或有关部门开展工作提供必要的数据,又可以为社会公众提供查询服务。因此,各级登记主管机关应当建立企业法人登记档案和登记统计制度,掌握有关企业法人登记的基本信息,引导主管部门进行宏观调控。社会公众借阅、抄录、携带、复制企业登记档案资料的,应当按照规定的权限和程序办理。任何单位和个人不得修改、涂抹、标注、损毁企业登记档案,违者将承担相应的法律责任。

第九章　商　　号

第一节　商号概述

一、商号的概念及特征

（一）商号概念的界定

商号，即商事名称，是指商事主体在从事商事行为时所使用的名称。商事主体使用名称的意义在于区分不同的市场交易主体，使市场交易主体特定化、个性化。

上述商号的概念和我国法律中的规定并不完全一致。在我国，《民法通则》第 26 条规定："个体工商户可以起字号。"第 33 条规定："个人合伙可以起字号。"第 99 条第 2 款规定："法人、个体工商户、个人合伙享有名称权。企业法人、个体工商户、个人合伙有权使用、依法转让自己的名称。"可见，我国在立法上对于不同的商事主体的名称采用不同的称谓，对个体工商户、个人合伙使用字号，对法人企业使用名称，而且把字号与法人企业名称置于同等地位。1991 年 5 月，国家工商行政管理总局发布的《企业名称登记管理规定》第 7 条规定："企业名称应当由以下部分组成：字号（或者商号，下同），行业或者经营特点、组织形式。"此处把字号等同于商号，并把二者划为企业名称的构成要素之一，这反映出我国的商号法律保护体系虽然建立，但存在矛盾与混乱。对商号规定的不明确不仅导致实践中商号侵权纠纷愈演愈烈，也造成商号与其他商业标识的冲突不断。

由于立法规定的矛盾，学者对商号的概念仍存在分歧，主要的争议在于对商号有广义和狭义的不同理解。广义上，商号是自然人、法人等主体在工商业活动中所使用的区别不同经营主体的名称；狭义上，商号等同于字号，认为商号是企业名称中不可或缺的组成部分。本书在广义上使用商号一词，也就是商事名称。如企业名称"上海大众汽车有限公司"，但该商号价值的核心或者说灵魂确实在于"大众"这个字号。① 所以，也可以说商号的"精髓"在字号。这样明确有助于更好地保护商号权。

就国外立法看，商号也有不同的含义及称谓。在美国普通法中，产品、服务

---

① 就商号构成而言，唯这部分是可由商事主体在不违背禁用条款的前提下自由选择的，并且它最具有显著特征或者说识别性，是区分相同行业不同企业的最重要的标志。

或商业企业的描述性词汇，以及人名、合伙名、公司名或一特殊地理位置的名称，被法院承认它们在商业交易中普遍使用，并将其归入商号（trade name）类。可见，它对商号采取了更广义的含义，它不仅仅指商事主体的名称。1946年《美国商标法》则将商号定义为“被制造商、工业企业主、商人、农场经营者或者其他采用来辨别其商业、行业或职业的任何名称。”英美法上，与“字号”相对应的词是“firm name”，它通常指合伙的名称，商号称为“business name”、“trade name”或“commercial name”。相对而言，德国法上商号的概念较接近我们的定义。正如《德国商法典》第17条的规定：“商人的商号指商人进行其营业经营和进行签名的名称。商人可以其商号起诉和应诉。”可见，德国使用商号这个概念时是不区分不同的商事主体的。在德国，“商号”既可用于自然人，也可用于法人。瑞士法与德国法的规定也十分相似，商号既可用于独资企业，也可用于公司。

明确商号的概念对商事实践具有极为重要的意义。因为商号不仅是商事主体人格化、特定化的标志，商事主体通过在经营活动中使用特定商号，能够使其与其他商事主体明显区分开。同时，商号还是商誉的重要载体，能够维系和表彰商事主体的商业信誉，具有一定的经济价值，驰名商号更是成为商事主体无形资产的主要内容。

（二）商号的特征

商号具有以下法律特征：

1. 标识性

商号不等于商人，商号本身不是法律上权利义务的承受者。商号是商人的指称，它依附于商主体而存在，是商主体之间相区别的外在标志。在商业活动中，商事主体需要使自己区别于他人，以维护自己不同于他人的特征。商号的这一功能为商事主体在市场竞争中提供了个性识别的符号。

2. 专有性

商号与商人不可分离，具体的商号总是对应于特定的商人。商人不能没有商号，商号也不能脱离商人而独立存在。商人的商事行为必须以自己商号的名义进行。

3. 价值性

由于具体的商号是与特定的商人联系在一起的，在长期的经营活动中会积淀下一定的商誉。商号是商誉的载体，这就使商号具有了特定的价值。其价值的大小一般是随着商人经营状况的优劣、信誉的好坏而变化的。

二、商号与相关概念的区别

（一）商号与姓名

姓名是自然人所具有的表明自己身份的符号，由文字组成。可见，商号与姓名都具有表明自己身份的作用,但两者又存在明显差异。

首先,结构组成不同。姓名是由文字组成,具体由什么文字构成法律不作规定,起名者可自由决定,日常生活中还可以起笔名、艺名等。从法律上讲,公民的姓名应指身份证上的姓名。而商号的结构组成必须依照法律的规定,一般由地区名称、字号、行业或者经营特点、组织形式组成。

其次,法律性质不同。姓名作为表明自然人身份的符号,法律在保护时是将其作为一种人格权看待的,因此姓名权不允许转让。商号作为表明商事主体的符号,法律在保护时,不仅作为一种人格权加以保护,还作为一种财产权加以保护,因此商号权是许可转让的。并且商号越有名,可以给商事主体带来越多的经济利益。

最后,联系的对象不同。商号是与商誉紧密相连的,特定的商号联系着特别的商誉。而姓名是和作为对主体人格一般道德水平和行为方式的社会评价即名誉联系在一起的。

(二) 商号与商标

商标是生产经营者在其商品或服务上使用的,由文字、图形、字母、数字、三维标志、颜色组合,或由这些要素组合构成的,具有显著特征,便于识别商品或服务来源的一种特别标志。在《保护工业产权巴黎公约》中,商号和商标同属工业产权的范畴,实践中,商事主体以自己的商号的核心部分即字号作为文字商标申请注册的情况比较常见,这种“合二为一”的情形对加强保护有利,不过也会使人误认为商标与商号是一回事。实际上,作为区分商人本身标志的商号,与区分特定种类的商品或服务的商标之间是存在显著差异的。

首先,构成要素不同。商标通常由文字、图形、字母、数字、三维标志、颜色等构成,而商号却只能用文字构成,而不能使用图形数字等表示,并且各国立法均要求商号必须使用本国文字表示。在我国,法律法规规定商号应使用规范的汉字。民族自治地方的商号可以使用其民族通用的民族文字。如果需要使用外文表示商号,其外文名称应当与中文名称相一致,并报工商行政管理机关登记注册。

其次,表彰的对象不同。商号不一定与一种特定的商品或服务相联系而存在,但必须与特定商事主体相联系而存在,其表彰对象是特定的商事主体,即从总体上代表商人。由此,一个商人只能有一个商号,而且每一个商人都必须有商号,没有商号的商人无法进行商事登记。而商标不能脱离其所依附的特定的商品或服务,其表彰对象是通过特定种类的商品或服务上的特别标记说明不同的商品或服务的出处。一个商人完全可能拥有多个商标。除了必须强制注册的项目,商人可以自主决定是否使用注册商标。

最后,调整的法律依据不同。相比专门的商标法保护注册商标的强保护,商号的法律保护就比较弱，具体的调整规范散见于各法律法规，如企业名称登记管理条例、公司法、合伙企业法等，并依据这些法律规定向国家授权的各级工商行政管理机关进行登记，商号专用权原则上仅在其所登记的行政管辖区域范围内发生效力。而商标由于是统一向国家商标局核准注册的，其商标专用权在全国范围内具有法律效力。除此之外，商号没有法定期限的限制，一般只能随商事主体及其营业的消亡而终止。而商标专用权是有有效期限的，过了有效期不申请续展，商标专用权将会丧失。

（三）商号与商誉

商誉是商事主体的名誉，是关于商事主体的职业道德、经营能力、资信状况、商品或服务质量等方面的综合社会评价。商号是商誉的载体，商誉的好坏又会直接影响到商事主体及其所依附的商号，两者相辅相成，有紧密的联系，但也存在着明显的区别。

首先，取得的方式不同。商号由商事主体依照法定程序向主管机关申请登记，经核准成立和撤销。在我国，任何人使用未经登记注册的商号都是违法行为，要受到法律制裁；商誉的产生则无须经过法定程序，它是伴随商事主体的经营活动而自然产生的，而且商誉一经产生即受法律保护。

其次，存在的形态不同。商号以特定的文字形态存在，是具体的、看得见摸得着的，具有相对稳定性；商誉是一种社会评价，始终处于信息状态，并且可以通过"内在的、外在的多种表现形态来反映"①。所以，商誉是抽象的、无形的且富于变化的。

最后，保护的方式不同。商号具有特定的表现形态，法律采用直接禁止商事主体使用同一注册地域内同行业其他商事主体的商号的方法保护商号权；商誉是涉及商事主体的生产、产品、销售、服务等多方面的综合社会评价，法律采用间接保护的手段，通过禁止他人散布有关商事主体的商业道德、资信情况、商品质量或服务质量的不真实信息的方法保护商事主体的商誉权。

三、商号制度的历史沿革

（一）商号制度在西方的发展

早在人类社会有商品交换时就有了商人，但当时商人只是自然人，可以以自己的姓名对外进行交易活动。随着商品经济的不断发达，商人的内涵也随之扩大，不仅包括自然人，也包括商合伙、商法人这些组织。组织是一个抽象的集合体，它必须以自己的名称对外进行交易活动。最初是以全体投资人的个人姓名作为商事组织名称，但当成员较多，无法都罗列上去时，则用代表人的姓名或其

① 参见梁上上：《论商誉和商誉权》，载《法学研究》1993年第5期。

他方式作为组织的名称。有学者考证,商号起源于合伙组织的出现,但在古罗马法和日耳曼法中,合伙被视为一种契约,在法律上并不存在独立的权利。到了中世纪,意大利和地中海沿岸的其他城市国家商业繁荣,出现了各种商业组织和行会,于是合伙和公司得到进一步发展。为交易方便,同时为了明示这些组织的所有人,公司将几个股东的姓名连在一起,或组合成为商号。并且,商号要到行会登记注册,以保证交易安全。到了商法被纳入国家立法体系后,商号的意义得到了进一步的发展。1794 年的《普鲁士普通法》和 1807 年《法国商法典》正式承认了公司组织商号的排他效力,这意味着商号不仅是一种商事主体的识别标志,还是一种私权。商号权的确认意味着现代意义上的商号保护制度的确立。尔后多数国家的立法都作了这样的规定。于是,商号就成为一项较为成熟的法律制度。西方国家对商号的法律调整体系各不相同,德国除了在《商法典》中对商号的基本规则作出规定之外,还在公司法、合作社法等具体法律中对不同形式的商号作了相应的具体规定。

日本也在《商法典》中对商号作了专章规定,法国主要在《商法典》和公司法中规定,美国在《商标法》中加以规定,瑞士主要在《债务法》中规定,英国、荷兰等有专门的单行立法。

就商号的国际保护而言,1883 年的《保护工业产权巴黎公约》(简称《巴黎公约》)开创了商号保护的先河。它正式将商号(厂商名称)作为一种工业产权的保护客体,该条约第 1 条第 2 款规定,工业产权的保护对象有专利、实用新型、外观设计、商标、服务标记、厂商名称、货源标记或原产地名称等。此后,国际社会对于商号的保护越来越重视,1891 年的《制止商品来源地虚假和欺骗性标识马德里协定》专门规定,各成员国对于虚假或欺骗性标识的商品,在进口时有义务予以扣押或者用其他的方式予以制裁。商号的虚假表示也属于其中一类。1967 年在瑞典斯德哥尔摩签署的《成立世界知识产权组织公约》中也规定,知识产权的保护对象包括厂商名称。

(二)我国现行的商号制度

在我国,由于历史上就有使用"字号"的习惯,所以现在仍沿用该称谓。从我国的立法情况看,在法律或法规中并未统一使用"商号"的概念。我国现行的商号制度是由《民法通则》、《企业名称登记管理规定》、《公司法》、《反不正当竞争法》等法律法规组成。总体上看,规定比较粗糙,不成体系,存在不少疏漏及相互矛盾之处。如《民法通则》将商品生产经营者所享有的名称权定位于人身权,据此,商号的取得当然就没有登记的必要,而《企业名称登记管理规定》却有企业名称经核准登记后方可使用的强制性规定,这种相互矛盾的规定势必影响商号制度的协调统一和实施效果。除《企业名称登记管理规定》对商号的取得、使用作了较详细的规定外,其他法律只有个别条款对商号稍有提及,缺乏对商号基本法律规则的系统性、专门性规定。这样的后果是对商号的定位不明、定性不清,导致实践中有些问题无法可依。如关于商号的评估、转让后的竞业禁止等问题尚无明确规定。另外,《企业名称登记管理规定》毕竟是一部立足于企业名称登记管理的行政性法规,对商号的保护并没有以民事手段为主,也没有突出商号的私权属性,这与知识产权国际公约把它界定为一种知识产权保护的客体显然不符。所以,由这部计划经济时代的行政法规承担现时的商号保护任务,难免会"力不从心",鉴于此,我国商号立法的滞后局面必须改变。我们必须修改现行立法中不合时宜的规定,尽早制定私法意义上的商号法,为不同的商事主体创造一个平等的竞争环境。

第二节 商号的选用与登记

一、商号的选用原则

一个商事主体如何选择商号,各国的商法规定有以下两种原则:一是自由主义原则,二是真实主义原则。基于维护交易安全和交易秩序的考虑,有些国家商法要求商号的选用应该在某种程度上与商事主体及其营业保持某种联系,有些国家则允许自由选用商号。纵观各国立法,如果立法政策偏重保护商事主体对作为其财产一部分的商事名称的自由处分权,则采用商号自由主义原则;如果立法政策偏重保护交易安全和社会公共利益,则采用商号真实主义原则。

(一)商号自由主义原则

商号自由主义原则,即商人可自由选用任何商号,原则上法律不作限制,商号与营业主的姓名及营业种类是否相同,法律并不过问,即商事主体选用什么样的商号,该商号与商事经营主体的姓名以及他所从事的商事经营的种类和范围是否有关,法律一般不加以限制。采用这种立法主义的主要是英美法系国家。当然,在商号的选定上过分强调自由,显然不利于交易安全和对善意第三人的保护,因此,这里的自由并不是绝对的自由,为了防止商人自由选用权被滥用,在商号选定上实行自由主义原则国家的商法往往同时规定,公司的商号要依其种类,必须用合资公司、股份公司或有限公司这样的名称;非公司企业,其商号不能用表示公司意思的名称;禁止使用持不正当目的而使人们误认为他人营业的商号。

(二)商号真实主义原则

商号真实主义原则也称严格原则,是指法律对商号选定予以严格限制,商号必须真实反映商事主体的基本营业情况和权属情况,即商号必须与商事主体的营业种类、经营范围、投资状况等相符,否则法律将禁止使用。采用此原则的主要有法国、瑞士等,我国澳门特别行政区也采此立法主义,如《澳门商法典》第15

条第 1 款规定:“组成商事名称所使用之要素应当真实,且不应使人对其权利人之识别资料、性质及业务产生误解。” 可见,商号真实主义原则对商号与商事主体之间必须存在某种联系的要求比自由主义严格得多,体现在营业主、营业的行业范围、营业的组织形式等多方面。但是,过分注重商号的真实性,严格限制商号的选用,也不利于交易便利和商业的发展,且增加登记机关审查负担。鉴于此,《德国商法典》原本也采用商号真实原则,但在 1998 年对此作了重要修订,现行原则可谓采取折中做法。

在我国,商号选用奉行何种原则,学者们观点不一。但从有关的法律规定看,我国在商号选定基本上属于大陆法国家的真实主义,法律上也对商号的选用作了一些特别的限制和规定。

1. 对商号结构的法律规定

在我国,商号一般由以下四个部分依次构成:

第一部分是商事主体所在省(包括自治区、直辖市)或市(包括州)或县(包括市辖区)的行政区划名称,但某些商号可例外。例如,经申请并获国家工商行政管理总局的同意在名称中使用“中国”、“中华”或者冠以“国际”字样的商事主体,这包括全国性的公司、国务院或者其授权的机关批准的大型进出口企业或者大型企业集团以及国家工商行政管理总局规定的其他企业;历史悠久、字号驰名的商事主体;外商投资的商事主体。

第二部分是商事主体的具体字号。商号中的字号应当有两个以上的字组成。商事主体可以使用本地或异地地名作字号,但不得使用县级以上行政区域名称作字号。可以使用自然人投资人的姓名作字号。

第三部分是依照国家的行业分类标准划分的主体行业或经营的特点。商号中行业用语表述的内容应当与企业经营范围一致。企业经济活动性质分别属于国民经济行业不同大类的,应当选择主要经济活动性质所属国民经济行业类别用语表述企业名称中的行业。该条的立法目的基于两个原因:一是可以让公众和交易第三人从商号中了解企业的业务范围,有利于促进企业业务的开展和交易安全的维护。二是当有企业字号相同时,也可借此区分。

第四部分是商事主体的组织结构或责任形式。《企业名称登记管理规定》第 12 条规定,企业应当根据其组织结构或者责任形式,在企业名称中标明组织形式。所标明的组织形式必须明确易懂。我国企业的组织形式主要是有限责任公司、股份有限公司、合伙企业和个人独资企业。商事主体必须在其商号中标明其组织形式。

2. 对商号选用的限制

不管是奉行哪种原则,各国商法都不同程度规定了对商号选用的限制。根据《企业名称登记管理规定》,我国立法上对商号选用的限制主要体现在几个方面：

（1）商号单一制原则的限制。为了维护商事交易的正常秩序，商事主体原则上仅能使用一个商号。在一般的情况下，不允许一个商事主体使用一个以上或变相使用一个以上的商号。但是，确有特殊需要的，经省级以上工商行政管理局核准，企业可以在规定的范围内使用一个从属的商号。

（2）商号的内容文字的限制。如果商号的内容文字涉及法律所列举的禁止使用的事项，这类商号将不被核准。具体不得使用的内容文字包括：有损于国家、社会公共利益的；可能对公众造成欺骗或者误解的；外国国家（地区）名称、国际组织名称；政党名称、党政军机关名称、群众组织名称、社会团体名称及部队番号；汉语拼音字母（外文名称中使用的除外）、数字；其他法律、行政性法规规定禁止使用的。

（3）禁止以不正当目的使用商号。使用人不得以不正当目的使用可能使人们误认为是他人营业的商号，即在登记主管机关辖区内，不得与已登记注册的同行业商事主体的名称相同或者近似。

3. 对商号选用的其他要求

（1）对不同商事主体名称的特别规定。依照公司法设立的有限责任公司或股份有限公司，必须在公司名称中标明有限责任公司或股份有限公司的字样。依特别法设立的公司，商号的表示应依特别法的规定。如商业银行、保险公司、证券公司的商号中，应分别有银行、保险、证券的字样。合伙企业名称中的组织形式后应当标明"普通合伙"、"特殊普通合伙"或者"有限合伙"字样。

（2）对联营企业名称的特殊规定。联营企业的名称可以使用联营成员的字号，但不能使用联营成员的商号。联营企业应当在其名称中标明"联营"或者"联合"字样。

（3）商号中使用"总"公司或其他类似字样的法律规定。商号中使用"总"公司或其他类似字样的，必须下设三个以上分支机构。不能独立承担民事责任的分支机构，其名称应当冠以其所从事的商事主体的名称，并缀以"分公司"、"分厂"、"分店"等字样，并标明该分支机构的行业和所在地行政区划名称或者地名，但其行业与其所从属的企业一致的，可以从略。能够独立承担民事责任的分支机构，应当使用独立的商号，并可使用其所从属企业的商号中的字号。能够独立承担民事责任的分支机构再设立分支机构，所设立的分支机构不得在其商号中使用总机构的商号。

二、商号的登记

商号的登记，是指商事主体对其所选定的商号按照法定要求和程序，在商事登记机关办理注册手续，经审查后获得专有使用权，并进行公示的过程。商号是否必须进行登记,各国立法不同。英美法系国家非公司企业的商号并不要求必须登记,这跟它的立法例侧重交易便利的价值目标有关。但是,如前所述,商号的一个重要特征是其总是与商事主体特定的商誉紧密相连。出于防止滥用他人商号,并影响其商业信誉的考虑,德国法系国家大多采用强制登记制度,即商号选定后,非经登记,不受法律保护。如《德国商法典》第 29 条规定,任何商人均有义务将其商号和其营业所所在的地点向营业所所在辖区的法院申报商业登记;商人应签署其签名,并注明商号,以由法院保管。又如《瑞士债务法》第 954 条规定,凡是必须在商业登记机关登记才能取得商事主体身份的,其商号必须登记注册。这种立法体例显然是强调通过商号的公示保护交易安全。我国《企业名称登记管理规定》第 3 条规定:企业名称在企业申请登记时由企业名称的登记主管机关核定。企业名称经核准登记注册后方可使用,在规定的范围内享有专用权。从该条看来,我国和德国等国家一样,采用的是商号强制登记主义。

（一）登记的种类

1. 按登记的时间进行分类

我国法律规定,商号的登记是商事登记的法定事项,是商事主体成立的必要条件。所以,我国商号的登记一般是在企业成立的同时办理。但是,企业有特殊原因的,可以在开业登记前预先单独申请企业名称核准登记。前一种商号登记为一般登记,后一种为预先登记。内资企业一般实行一般登记,而有特殊情况的内资企业和外资企业则实行预先登记。

（1）商号的一般登记。对于一般内资企业,商号的登记核准程序是商事主体登记的法定事项之一,与商事登记同时进行。设立企业时,商号的申请手续作为企业申请材料的一部分,不单独申报材料。由地方工商行政管理机关核准成立的企业因涉外业务需要申请使用"中国"、"中华"等字样的,应持有关主管部门的批准文件、地方工商行政管理机关的同意文件,报国家工商行政管理总局批准。

（2）商号的预先登记。在以下几种情况下,商号要预先登记:一是设立公司应当申请;二是法律、行政法规规定设立企业必须报经审批或者企业经营范围中有法律、行政法规规定必须报经审批项目的,应当在报送审批前办理商号的预先登记,并以工商行政管理机关核准的商号报送审批;三是外商投资企业应当在项目建议书和可行性研究报告批准后,合同、章程批准之前,预先单独申请商号登记注册。

申请商号预先登记的,应当由全体出资人、合伙人指定的代表或者委托的代理人,向有商号核准管辖权的工商行政管理机关提交商号预先核准申请书。商号预先核准申请书应当载明商号(可以载明备选名称)、住所、注册资本、经营范围、投资人名称或者姓名、投资额和投资比例、授权委托意见(指定的代表或者委托的代理人姓名、权限和期限),并由全体投资人签名盖章。该申请书上应当粘贴指定的代表或者委托的代理人身份证复印件。外商投资企业申请商号预先登记时,应当提交企业组建负责人签署的申请书、项目建议书、可行性研究报告的批准文件以及投资者所在国(地区)主管当局出具的合法开业证明。

2. 按登记的机关进行分类

我国法律规定,商号登记的主管机关是国家工商行政管理总局和地方各级工商行政管理局。

(1) 国家工商行政管理总局登记

凡是全国性公司,需要使用"中华"、"中国"、"国际"字样的商号,必须经国务院或国务院授权的部门的批准,由国家工商行政管理总局核准登记。外商投资企业名称由国家工商行政管理总局核定。外国企业商号的核准登记应当向国家工商行政管理总局申请,由该局登记注册。外国企业申请商号登记时应当提交该外国企业法定代表人签署的申请书、外国企业章程和企业所在国主管当局开具的合法开业证明。

这种商号在全国范围内不得重名,即一经核准,在全国范围内享有专用权。

(2) 地方各级工商行政管理局登记

凡是由全国性公司与各类企业组成的联合企业,不得冠以全国性公司的名称,应另行申请商号登记。凡是以省、自治区、直辖市名义而不冠以市名或县名的,必须经省、自治区、直辖市政府或其授权机关的批准,由省、自治区、直辖市工商行政管理机关登记。全国性公司的分公司的名称,由省级工商行政管理机关核准登记。凡是冠以市名或县名的,必须经市、县政府或其授权机关的批准,由市、县工商行政管理机关登记。

被国家工商行政管理总局授予外商投资企业核准登记权的地方工商行政管理局可以登记外商投资企业的商号。

这种商号在登记的行政区划范围内不得重名,即一经核准,在该范围内享有专用权。

3. 按登记的目的进行分类

按照登记的目的不同,商号的登记可以分为以下几种类型:

(1) 商号创设登记。对于采用商号强制登记的国家而言,商号创设登记是指商事主体创立时商号的登记。它是商事主体创立的必经步骤。只有履行了创立登记的商号才能成为商事主体的名称,非经创设登记的商号商事主体不得使用。

(2) 商号变更登记。商号变更登记是指商事主体在经营存续期间若变更原登记商号的全部或一部分,则要在登记机关履行登记。商事主体若擅自变更其商号,在未履行变更登记之前不能对抗善意第三人。在我国,商号的变更登记除了由商事主体申请而发生之外,也可以由商号登记主管机关依职权监督实行。登记主管机关有权纠正已登记注册的不适宜的商号,上级登记主管机关有权纠正下级登记主管机关已登记注册的不适宜的商号。对已登记注册的不适宜的商号,任何单位和个人均可以要求登记主管机关予以纠正。

(3) 商号转让登记。商号转让登记是指商事主体通过登记,对商号获得了专有使用权,这种专有使用权如果转让给其他商事主体时,必须依法履行登记。按照德国、日本等国家的商法,商号必须与营业一起转让,[①]但在营业终止的情况下,商号也可以单独转让。商号的转让只有在履行转让登记程序之后才生效,否则不发生效力。

(4) 商号废止登记。商号废止登记是指商事主体终止营业时应及时向登记机关办理歇业登记。未经登记,商号的废止同样不发生效力。

(5) 商号撤销登记。商号撤销登记是指当某些法定事由发生时,主管机关依职权撤销商事主体的经营资格,在这种情形下,商号"有名无实",无所依附,则一并予以撤销,并依法进行登记。

(二) 登记的效力

这个问题涉及商号权取得与登记的关系。不同的取得方式意味着登记有不同的效力。纵观各国对商号权的取得方式,主要有三种立法模式:第一,使用取得主义,是指商号只要一经使用,使用者即可取得商号权,无须履行法定申请登记手续。目前,只有少数国家如法国采用这种立法例,此时这种登记只是一种公示。第二,登记对抗主义,是指商号的使用虽无须经过登记,但没有经过登记的商号不足以产生对抗第三人的效力。《日本商法典》即采用这一模式。《日本商法典》第 20 条第 1 款规定:"已登记商号者,对于以不正当竞争为目的使用同一或近似商号者,可以请求其停止使用该商号。"该法第 24 条第 2 款规定:"商号之转让,不经登记者,不得以之对抗第三人。" 在日本,未登记的商号和登记的商号犹如注册商标和未注册商标所处的不同地位,不经登记的商号可以自行使用,但不具有排他性独占权,一旦他人使用相同或者近似商号或使用人需要转让商号时,均无法与已登记的商号相提并论。第三,登记生效主义,是指商号只有经过登记才可使用,才具有排他性专用权。在这种立法例之下,只有履行登记手续,商事主体才取得商号权。同时,商号变更、营业所迁址、商号废除,商事主体都应当向登记机关申报。采取该制度,一方面有利于明确商号权的归属减少纠纷,另一方面也有利于通过登记向社会公示以便于维护交易安全和交易秩序。德国和瑞士采用的就是这种立法例。

我国采取的是登记生效主义。即企业名称经核准登记后方可使用,在规定

① 如《德国商法典》第 23 条、《日本商法典》第 24 条。

的范围内享有专用权。使用未经核准登记注册的企业名称从事生产经营活动的,登记机关有权责令其停止经营活动,没收非法所得或处以罚款。可见,在我国,商号的登记是有创设效力的。商号一经登记,商事主体就对其获得专有使用权,即商号权,进而产生排他效力和救济效力。具体表现为商号权人有排除同一行业的商事主体登记或使用相同或近似商号的效力,如有非法使用,受害人可以采取行政救济或司法救济手段。

1. 排他效力

排他效力是指商号一经登记,他人就不得在同一登记机关管辖的行政区域内登记或使用相同或近似的商号。因此,商号的排他效力包括排他登记效力和排他使用效力。《企业名称登记管理规定》明确规定:"企业名称经工商行政管理机关依法核准登记注册后使用。在登记主管机关管辖区内不得与已登记注册的同行业企业名称相同或近似。如果有两个以上的企业向同一个登记主管机关申请相同的符合规定的商号时,登记主管机关依照申请在先原则核定。属于同一天申请的,应当由企业协商解决;协商不成的,由登记主管机关作出裁决。两个以上企业向不同登记主管机关申请相同的商号,登记主管机关依照受理在先原则核定。属于同一天受理的,应当由企业协商解决;协商不成的,由各该登记主管机关报共同的上级登记主管机关作出裁决。两个以上的企业因已登记注册的商号相同或者近似而发生争议时,登记主管机关依照注册在先原则处理。"这些规定确定了严格审查制度和同一地区或相同行业商号不能相同或近似、混同的登记管理原则。这对保障市场交易安全、维持市场经济秩序能够发挥一定的积极作用,但它在实践中的缺陷也是存在的,主要表现为商号私权性受到限制、判定商号之间是否近似与混同的标准不够明确、驰名商号保护制度缺位等。[①]

商号登记排他效力的一个例外是连锁店商号的使用。按照连锁店的一般做法,允许各连锁店采用同一商号,而不管其是否在同一市、县。这主要是考虑到连锁经营的特点。《深圳经济特区商事条例》第 30 条对有投资关系或依据协议的特许经营作了除外规定。

2. 救济效力

救济效力是指商号一经登记,当他人未经许可擅自于同一行业中使用相同或近似的商号时,受害人可以采取行政或司法救济手段保护自己的合法权益。如《企业名称登记管理规定》规定,擅自使用他人已登记注册的商号或者有其他侵犯他人名称专用权行为的,被侵权人可以向侵权人所在地登记主管机关要求处理。登记机关有权责令侵权人停止侵权行为,赔偿被侵权人因该侵权行为所

① 关于这个问题,有些地方立法已作了有益尝试,如浙江省出台了《知名商号认定办法》。

遭受的损失,没收非法所得并处以一定数额的罚款。对于侵犯他人商号专用权的,被侵权人也可以直接向法院起诉。

第三节　商　号　权

一、商号权概述

(一) 商号权的概念与特征

所谓商号权,是指商事主体对其经过登记的具有显著性的商号依法享有的专有权利。商号权具有以下特征:

1. 专有性

商号一经登记,该商号的商事主体即对其在登记的行政区划范围内享有禁止同行业其他商事主体使用相同或近似的商号的权利。这就是商号权的专有性。

2. 地域性

商号权只在注册所在国登记机关管辖范围内有效。但是,对于驰名商号,可同驰名商标一样,得到法律的特别保护,而不受登记机关管辖范围的限制。

3. 公开性

商号权的公开性是指商号必须经过登记公示使社会公众知晓。商号公开,便于社会公众对商事主体的商号使用进行监督,也有利于保护在先商号权人的利益。

4. 无期限性

商号须依附于商事主体而存在,从各国立法及实践看,由于商事主体资格的存续并没有法定时间限制,所以商号权也没有法定时间限制。只要商事主体存续,商号就受到法律保护。

(二) 商号权的性质

关于商号权的性质,学术界观点不一,主要有以下几种学说:

1. 人格权说

这种观点认为,首先,名称权的客体是法人等的人格利益,名称是主体相互区别的必要条件。其次,名称权具有人格权的全部特征,是固有权、专属权和必备权。再次,名称权虽然具有某些无形财产权的属性,但这是附属属性而非本质属性。① 这种学说过于强调商号权的人身性质而忽视了其财产属性,并不十分妥当。

---

① 参见杨立新:《人身权法论》,中国检察出版社 1996 年版,第 448 页。

2. 财产权说

这种观点认为商号权具备财产权的一般特征,是一项可以获得收益的财产,因此,这种名称不是营业主体的人格,不属于人格权的范畴而属于财产权的范畴,是财产权的一种。[①] 其实,商号权具有识别商事主体的功能,与商事主体的人格相连,因此,不能单纯地认为商号权仅具有财产权的性质。

3. 双重性质说

该种观点认为商号权兼有人格权和财产权的属性。一方面,对于法人等具有独立人格的主体而言,拥有自己的名称是其取得民事主体资格的必备条件,即使对于那些不具备主体资格的社会组织而言,它们要以团体的名义从事民事活动也必须享有商号权。另一方面,商号权也具备财产权的属性,它可以作为财产标的使用、收益、转让和处分。由于名称无固定形态,故属于无体财产权。[②] 本书认为,该说较好地把握了商号权的人身属性和财产属性,比较全面。

探讨这个问题,需要了解商号权的客体与内容。作为商号权客体的商号,[③]其外在表现为各类经营主体的名称,其功能在于区分不同的经营主体。其权利取得一般由国家主管机关授予,其权利行使通常有地域限制。商号经长期使用,会有商誉积淀其中,可以通过许可转让权利获得收益,从这些特点分析,商号应作为财产权中的无形财产权。另外,根据国际保护工业产权协会在1992年东京大会上通过的报告,知识产权应当分为"创作性成果权利"和"识别性标记权利"两大类。其中识别性标记权利包括商标权、商号权、其他与制止不正当竞争有关的识别性权利。

(三) 商号权的内容

在我国,商号权以登记注册为法定要件。商号权的内容主要包括专有使用权、禁止权、许可使用权、转让权、变更权。

1. 专有使用权

专有使用权是指商事主体对于自己的商号享有独占使用的权利,其他任何人不得干涉。实践中商事主体使用商号的方式场合有多种,包括在自己的办公机构标明,在商事信笺上使用,以自己的商号在银行设立账户,在自己生产经营的产品或提供的服务上标明商号,或者与第三人从事交易订立合同中使用等。

2. 禁止权

禁止权是指商号权人在核准登记的地域范围内有权禁止他人使用与自己的商号相同或相近似的名称于相同或类似的营业上。商号权人的禁止权与专有使

① 参见龙显铭:《私法上人格权之保护》,中华书局1948年版,第89页。

② 参见王利明等编著:《人格权法》,法律出版社1997年版,第98页。

③ 本书强调这个客体的核心价值或灵魂是字号。因为这是识别性或者显著性最强的符号,也是商号驰名后最容易被侵害的部分。所以有必要突出字号在其中的保护价值。

用权在效力范围上是不同的，禁止的范围大于专有使用的范围，即可以超越登记的事项，不仅禁止使用相同商号，也可禁止使用引起混淆的近似商号。

3. 许可使用权

作为一种财产性权利，商号权也可以许可他人使用。商号权主体可以以协议的方式许可他人在特定的时间和范围内使用其商号。不过为了维护善意第三人的利益和交易安全，这种合同应当采用书面形式，并向登记主管机关备案，并且许可使用人应当对被许可使用人在许可范围内以其商号对外所为的行为承担连带责任。

4. 转让权

商号的一个重要特征是它总是与商事主体特定的经营对象和商誉紧密相连，是商誉的外在表象和客体，这就使得商号权具有财产权的属性，可以成为转让的对象。正是基于商号权兼具人格权与财产权的属性，各国商法理论和商事立法普遍肯定了商号权的可转让性。

5. 变更权

商号经登记注册后，具有稳定性，不得擅自变更。但商事主体因生产实践的需要，有权按照法定程序申请变更登记商号的全部或一部分。否则不得对抗善意第三人。

二、商号权的利用

（一）商号的使用

商号登记的目的在于在商事经营中使用。许多国家的法律都规定，商事主体在营业活动中所为的法律行为均应以商号署名、标示。对营业之外的行为，则不应使用商号。如果商人以自己的姓名作商号，实践中应当添加使用表明其营业性质的字样。

商号权既然是商事主体的一项专有权，那么商事主体既可以自己在营业上使用该名称，也可以许可他人使用。即商号权主体可以以协议的方式许可他人在特定的时间和范围内使用其商号。在我国的现实生活中，商号出借的现象普遍存在，如在企业联营、连锁经营中都有商号借用的问题。但是，我国现行法律法规对商号出借问题没有作出十分明确的规定，[①]法律应对其条件、法律后果、责任承担等作出规定。对此，《日本商法典》第 23 条对借用名义的规定是，许诺他人使用自己的姓、姓名或商号经营营业者，对于误认其为营业主人而进行交易

① 除了在《建筑法》第 66 条规定：因挂靠施工，对不符合规定的质量标准造成的损失，建筑施工单位与使用本单位名义的单位或者个人承担连带赔偿责任。我国在《民法通则》、《企业名称登记管理规定》等法律法规中未见明确规定。

者,就交易产生的债务和该他人负连带清偿责任。可见,在名义出借法律关系中,出借方是商号权人,但出借的对象并不仅限于商号,还包括能表示出借方的各种名义。借入方是需使用该字号或商号的商事主体。借入方在出借方的允许下,借用出借方的姓、姓名或商号经营营业。一般情况下,借入方要承担交易行为上的债务。出借方在满足以下责任要件时对名义借入方的行为承担连带责任:[①]其一,经名义出借方允许。名义出借方允许借入方使用其名义,是其承担责任的首要前提。假如未经同意使用他人名义,则属于使用人的侵权问题。所谓允许可以明示,也可以默示。在日本法院的判例上,认定默示的情形很多。其二,借入方在外观上有使用出借方的名义。根据商法外观主义法理,强调以商事行为的外观确定行为的效力,旨在保护善意第三人。其三,必须是善意第三人与借入方交易时,有将出借方误认为交易主体的情况发生,如果第三人出于恶意,即明知与之交易的是借入方,则出借方不负责任。其四,名义出借方只对借入方因其允许的营业范围内的营业交易所产生的债务承担责任。可见,日本商法关于名义出借方责任的规定,贯彻了权利外观法理、表见责任或者禁反言原则,满足了以维护交易迅捷、安全的商事交易客观要求,值得我们借鉴。

(二) 商号权的转让

商号尤其是有一定知名度的商号凝结着商人的心血,是商事主体重要的无形财产,在社会上享有较高的声誉。前已述及,商号权可转让,我国相关立法已经明确规定了商号权可以转让,根据《民法通则》第 99 条第 2 款,法人、个体工商户、个人合伙享有名称权,企业法人、个体工商户、个人合伙有权使用、依法转让自己的名称。

但是对如何转让商号,学术界一直存在两种观点并导致两种不同立法。一种学术观点主张绝对转让主义,在立法上奉行不得单独转让的原则,即商号应当连同营业一起转让,或者在营业终止时转让。商号权转让后,出让人不再享有商号权,受让人成为新的权利主体。奉行这一立法原则的国家主要有德国、瑞士、意大利、日本、韩国等。另一种学术观点主张相对转让主义,在立法上奉行可单独转让的原则,即商号可以与营业相分离而转让。商主体不仅可以单独转让商号而不转让营业,而且多处营业可以同时使用一个商号,不过其使用权要受到一定的限制。奉行这一立法原则的国家不多,主要有法国。

依我国现实情况,不宜奉行商号单独转让的原则。毕竟我国市场经济体系还不是十分健全,商事信用制度尚未完全建立,如果允许商号单独转让会引起商号使用中的混乱现象。依我国《企业名称登记管理规定》,企业名称"可以随企业或者企业的一部分一并转让"。但这"一部分"的概念在法律上很不明确,此

---

① 参见吴建斌:《现代日本商法研究》,人民出版社 2003 年版,第 142—143 页。

外,商号是否可以因企业营业废止而转让,法律规定也不甚明确。这些都须予以完善。由此,若采绝对转让主义,还必须遵循以下规则:一是只能连同营业一起转让,或者在营业废止时转让;二是双方应签订书面转让协议,协议中明确双方的权利义务关系;三是除双方意思表示一致外,还必须办理登记手续,否则不能对抗善意第三人;四是转让生效后,转让方应停止使用。同时为了避免不正当竞争行为,贯彻绝对转让主义,我国法律可借鉴《日本商法典》第25条的规定,规定商号转让人的竞业禁止义务。并且,为了防止商号受让人在受让商号权后利用公众对原商号的信誉度而滥用商号权的各种利益,工商行政管理机关应当加强对商号转让后商号受让人的各种经营行为的监管,对商事主体的不正当竞争行为和欺骗、误导行为及时予以处罚和曝光。并严格区分商号转让与商号出借的界限,以最大限度地维护第三人的合法权益。

第四节 商号权的法律保护

一、商号权的法律保护途径

(一) 商号权的国际保护

随着各国间的经济交往不断加深,商号也逐渐突破国界的限制走向全世界。这使得因商号权发生的纠纷和被侵犯的可能性也突破了国界的限制。这就对商号权的国际保护提出了迫切的要求。从19世纪末期开始,有关的国家和国际组织就对此做了大量的工作。与商号权保护有关的国际公约主要有以下几个。[①]

1.《保护工业产权巴黎公约》(以下简称《巴黎公约》)

《巴黎公约》第1条“工业产权的范围”中,就明确规定将“商号”作为其保护的对象。《巴黎公约》对于商号的保护主要体现在以下几方面:

(1) 该公约规定了“国民待遇原则”,即在工业产权的保护中,各成员国必须在法律上给予其他成员国以本国国民能够享受的同等待遇。并且“被请求保护的国家不得要求本同盟成员国国民必须在该国有永久住所或营业所才能享有工业产权权利”。对于非成员国,只要在成员国有惯常住所或者实际从事工商业活动的营业场所,也应当享有同该成员国国民同等的待遇。由此可见,公约所保护的权利主体的范围非常广泛。

(2)《巴黎公约》第8条规定:“商号得在一切本同盟国成员国内受到保护,无须申请或注册,不论其是否为商标的组成部分”。要注意,我国作为《巴黎公约》的成员国,也应履行这一义务。我国企业的商号经登记注册才能得到保护,

① 限于篇幅,本书只提到这几个公约。世界知识产权组织还于1966年颁布了《发展中国家商标、商号及反不正当竞争行为示范法》。

而其他成员国的商号,依《巴黎公约》的规定不经登记注册也能得到保护,这个做法显然对我国不利。我们可以考虑对知名商号的保护,不应以登记注册为必要前提。

(3) 为了加强在进出口贸易中对商号的保护,《巴黎公约》第 9 条还规定了海关扣押制度。在出现公约规定的六种情况时,可以对非法带有某一厂商名称的商品在进口时予以扣押。

(4)《巴黎公约》第 10 条也对与商号有关的不正当竞争进行了规定。公约规定:"凡在工商业活动中违反诚实经营的行为,即构成不正当竞争的行为","本同盟成员国必须对各该国国民保证予以取缔不正当竞争的有效保护"。公约还特别禁止了可能导致不正当竞争的几种情况。

2.《成立世界知识产权组织公约》

在《成立世界知识产权组织公约》对知识产权的定义中,就将商号权作为知识产权的一种。并且该公约规定,成员国对该公约不得保留,即如果要想成为世界知识产权组织的成员国,必须承认其对知识产权所下的定义,当然也包括承认商号权的知识产权属性。

3.《与贸易有关的知识产权协议》

世界贸易组织作为全世界最有影响力的经济组织,在其《与贸易有关的知识产权协议》(TRIPS)第 1 条中,并未将"商号权"纳入其保护的范围之中。但TRIPS 协议中同时也规定,世界贸易组织的全体成员也应当被视为《巴黎公约》的全体成员。根据这一规定,TRIPS 协议实际上是扩大了《巴黎公约》的成员国范围,使那些虽然没有签字参加《巴黎公约》,但同时又是世界贸易组织成员国的国家要承受《巴黎公约》中关于商号规定的约束。

必须看到,目前有关商号权的这几个国际公约中,《成立世界知识产权组织公约》和《与贸易有关的知识产权协议》只是分别对商号权的知识产权属性进行了确定以及扩大了《巴黎公约》的成员国范围,并未对商号及商号权的实体内容进行任何规定。但是,《巴黎公约》的特点在于其并不产生任何具有跨国效力的工业产权,所以各成员国在提供国民待遇时,是以各国自己的国内法为依据的。这实际上将商号权的国际保护又交回给各成员的国内法进行,由一个成员国用其国内的法律对跨国的商号纠纷和商号侵权事件进行处理。而各国国内法由于各种原因对商号法律制度的规定又往往不一,这又可能会对跨国的商号纠纷处理造成困难。所以,要解决这个问题比较可行的办法是完善当前有关商号权的国际条约,如在《巴黎公约》中对商号的定义、商号权的具体内容、侵犯商号权的行为等方面进行"最低标准"的规定。这样一方面可以统一各成员国的相关实体法律规范,在某种程度上达到立法的统一,另一方面由于只是一种"最低标准",成员国在国内法上的规定只要达到该"最低标准",就视为完成了对公约的义务，至于其是否采取高于“最低标准”的立法规定，则属于自由选择的范围。这样，各国可以在“最低标准”的范围内，根据本国具体的情况制定符合本国国情的商号法律规范。

目前，加入《巴黎公约》及《成立世界知识产权组织公约》的国家有一百多个，这说明大多数国家已经接受了商号权的知识产权属性。越来越多的国家在有关知识产权法中明确保护商号权，[①]如德国1995年1月1日生效的新商标法全称为《商标和其他标志保护法》，对商标包括商号在内的其他商业标识提供统一保护。法国则制定了专门的知识产权法典。美国放在商标法中进行保护。这说明了其他国家对这种商业标识的重视。

（二）我国对商号权的法律保护

商号是企业人格的象征和商誉的载体，法律禁止盗用、假冒、诋毁他人商号。我国主要采用民法和专门立法的模式对商号权进行保护，另外在其他法中也有一些涉及。一般而言，侵犯他人商号权的方式主要是擅自使用他人有一定影响力的商号，直接或者略加改动地用于本企业作为商号，使公众误认为是他人的商号，或者在其商品、服务、信函上标明他人的商号以欺骗公众，使公众误认为是他人的产品、服务或经营。对于侵犯商号权的行为可以下列方式加以制裁：

1. 适用民法进行保护

《民法通则》第99条规定：法人、个体工商户、个人合伙享有名称权。企业法人、个体工商户、个人合伙有使用、转让自己名称的权利。第120条规定：当姓名权或名称权受到侵害时，公民或个人有权要求停止侵害、恢复名誉、消除影响，并可以要求赔偿损失。

2. 适用专门立法进行保护

除了在《企业法人登记管理条例》、《公司登记管理条例》中作原则性规定外，《企业名称登记管理规定》和《企业名称登记管理实施办法》对商号的争议和保护从行政救济角度作了比较明确的规定。[②] 主要体现在工商行政管理机关作为企业名称登记主管机关，通过行政手段，处罚侵犯他人企业名称权的行为及其他违法行为。

（1）擅自使用他人已经登记注册的企业名称或者有其他侵犯他人企业名称专用权行为的，被侵权人可以向侵权人所在地登记主管机关要求处理。登记主管机关有权责令侵权人停止侵权行为，赔偿被侵权人因该侵权行为所遭受的损

① 早先关于商号的保护多在民法、商法中规定，随着经济的发展，商号不仅是识别不同商事主体的重要标志，同时它也给经营者带来巨大利益，尤其是知名度高的商号。为此，现在很多国家还在知识产权法、商标法、反不正当竞争法中作了规定。并且这越来越成为主要的保护方式。

② 这恰恰反映了我国商号保护的欠缺。作为一种私权，采取的救济措施应当是以民事措施为主，不应当是行政措施大行其道。

失,没收非法所得并处以5000元以上50000元以下罚款。

(2) 使用未经核准登记注册的企业名称从事生产经营活动的,责令停止经营活动,没收非法所得或者处以2000元以上20000元以下罚款,情节严重的,可以并处。

(3) 擅自改变企业名称的,予以警告或者处以1000元以上10000元以下罚款,并限期办理变更登记。

(4) 擅自转让或者出租自己的企业名称的,没收非法所得并处以1000元以上10000元以下罚款。

(5) 使用保留期内的企业名称从事生产经营活动或者保留期届满不按期将《企业名称登记证书》交回登记主管机关的,予以警告或者处以500元以上5000元以下罚款。

(6) 企业的印章、银行账户、牌匾、信笺所使用的名称若与登记注册的企业名称不同,或从事商业、公共饮食、服务等行业的牌匾的简化名称没有报登记主管机关备案的,予以警告并处以500元以上5000元以下罚款。

同时,《企业名称登记管理规定》还规定,对登记主管机关根据该规定作出的具体行政行为不服的,当事人可以在收到通知之日起15日内向上一级登记主管机关申请复议。上级登记主管机关应当在收到复议申请之日起30日内作出复议决定。对复议决定不服的,可以依法向人民法院起诉。逾期不申请复议,或者复议后拒不执行复议决定又不起诉的,登记主管机关可以强制更改企业名称,扣缴企业营业执照,按照规定程序通知其开户银行划拨罚没款。

3. 适用其他法律进行保护

(1)《反不正当竞争法》。该法第5条和第21条规定:擅自使用他人的企业名称或姓名,使人误认为是他人的商品的这种引起营业主体混同的行为是不正当竞争行为,对此类行为,行为人要承担损害赔偿责任。而且,工商行政管理机关要给予行为人以罚款,没收违法所得等行政处罚。

值得注意的是,我国《反不正当竞争法》第5条所规定的不正当竞争行为,不仅是指将他人的企业名称作为自己的企业名称使用,还应包括作类似使用,引起公众误认的行为。例如将他人的企业名称作为自己商品的名称、商标使用,从而使公众混淆,引人误认为是他人的商品。

(2)《产品质量法》。该法第4条规定:禁止伪造产品的产地,伪造或者冒用他人的厂名、厂址。该法还规定了生产者不得伪造产地,不得伪造或者冒用他人的厂名、厂址;销售者不得伪造产地,不得伪造或者冒用他人的厂名、厂址。违反上述规定的,责令公开更正;没收违法所得,可以并处罚款。

(3)《消费者权益保护法》。该法第20条规定:经营者应当标明其真实名称和标记,租赁他人柜台或者场地的经营者,应标明其真实名称和标记。如果经营者伪造产品的产地，伪造或者冒用他人的厂名、厂址，则依《产品质量法》或其他法律进行处罚，若法律未作规定，则由工商行政管理部门责令改正，视其情况单处或并处警告、没收违法所得，处以违法所得1—5倍的罚款，没有违法所得的，处以10000元以下的罚款。情况严重的，责令停业整顿，吊销营业执照。

实践中，利用《反不正当竞争法》的保护比较多见。它与《民法通则》、《企业名称登记管理规定》、《企业法人登记管理条例》等对商号侵权与其他违法行为提供行政与民事救济。我国尚没有侵犯商号权的刑事责任。与《商标法》对注册商标的专门保护而言，商号的保护规范比较零散、不够统一，还有待完善。

二、商号权与商标权的冲突与解决途径

随着商品经济的迅速发展，商品流通的速度与范围不断加快和扩大。商标与商号相同、近似，造成混淆误认的问题越来越严重。法院审理的商标权与商号权的权利冲突案例逐年增多，引起人们的广泛关注。从较早的我国台湾蜜雪儿开发有限公司状告美国独资企业北京蜜雪儿服饰有限公司案，全兴体育用品厂起诉全兴足球俱乐部、某运动器具厂商标侵权纠纷案，到蒙牛乳业起诉蒙牛酒业案，这些案例充分暴露了我国存在的商标与商号的权利冲突以及法律规范上的漏洞。可以预想，如果此类纠纷不能得到妥善处理与有效控制，不能从根本上、制度上加以规范、协调和解决，不仅直接损及相关权利人的利益，而且将会形成示范效应，导致更多的仿效者，引发更多的纠纷，从而破坏公平竞争的市场秩序，不利于我国市场经济体制的确立与完善。由此可见，解决商标权与商号权的权利冲突问题，是摆在我们面前的非常现实而紧迫的问题。

（一）商标权与商号（字号）权的冲突

前已述及，字号是商号权客体中最具显著性特征、最核心的部分。商标是区别不同商品生产经营者和服务提供者所生产经营的商品或所提供的服务的一种标志。字号与商标的作用都在于为客户提供一种识别标记，引导消费者的选择，扩大自身的市场优势，它们在市场经济中的地位都非常重要。一般情况下，如果它们各就各位，问题不大，若出现不同的商标权人与商号权人因使用了相同或相似的文字而使消费者对商品或服务的来源产生了混淆，使其误认为两者为同一人，或者两者之间存在某种特定联系，从而误购商品或接受服务，就发生了商标权与商号权的冲突。实践中，商标权与商号权权利冲突的主要表现形式有三种：一是以他人在先注册的商标相同或相似的文字登记为商号的核心部分使用而产生的两权冲突，可称为“商标的商号化使用”；二是以他人在先登记、使用的商号的核心部分相同或相似的文字注册为商标使用而产生的权利冲突，可称为“商号的商标化使用”；三是交叉使用冲突，即某企业的商标被他人用做商号中的字号，而且其字号被他人用做商标。

二者在现实中不断发生冲突的原因主要是:其一,立法的不完善。现行法律法规对商标权与商号权冲突的调整能力微弱,难以适应两权冲突剧增的现实。立法存在漏洞,是两权发生冲突的主要原因。商标权保护有专门的《商标法》,而商号权却仅在《民法通则》、《产品质量法》和《反不正当竞争法》中有极少的原则性规定,且涉及商号权与商标权冲突的规定,均属于间接调整,没有直接针对性。至于《企业名称管理规定》虽详细规定了商号的构成要件、商号权的取得及法律保护等内容,但由于其法律效力位阶较低且涉及权利冲突的规定极其笼统,也缺乏操作性。其二,行政管理的原因。商标与商号登记注册的行政主管部门不同,前者由国家工商行政管理总局统一注册,在全国范围内享有商标专用权,后者是到各级工商部门登记并以登记的行政区域享有商号专用权。这种行政管理上的分别保护,各行其道,加上商号登记不同主管机关之间又缺乏协调,出现权利冲突不可避免。所以,相同或者相似的商标与商号可以在不同地区获得注册或登记。这样一旦使用,在不同的区域拥有相同或相似商标或商号的企业在产品销售时在同一区域内发生权利冲突也就在所难免。其三,经济利益的驱动是根本原因。商标权与商号权的冲突,既有"无意撞车",也有"恶意搭车"。前者是指登记商号或商标者并不知道他人已经将相同或相似文字作为商标或商号;后者是指行为人明知某文字是他人在先注册的商标或商号而将其用做自己的商号或商标。无论商标还是商号,在现代市场经济中都在扮演越来越重要的角色。有相当多的企业不惜重金,设计商标或商号的文字,大肆做广告,力求提高企业形象和知名度。商标和商号均是商誉的重要载体,体现了企业及其产品或服务的质量和水平,是公众作出消费选择的重要依据,是获取利益的保障,关系企业兴衰。正是一些企业的成功和其美誉度、知名度,才使得一些企业"恶意搭车",其实无非是看中巨大商业利益。所以,对于商标权与商号权的冲突,特别是"恶意搭车"者,经济利益的驱动是其内在动因。

(二) 解决的途径

针对以上分析,结合我国的实际情况,本书认为,解决商标权与商号权的冲突可从几个方面采取措施:

1. 完善现有立法

同样作为商业标记,我国对商标权的保护比较完善,与其相比,商号在我国的法律体系中处于一种弱势地位,应还它应有的地位。① 通过立法,明确商号权的性质、法律地位及内容,真正从私权角度界定商号权,明确商号权的无形财产权属性,建立一套有效的保护体制。

① 今后立法应淡化企业名称管理规定的提法,内容上要突出商号的私权本质,还其本来面目,真正构建私法意义上的商号保护规定。

就解决商标权与商号权的冲突而言,立法中要对现行法缺漏的问题予以明确。如在《商标法》中明确“在先权利”的范围包括字号,同时也在商号法中明确“在先权利”的范围包括商标,只有明确在先权利的范围,才能切实保护在先权,减少权利冲突。当然,最重要的是要整合、完善现有商号立法,明确商号的概念、商号权的性质及内容,建立对驰名商号、老字号的特别保护制度。①

2. 完善行政管理

依我国现有的企业名称登记制度,商号权的范围即登记的行政机关所属的范围,有着严格的地域限制,这样取得的商号不仅难以对抗由国家统一注册、效力及于全国的在后注册商标,甚至不能抵御与其相同或相似而仅是在其他地域内的工商行政管理机关进行登记的在后商号的冲击。因此,商标与商号冲突纠纷层出不穷。为尽量避免类似“蒙牛”互顶事件的发生,有关行政管理部门应在商标注册与企业字号注册过程中建立起一种交互的协调机制,如建立起一个全国范围的商标、字号注册共享数据库,使二者彼此尊重各自的在先权利,能够在源头上即排除掉一些事先可以避免、事后容易发生冲突的注册事项,这比起法律法规的起草、修改更具有可行性。另外,可适时改变目前商号的多级登记管理制,这种体制带有计划经济的痕迹,即企业对登记机关的级别并无自由选择权,应允许企业依自身的经营能力和活动范围等选择登记机关的级别。实践中若完全由国家工商行政管理总局登记并不现实,可考虑由国家和省、直辖市二级登记制或采相对集中的登记制。同时完善确权程序,明确商号的近似判断标准,增加商号异议撤销制度。国家工商行政管理总局和省级工商局应定期公布知名商号的名录,尽量从源头减少权利冲突。

3. 企业自身尽量采取商号(字号)与商标标识的一体化措施

商号和商标都是企业的形象符号,都是企业商誉的重要组成部分,特别是对一些有一定知名度的企业而言,二者都是一笔不小的无形资产。所以,作为拥有商标权或商号权的企业,应当树立强烈的主动保护意识,不要等纠纷发生才寻求法律或行政救济,可以将商号中的字号、习惯简称作为商标,申请商标注册,取得专用权,从而得到《商标法》和《反不正当竞争法》的保护。这种做法可以使商号和商标相辅相成,优势互补。这一措施可以更加主动地保护企业自己的利益。企业将其商标和企业商号统一起来,以起到既标志商品或服务又代表企业形象的双重作用。对企业而言,这无疑也是将来的一个发展方向。

---

① 地方立法中,《浙江省企业商号管理和保护规定》对此作了一些规定。它的商号即字号。该法规在为知名字号提供更为有效的保护依据同时,亦在企业名称的近似标准问题、字号与字号的冲突、字号与商标的冲突等问题上作出了较为明确的规定。

第十章　商事账簿

第一节　商事账簿概述

一、商事账簿的概念

商事账簿是商事主体为了记载和表明其营业活动和财产状况，根据会计原则，依法制作的书面簿册。商事主体依法设置商事账簿是商法的一项重要制度。

商事账簿可分为形式意义上的商事账簿和实质意义上的商事账簿。形式意义上的商事账簿是指商事主体按会计法规定所制作的账簿，专指制作账簿，也可以说是狭义上的商事账簿。实质意义上的商事账簿是指商事主体设置的反映商事主体活动的一切账簿，它在内容上不仅包括正式账簿，还包括各种会计报表、年度决算报告及各种财产债务清册，可以说是广义上的商事账簿。本书所称商事账簿，主要是指后者。

商事账簿最初产生于古代埃及，被称为“散式账簿记”。早期商事主体编制商事账簿，仅是为自己经营活动的便利，法律上并无强制性要求，随着行会和商事联盟的发展，商事账簿制度逐渐由习惯走向法制化。到了资本主义阶段，经济生活日趋复杂，市场主体之间的联系日趋密切，商事主体的经营状况、财产状况对其他主体乃至市场秩序的影响越来越大，某一商事主体的经营状况已不再仅是其内部的事。这就在客观上要求商事主体必须编制商事账簿，以对内显示、对外披露其经营状况及财务状况，进而维护商事主体的自身利益、社会公共利益以及交易安全。因此，各国均在其相关法律中规定了商事会计制度，不同程度地要求商事主体建立商事账簿，并对商事账簿的编制规则、内容等加以规范，构成了当代商法中一项十分重要的制度。并且，调整商事账簿的行为规范，不仅有各国的国内立法，还有一系列的《国际会计准则》。1973 年成立的国际会计准则委员会，迄今已颁布了三十多项国际会计准则。它们对商事账簿建立过程中的具体细节问题作了规定，这种会计准则协调了各国的会计标准，从而使商事簿记制度日趋国际化。我国目前没有制定专门的商事账簿法，有关商事账簿的规定，主要体现在《会计法》、《审计法》、《企业会计准则》、《企业会计通则》以及关于股份有限公司，尤其是上市公司财务管理的规定等法律法规中。

二、商事账簿的设置原则

依法设置商事账簿虽是一项重要的法律制度，但各国商法对于商事主体是否必须设置商事账簿，采取不同的立法原则。归纳起来，大致有以下三种原则：

（一）自由主义原则

所谓自由主义原则，也称放任原则，即法律不直接规定商事主体必须设立账簿，是否设置商事账簿，纯粹是商人的自由，法律不干涉。英美法系国家大多采用这一原则。如美国《统一商法典》中对商人是否设立账簿就没有强制性规定。但是美国 1921 年由国会颁布的《预算和会计法》则具有强制执行的性质。同时，在英美国家，由会计职业团体和学术团体制定的会计准则对于商事主体设立商事账簿也有一定的约束力。而且，商事主体出于纳税、考核盈亏、破产清算和诉讼上举证责任的需要，簿记资料都是主要的依据。因此，法律尽管没有强制规定，但这些国家的商人实际上都设立了详细的商事账簿。

（二）强制主义原则

所谓强制主义原则，也称干预原则，是指在立法中既规定商事主体必须设置账簿，又对账簿种类、内容及记载方法作出详细规定，而且还规定政府有关部门对商事账簿的制作及其内容进行审查与监督。大陆法系国家多采此原则。如《法国商法典》第 8 条规定："一切具有商人身份的自然人或法人，均应对影响其企业财产的活动进行会计登记。"该法典第二编"商人会计"对于商事账簿的内容和记账方法作出了具体的规定。

（三）折中主义原则

所谓折中主义原则，即法律仅规定商事主体有置备商事账簿的义务，但并不规定商事账簿的记载内容、形式和方法，也未规定国家主管机关的监管。如《日本商法典》第 32 条第 1 款规定："商人应制作会计簿册及资产负债表，以明了营业上的财产及损益状况。"但对其记载内容和方法，则规定"解释有关制作商事账簿的规定时，应斟酌公正的会计惯例"，法律对此没有硬性规定。

上述三种原则中，随着经济生活的日趋复杂，自由主义和折中主义原则的弊端开始显露，采取这两种立法原则的国家也对此予以修正，对商事账簿的编制方法、内容开始进行积极规范，以适应对日益社会化的商事组织的监督需要。强制主义原则由于对商事账簿作了较为严格的规范，适应了现代经济生活发展的需要，尤其随着现代股份公司的建立，商事关系变得越来越复杂，商事活动中隐含的投机性和不确定性日益明显，因此有必要加强对商事账簿的干预，这项原则因而成为当代各国商事账簿立法的主要发展趋势。但即便是采取强制主义原则的国家，法律一般也不强制所有的商事主体都必须设置商事账簿。哪些商事主体必须设置商事账簿，哪些商事主体不必设置以及不必设置哪些项目，法律须根据营业规模的大小、征税的便利及商事主体的商业秘密等情况，作出明确的规定。例如德国、日本等国都规定，从事小规模商事交易活动的商个人，一般均不要求制作商事账簿。《日本商法典》第8条明确规定，“本法中关于商事账簿的规定，不适用于小商人。”又如我国台湾地区的“商业登记法”也规定，小规模的合伙和独资商业，沿门沿路叫卖者，于市场外设摊营业者，家庭农、林、渔、牧业者，家庭手工业者和其他小规模经营者，不适用商事账簿的规定。

依我国《会计法》规定，[①]国家机关、社会团体、公司、企业、事业单位、个体工商户和其他组织办理会计事务，必须遵守该法。会计机构、会计人员必须遵守法律、法规，按照该法规定办理会计事务，进行会计核算，实行会计监督。对商事主体置备商事账簿的问题，在我国应依照《会计法》、《审计法》、《企业会计准则》、《企业财务通则》、《公司法》、《证券法》及《税法》等相关法律法规的规定执行。[②]至于一些小规模的营业，同样要求建立商事账簿。例如，依财政部1986年发布的《关于个体工商户账簿管理的规定》，个体工商户必须按税务机关的规定建立、使用和保管账簿、凭证。但经营规模小，确无建账能力，而聘请财会人员又有实际困难的，可报经税务机关批准，暂缓建账。不过，购货簿和发票及其他收支凭证粘贴簿则必须建立。总之，在我国不准做无账会计。财务会计主体（包括商事会计主体）均须按规定设置账簿。可见，我国对商事账簿的设置采取的是强制主义原则。

三、商事账簿的意义

在当今各国商事活动中，商事账簿已成为商业管理和整个经济活动中重要的工具。现代各国商法之所以对商人的商事账簿制度作出明确规定，是因为商事账簿制度具有重大的功能和价值。我国2006年的《企业会计准则》第4条明确规定，企业应当编制财务会计报告。财务会计报告的目标是向财务会计报告使用者提供与企业财务状况、经营成果和现金流量等有关的会计信息，反映企业管理层受托责任履行情况，有助于财务会计报告使用者作出经济决策。财务会计报告使用者包括投资者、债权人、政府及其有关部门和社会公众等。由此可见，商事账簿的意义主要体现在以下几方面。

（一）对商事主体自身的意义

对商事主体而言，商事账簿是商事主体记载自身营业和财务状况的重要法定文件。制定真实、准确、完整又合法的商事账簿是商事主体的法定义务。通过置备的商事账簿，商人可全面、准确地了解自己的经营状况和财产状况，知道自己经营的成本、计算盈亏、分配利润，也可以通过对商事账簿的分析，更新企业的

① 参见《会计法》第2、3条。我国实行的是统一的会计制度。我国台湾地区在“会计法”之外另有单独的“商业会计法”。

② 另在《深圳经济特区商事条例》第37—44条专章规定“商业账簿”。其中38条规定“商人应当在开业时设置会计账簿。”

发展战略、发展规划,及时调整企业的经营方针、决策。它还可以作为商人对抗其合同对方当事人的重要证据。根据我国民事诉讼法,企业账簿如果内容属实,应当是具备证据效力的一种书证,而且比其他证据具有更强的证明力。

(二) 对其他利害关系人的意义

对于商事账簿设立主体之外的其他商事主体而言,通过商事账簿可以了解账簿设立主体的营业状况、资信能力,并据此对该商事主体的经营能力和发展前景作出判断,进而作出是否与之交易、是否对其投资的决策,以便更好地维护自身的利益和交易的安全。对于股份公司的投资者而言,商事账簿不仅是其掌握企业的财产、营业和盈利状况的依据,而且还是投资者分取股息、红利以及确定其股权价格和企业剩余财产的依据。我国《公司法》规定,股东有权查阅公司财务会计报告,对公司的经营提出建议或者质询。对商事主体的债权人而言,特别是当企业破产时,商事账簿便是清理债权债务的主要依据。

(三) 对政府及其有关部门的意义

对政府及其有关部门而言,首先,商事账簿是政府及其有关部门了解和掌握本国宏观经济发展状况的重要手段,为国家制定相应的宏观经济政策提供依据。其次,商事账簿的设置也便于国家主管机关对商事主体的经营活动进行监督管理,如它是国家物价机关制定物价的重要根据。再次,它是税务部门对商事主体征纳税款的主要依据。我国《税收征收管理法》规定,税务机关有权检查企业账簿,从事生产、经营的纳税人的财务会计制度或财务会计处理方法,应当报税务机关备案。

第二节 商事账簿的种类

在我国,根据《会计法》、《审计法》、《企业会计准则》等法律法规的规定,商事账簿主要有三种:会计凭证、会计账簿和财务会计报告。

一、会计凭证

(一) 会计凭证的概念和作用

会计记录必须如实反映资金运动情况,因此,一切会计记录都必须有真凭实据。这就要求在会计核算中,处理任何一项经济业务,都必须有凭有据,没有凭据,不能进行账务处理。会计凭证,是指记录商事主体营业活动及收支情况的凭证和证明。根据规定,商事主体在开展经营活动时的货币收付、款项结算、货物进出、财产增减等都必须由经办人取得或填制会计凭证,并以此作为结算的依据。会计凭证所记载的内容必须真实、客观和可靠。任何人不得提供和制作虚假会计凭证。

商事主体进行各种业务活动,应由执行人员从外部取得或自行填制会计凭证,以书面形式反映商事主体的经济活动。并在会计凭证上签字或盖章,明确经济责任。会计人员在登记账簿前必须对会计凭证逐笔审核。

会计凭证是会计核算的基础,如实地填制和有效地审核会计凭证,在经济管理活动中和会计工作中具有重要的作用。首先,会计凭证可以反映经济业务的原貌,作为经济业务的载体,所有业务的发生、完成情况都会在会计凭证中显示出来;其次,会计凭证是审核经济业务的依据,通过审核,保证账簿记录的真实合法,同时起到会计监督和保护企业财产的安全与完整的作用,经审核无误后,方能作为登记会计账簿的依据;再次,会计凭证可以加强经济责任制,反映任何一项经济业务的会计凭证,必须由经办人员签字或盖章,以明确责任,确保会计凭证的真实合法。

(二) 会计凭证的种类

按其填制程序和用途不同,会计凭证可分为原始凭证和记账凭证两大类。

1. 原始凭证

原始凭证又称单据,是在经济业务发生或完成时取得或填制的,用以记录和证明经济业务的发生和完成情况,明确经济责任的原始证据。企业货币资金的收付、财产物资的增减变化等,都必须取得或填制原始凭证。它是证明经济业务的实际发生和完成的最初书面文件,也是财会部门编制记账凭证必不可少的依据。原始凭证的内容一般包括凭证名称、编号、填制日期、交易双方单位名称、业务内容、实物数量、单价、金额、填写单位名称、有关经办人员的签名、盖章。

总之,它是进行会计核算的原始材料和重要依据,在加强对经济活动的监督管理及会计核算方面具有十分重要的作用。

2. 记账凭证

记账凭证是由会计部门根据审核无误的原始凭证或原始凭证汇总表编制的,用以记载经济业务的性质,并确定会计分录,直接作为记账依据的一种凭证。

由于原始凭证种类繁多,规格大小不一,且大量存在,直接根据原始凭证记账容易发生差错。因此需要将原始凭证或原始凭证汇总表归类、整理,并编制成记账凭证。记账凭证应具备的内容包括:填制日期、凭证编号、经济业务内容摘要、会计科目、金额、所附原始凭证张数、填制人员、稽核人员、记账人员、会计机构负责人签章。收款和付款凭证还应有出纳人员的签章。

二、会计账簿

(一) 会计账簿的概念和作用

会计账簿,指商事主体的会计人员以会计凭证为依据,按照一定程序和方法制作的,具有固定格式而又相互联结的账页所组成的,用以连续、系统、全面记载商事主体各项经营活动的簿册。固定格式的簿册通常由主管部门统一印制而提供。

会计账簿的作用包括:首先,能够提供连续、全面、系统的会计信息,成为会计报表编制的依据;其次,是进行资产评估的基础,便于对商事主体财产物资安全与完整的监管,以维护所有者的合法权益;再次,提供经营成果的详细资料,为经营利润的分配和各项计划执行情况的考核评价提供依据,并成为商事主体决策的重要依据;最后,是会计分析的基本资料,为审计检查提供依据。

(二) 会计账簿的种类[①]

会计账簿的形式多种多样,不同的账簿所登记的内容、方法各不相同。

1. 根据会计账簿的性质和用途可分为序时账簿、分类账簿和辅助账簿

(1) 序时账簿

序时账簿又称日记账,是按照经济业务发生时间的先后顺序逐日逐笔登记的账簿。它可以是序时登记全部经济业务的账簿,叫普通日记账;也可以是序时登记某类经济业务的账簿,叫特种日记账,如"现金日记账"、"银行存款日记账"、"转账日记账"。普通日记账是否需要设置,各单位可根据自身业务特点和管理要求而定,特种日记账中的"现金日记账"和"银行存款日记账",各单位都要设置,以便加强货币资金的核算和管理。

(2) 分类账簿

分类账簿是按照会计科目分门别类登记各项经济业务的账簿,包括总账和明细账,其中,总账是按照一级会计科目设置的总分类账,而分账是按照明细会计科目设置的明细分类账。分类账可以分别反映各个会计要素及其构成的内容和增减变化情况。

(3) 辅助账簿

辅助账簿又称备查账簿,是对某些在日记账和分类账等主要账簿中不能登记记载或记录不全的项目进行补充登记的账簿,是某些经济业务中重要的辅助资料。如受托加工材料登记簿、代销商品登记簿、商业汇票登记簿等。

2. 根据会计账簿的外表形式可分为订本式账簿、活页式账簿和卡片式账簿

(1) 订本式账簿

订本式账簿是把印有专门格式的账页按页码的先后顺序固定地装订在一起的账簿。这种账簿能够避免账页散失,防止抽换账页。但是,因为账页固定、不能增减,不便于调整各账户页数,如果某一账户预留空白账页过多,会造成浪费;反之,如果某一账户预留空白账页太少而使账户记录前后分开,则不便于登记和查阅,也不便于分工记账和提高工作效率。因此,订本式账簿适用于重要经济事项的记录。"现金日记账"、"银行存款日记账"、"总分类账"可采用订本式

---

① 参见唐婉虹等编著:《会计学基础》,立信会计出版社 2004 年版,第 107—108 页。

账簿。

(2) 活页式账簿

活页式账簿是由若干零散的具有专门格式的账页组成的账簿。这种账簿可以根据需要随时添加抽减账页,同时也有利于分工记账、提高登账工作效率。但活页式账页容易散失或被抽换,不利于账簿资料的安全、完整。为防止这些弊端,账页必须编号并由有关人员在账页上签章,平时可装置在账夹中保管使用,年度终了装订成固定本册并归档保管。活页式账簿适用于各种明细账的设置。

(3) 卡片式账簿

卡片式账簿是由若干零散的、具有专门格式的卡片组成的账簿。每一卡片均须编号,登记后按顺序放置在卡片箱内以免散失。这种账簿的优缺点同活页式账簿一样。一般固定资产明细账适宜采用卡片式账簿。

三、财务会计报告

财务会计报告,也称财务报告,是反映商事主体某一特定日期的财务状况和某一会计期间的经营成果、现金流量等会计信息的书面文件。在日常的会计核算中,企业所发生的各项经济业务都已经按一定的会计程序,在有关账簿中进行了全面、连续、分类、汇总的记录和计算。但是,这些日常会计核算资料纷繁复杂,难以集中、概括地反映企业的财务状况和经营成果,更无法被企业的管理人员以及投资者、债权人、财税部门等外部利害关系主体直接利用并根据其内容作出相应的决策或决定。因此,为了向企业内外的利害关系主体提供简洁而综合的会计信息,就需要对日常会计核算资料作进一步的分类、调整和汇总,并以表格或文字的形式予以表现,这些表格及文字说明就构成了企业的财务报告。它是商事主体对外提供有关企业财务信息的最主要途径。我国《公司法》第165条规定,公司应当在每一会计年度终了时编制财务会计报告,并依法经会计师事务所审计。财务会计报告应当依照法律、行政法规和国务院财政部门的规定制作。

根据我国《企业会计准则》,财务会计报告包括会计报表及其附注和其他应当在财务会计报告中披露的相关信息和资料。也就是说,企业的财务报告通常由会计报表和财务情况说明书两大部分组成。

(一) 会计报表概述

会计报表,也叫会计表册,是指根据会计账簿及其他会计资料,按照统一的格式、内容和方法编制的,以综合反映商事主体在一定时期内(通常是一个会计期间)的财务状况、生产经营成果和现金流量信息的一种表格形式的财务报告。财务状况是指企业在特定时日的资产规模与结构、产权关系及权益构成的基本状况;生产经营成果即经营业绩,是指企业在一定期间所发生的费用、取得的收入以及实现的利润或亏损,表明企业的盈利情况;现金流量是指企业在经营、投资和筹资等活动中形成的现金流入与现金流出及现金净流量情况,表明企业的财务(或理财)能力。会计报表的编制应当遵循连续性原则、以账簿为根据的原则、真实性原则以及公开性原则。

会计报表主要包括资产负债表、损益表、现金流量表以及相关的附属明细表。会计报表的种类按照不同的方法有不同的分类。

1. 按照会计报表的编制时期是否确定,分为定期报表和不定期报表。定期报表是按固定日期编制的会计报表,包括年度会计报表、中期会计报表、季度会计报表和月份会计报表。不定期报表是不定期地编制和反映企业日程或特殊情况的会计报表。

2. 按照会计报表的用途和作用,分为基本会计报表和附属会计报表,基本会计报表又称主表,是总结反映企业一定期间的经营成果和财务状况及其变动的报表,其反映的内容简明扼要、重点突出,能够使使用者全面而直观地了解企业的情况,如资产负债表、损益表和现金流量表等。附属会计报表又称附表,用以补充说明主表中某些项目的详细情况,如利润分配表、主营业务收支明细表和股东权益增减变动表等。

3. 按照会计报表所反映的资金运动状态,分为静态报表和动态报表。静态报表是反映企业资金运动处于相对静止状态时的情况的会计报表,如反映企业某一特定日期资产、负债和所有者权益情况的资产负债表。动态报表是指反映企业资金运动状况的会计报表,如反映企业一定期间的经营成果情况的损益表,反映企业一定会计期间内营运资金来源和运用及其增减变动情况的财务状况变动表等。

会计报表的作用在于系统而有重点地、简明扼要地反映商事主体的财务状况和经营成果,并向商事主体的经营管理机关、投资者、债权人、政府有关部门等会计报表使用人提供必要的财务资料和会计信息。因此,现代各国中,按规定编制和报送会计报表是商事主体必须履行的法定义务。如《德国商法典》规定:“商人必须从其商事经营之始,以及于每一个营业年度之结束编制一份表明其财产和债务关系的结算账”。我国《会计法》也规定,“各单位按照国家统一的会计制度的规定,根据账簿记录编制会计报表,报送财政部门和有关部门”。

(二) 财务情况说明书

财务情况说明书是对企业一定期间内经济活动进行分析、总结的文字报告,它补充了会计报表无法表达的内容。财务情况说明书主要包括下列事项:

1. 企业的生产经营状况,利润实现和分配情况,现金流量的增减和分布情况,税金缴纳情况,各项财产物资变动情况等;

2. 对本期或下期财务状况发生重大影响的事项;

3. 资产负债表日后至报出报表前发生的，对企业财务状况发生重大影响的事项；

4. 其他需要说明的重大事项。

第三节 商事账簿的编制

在任何国家，商事账簿都必须依照法律法规或会计准则的相关规定而制作，并应当遵循商事账簿编制的原则与要求。关于商事账簿的法律，法国、德国、日本等有商法典的国家，是被规定在商法典中的。在我国，商事账簿的编制主要依据是《会计法》和财政部颁布的《企业会计准则》、《企业财务通则》及各行业会计制度等相关规定。

一、商事账簿的编制原则

商事账簿的编制原则是对商事主体进行会计核算的基本要求，根据《企业会计准则》，企业应当以权责发生制为基础进行会计确认、计量和报告。企业应当按照交易或者事项的经济特征确定会计要素。会计要素包括资产、负债、所有者权益、收入、费用和利润。对会计信息质量的要求有以下几项原则，它是我国会计核算工作应遵循的最基本的原则性规范。

1. 客观性原则。它是指商事主体编制商事账簿应当以实际发生的交易或者事项为依据进行会计确认、计量和报告，如实反映符合确认和计量要求的各项会计要素及其他相关信息，保证会计信息真实可靠、内容完整。

2. 相关性原则。它是指商事账簿提供的会计信息应当与财务会计报告使用者的经济决策需要相关，有助于财务会计报告使用者对企业过去、现在或者未来的情况作出评价或者预测。

3. 可比性原则。它是指商事主体提供的会计信息应当具有可比性。不同商事主体发生的相同或者相似的交易或者事项，应当采用规定的会计政策，确保会计信息口径一致、相互可比。它强调的是不同会计主体的横向比较。

4. 一贯性原则。它是指同一商事主体在不同时期发生的相同或者相似的交易或者事项，应当采用一致的会计政策，不得随意变更。确需变更的，应当在附注中说明。可见，它要求同一会计主体在不同时期尽可能采用相同的会计程序和会计处理方法，便于不同会计期间会计信息的纵向比较。

5. 及时性原则。它是指会计核算工作要讲求时效。要求会计处理及时进行，以便会计信息及时利用。商事主体对于已经发生的交易或者事项，应当及时进行会计确认、计量和报告，不得提前或者延后。否则，事过境迁的信息是没有决策价值的。

6. 明晰性原则。它是指商事主体提供的会计信息应当清晰明了,便于财务会计报告使用者理解和使用。换言之,会计信息应当具有“可理解性”或“可读性”。

7. 谨慎性原则。它是指商事主体对交易或者事项进行会计确认、计量和报告时应当保持应有的谨慎,不应高估资产或者收益、低估负债或者费用。

8. 重要性原则。它是指商事主体提供的会计信息应当反映与企业财务状况、经营成果和现金流量等有关的所有重要交易或者事项。一般而言,对资产、负债、利润等有较大影响并进而影响会计信息使用者据以作出合理判断的交易与事项,属于重要会计事项。

9. 实质重于形式原则。它是指企业会计主体应当按照交易或者事项的经济实质进行会计确认、计量和报告,不应仅以交易或者事项的法律形式为依据。这说明经济生活纷繁复杂,应透过现象看本质。该原则目的在于确保会计信息真实、准确地反映企业的财务状况、经营业绩和现金流量情况。

二、商事账簿编制的方法

(一) 商事账簿编制的几项前提(假设)

1. 会计主体假设

编制商事账簿需要有许多前提条件,其中首要的是要有明确的会计主体。会计主体是指经营上或经济上具有独立性或相对独立性的单位。会计主体假设把会计处理的数据和提供的信息,严格限制在这一特定范围,即某个特定会计主体提供的信息不应同任何其他主体相混淆,也必须同主体的所有者的资产、负债或其他经济问题划清界限,这样提供的会计报表才能准确反映企业的财务状况和经营成果。正如《企业会计准则》第5条规定,企业应当对其本身发生的交易或者事项进行会计确认、计量和报告。

2. 持续经营假设

《企业会计准则》第6条规定,企业会计确认、计量和报告应当以持续经营为前提。持续经营假设是指如果不存在明显的反证,会计主体的经营活动在时间上将持续下去。这里的“反证”指那些表明企业的经营将在可以预计的时刻结束。如在可以预见的将来,会计主体不会进行清算,它所持有的资产将按照预定的目标在正常的经营过程中被耗用、出售或转让,它所承担的债务也将如期偿还。① 换言之,有了这项假设可以保证会计准则、会计方法、会计程序能够得到恰当贯彻,从而提供可信赖的会计信息。这是商事账簿赖以生存的又一个重要前提条件。

---

① 参见刘燕:《会计法》,北京大学出版社2001年版,第88—89页。

3. 会计期间假设

企业的经营活动总是持续不断的，不可能等企业全部经营结束时才结算账目。为了及时提供财务信息，就得将持续经营的时间划分为较短的特定的会计区间。会计期间假设的含义是，连续不断的经营过程可以被划分为相等的时间单位，以便对企业的经营状况进行及时、连续地反映。这种为了会计核算的需要人为划分的相等的时间单位，就称为会计期间。根据《会计法》和《企业会计准则》，企业应当划分会计期间，分期结算账目和编制财务会计报告。会计期间分为年度、中期、季度和月份，即应当按年、按中期、按季、按月分期结算账目，编制会计报表。其中，年度、季度和月份的划分与公历日期相同，即每年 1 月 1 日起至 12 月 31 日止为一个会计年度，每季度的第一个月的 1 日至该季度的最后一天为一个会计季度，每月的第一天至最后一天为一个会计月份。中期是指短于一个完整的会计年度的报告期间。按《股份有限公司会计制度》的规定，中期财务报告是指在每个会计年度的前六个月结束后对外提供的财务报告。

4. 货币计量与币值稳定假设

货币计量与币值稳定假设的含义是，整套财务报告以货币作为基本衡量单位，而且假设货币的币值是基本稳定的。因此，不存在因不同时期币值的变化而调整账面数据的问题。《企业会计准则》第 8 条规定，企业会计应当以货币计量。这说明商事账簿要以货币作为计量单位量度一切经济业务，换言之，账簿的记录、汇总、分析和报告都要以货币作为统一的价值尺度，以货币作为计量本位币。而且，这种货币在价值上应该是稳定的。

（二）商事账簿的记载方法

我国《会计法》和《企业会计准则》对商事账簿的记载作了三方面的要求。

1. 统一适用借贷记账法。即以“资产 = 负债 + 所有者权益”这一会计恒等式为理论依据，以“借”和“贷”为记账符号，用以反映商事主体资金增减变化的复式记账法。

2. 以人民币为记账本位币。我国的法定货币是人民币。会计核算以人民币为记账本位币。业务收支以外国货币为主的单位，也可以选定某种外国货币作为记账本位币，但是，编报的会计报表应当折算为人民币反映。

3. 记录文字使用中文。在我国，使用中文记录是编制商事账簿的一般原则。在少数民族自治区或外商投资企业、外国企业，在使用中文记录的基础上，也可同时使用少数民族文字或某种外国文字。

第四节　商事账簿的效力与保管

一、商事账簿的效力

符合法律规定的条件制作的商事账簿，具有法律效力。对这个问题，虽然各国有不同规定，但一般认为，这种效力主要体现在三个方面。其一，在法律诉讼中，商事账簿具有重要的证据效力；其二，在商事交互计算中，商事账簿是交易各方进行会计核算的重要依据；其三，在商事监督管理实践中，商事账簿是进行稽核审计、税率计算、资产评估等的重要依据。

从世界范围看，德国和法国对商事账簿的证据效力及举证作了比较详细的规定。如《法国商法典》第12条规定："一切合于规则的商事账簿，就商人之争，可以在商人之间作为证据。"《德国商法典》也规定："商事账簿的记载必须用适当的语言和文字，账簿应为制本，每页印有编号，记账不许有空白间隔，计入的数目、事项不许篡改、变更，还必须有商人署名。这样的账簿，法院可以命令当事人或由当事人自己提出作为民事诉讼中的证据。"可见，依法编制的账目因其对商事主体资产和经营状况真实、全面、系统地记载，使它成为处理经济纠纷或查处违法犯罪行为时最有利的事实依据。它可被法院接受作为重要的证据材料。在德国除《商法典》外，《民事诉讼法》也规定，在民事诉讼过程中，当事人有义务出示相关的商事账簿资料，同时也规定了法院享有对这些资料的审查权。① 我国的法律法规未就商事账簿的法律效力作出明确规定，但从立法及司法实践看，商事账簿无疑是重要的物证，具有很高的直接证明效力。②

二、商事账簿的保管

商事账簿是企业的重要档案，也是国家档案的重要组成部分。各国法律都不同程度地规定了商事主体对商事账簿资料在一定期间内要妥为保管的义务。但对于不同的商事主体，保管的方式和期限要求不一。商事账簿在有效期内具有法律证明效力，不得销毁。关于商事账簿的保管期限各国规定不同，多数采取确定期限制，如德、法、日等国规定为10年，西班牙较短，为5年，荷兰最长，为30年。但也有采用不定期限的，如智利以营业持续期限为准，巴西以债权时效消灭以前为准。

我国对商事账簿的保管也采取期限制，财政部和国家档案局1984年制定的《会计档案管理办法》，对会计档案的范围、立卷、归档、保管、借阅、交换、保存期

---

① 参见范健：《德国商法：传统框架与新规则》，法律出版社2003年版，第281页。

② 参见《深圳经济特区商事条例》第44条。

限以及销毁,都作了规定。该管理办法规定,会计档案分为永久和定期两种,因账簿种类的不同而有所差别。永久会计档案如涉及外事的会计凭证、年度决算报表永久保存,各种账簿和凭证至少保存10年,月报、季报保存3—5年。在保管期限内,商事主体应当按照国家有关规定建立档案,妥善保管有关商事账簿,不得销毁、损坏和遗失。如果商事主体未尽妥善保管义务,将被追究严格的法律责任。造成严重后果的,还将追究有关人员的刑事责任。而且根据公司法相关规定,公司不仅应妥善保管商事账簿,还应按照法律或公司章程的要求及时向公司股东提供商事账簿。

第五节 商事账簿信息的披露

一、商事账簿信息披露的义务主体及特点

并非所有的商事主体都有义务披露商事账簿的信息。在各类商事主体中,有义务披露商事账簿有关信息的是股份有限公司中的上市公司。换言之,上市公司不仅应当按法律法规及会计准则的规定制作商事账簿,将商事账簿送交注册会计师事务所审计,还必须遵守定期向社会公众披露其商事账簿有关信息的法定义务。这主要因为上市公司是公众公司,按法律规定定期披露有关信息可以使社会公众和广大投资者了解其财务状况和经营状况。因此,各国法律对上市公司都规定了这项义务。

这项义务在证券法里叫信息披露(公开),它主要是为股份发行人在发行市场、交易市场依法向证券监督管理机构以及投资者报告自身经营、资产以及财务等状况而设置的一种制度。凡在发行市场的信息公开,称为初始信息公开。而在交易市场的信息公开,称为持续信息公开。持续信息公开是公开原则在交易市场中的反映。与发行市场的信息公开相比,持续信息公开具有以下几个特点:(1)公开的功能不单是让投资者了解公司,更主要的是为投资者提供证券交易价值判断的依据;(2)信息公开不是一次性完成的,而是要持续不断地进行。上市公司只要继续存在,只要有影响价格形成的因素或情况产生,就需履行公开义务;(3)信息公开的形式和内容在法律上有不同的要求。持续信息公开主要涉及上市公告书、年度报告、中期报告及临时报告等,而初始信息公开主要是招股说明书、配股说明书、募债说明书等。①

为了对发行人、上市公司披露的信息予以规范,中国证券监督管理委员会专门发布了《公开发行股票公司信息披露实施细则》以及《公开发行股票公司信息

① 参见顾功耘主编:《商法教程》,上海人民出版社、北京大学出版社2006年版,第258页。

披露的内容与格式准则》,其中第2号是关于年度报告的内容和格式,第3号是关于中期报告的内容和格式,第7号是关于上市公告书的内容和格式。这些都构成持续信息公开的重要依据。

二、上市公司披露的财务报告及其原则

(一)上市公司定期披露的财务报告

上市公司定期披露的报告有年度报告和中期报告。

年度报告是依法编制的反映公司整个会计年度生产经营状况及其他各方面基本情况的法律文件。股票或公司债券上市交易的公司应当在每一会计年度结束之日起四个月内向国务院证券监督管理机构和证券交易所提交年度报告,并予公告。其主要内容包括:(1)公司概况;(2)公司财务会计报告和经营状况;(3)董事、监事、高级管理人员简介及其持股情况;(4)已发行的股票、公司债券情况,包括持有公司股份最多的前十名股东名单和持股数额;(5)公司的实际控制人;(6)证券监督管理机构规定的其他事项。

其中,公司的财务会计报告是年报中非常重要的内容。年度财务会计报告作为年度终了对外提供的财务报告,它包括的报表种类和揭示的信息最为齐全,可以全面反映企业一个会计年度内经营活动的基本情况。年度财务会计报告包括会计报表和会计报表附注。按《股份有限公司会计制度》的规定,会计报表包括资产负债表、利润表、现金流量表以及相关的附属明细表;会计报表附注主要包括以下内容:不符合基本会计假设的说明;会计政策的说明,包括合并政策、外币折算(包括汇兑损益的处理)、资产计价政策、租赁、收入的确认、折旧和摊销、坏账损失的处理、所得税会计处理方法等;会计政策和会计估计变更的说明;关联方关系及其交易的披露(关联方关系及其交易,按《企业会计准则——关联方关系及其交易的披露》规定的原则和方法披露);或有事项和承诺事项的说明;资产负债表日后事项的说明;资产负债表上应收、应付、存货、固定资产、在建工程、借款、应交税金、递延税款等重要项目的说明;盈亏情况及利润分配情况;资金周转情况;其他重大事项的说明。

中期报告是依法编制的反映公司上半年生产经营状况及其他各方面基本情况的法律文件。股票或者公司债券上市交易的公司,应当在每一会计年度的上半年结束之日起两个月内,向国务院证券监督管理机构和证券交易所提交中期报告,并予公告。其主要内容包括:(1)公司财务会计报告和经营情况;(2)涉及公司的重大诉讼等事项;(3)已发行股票、公司债券变动情况;(4)公司提交股东大会审议的重大事项;(5)证券监督管理机构规定的其他事项。

可见,公司的财务会计报告是其中非常重要的内容。按《股份有限公司会计制度》的规定,中期财务报告应如下编报:

1. 中期财务报告包括会计报表和会计报表附注。会计报表至少应包括资产负债表和利润表;会计报表附注应当披露所有特别重大的事项,如转让子公司等。

2. 中期财务报告采用的会计政策和会计处理方法一般应与年度财务报告一致,但年度会计报表附注中披露的除特别重大事项外,在中期财务报告中可不予披露。

3. 中期财务报告报出前发生的资产负债表日后事项、或有事项等,除特别重大事项外,可不作调整或披露。

另外,按《股份有限公司会计制度》的规定,公司的财务报告应当报送当地财政机关、开户银行、税务部门、证券监管部门。需要向股东提供财务报告的,还应按有关规定向股东提供财务报告。公司的年度财务报告应当在召开股东大会年会的20日以前置备于本公司,供股东查阅。财政部门、开户银行、税务部门、证券监管部门对于公司报送的财务报告,在公司财务报告未正式对外披露前,有义务对其内容保密。

(二)上市公司披露财务报告应遵循的原则

1. 真实、准确、完整原则

上市公司的财务报告是反映公司经营状况的重要材料,也是投资者判断是否投资的重要依据,因此,法律要求上市公司必须确保公司财务报告的真实性、准确性和完整性,不得有虚假记载、误导性陈述或者重大遗漏。所谓虚假记载,是指将不真实的情况说成是真实的情况;所谓误导性陈述,是指文件起草人利用夸大事实诱导投资者相信的语言宣传自己的情况;所谓重大遗漏,是指一些与投资者利益密切相关而没有在有关法律文件中反映出来的重大信息。

上市公司董事、高级管理人员应当对公司定期报告签署书面确认意见。上市公司监事会应当对董事会编制的公司定期报告进行审核并提出书面审核意见。上市公司董事、监事、高级管理人员应当保证上市公司所披露的信息真实、准确、完整。

公开的文件如果存在虚假记载、误导性陈述或者有重大遗漏,致使投资者在证券交易中遭受损失的,发行人、承销的证券公司应当承担赔偿责任,发行人、承销的证券公司负有责任的董事、监事、经理应当承担连带赔偿责任。发行人、承销的证券公司及其董事、监事、经理是持续信息公开的责任主体,明确他们的民事赔偿责任,有助于有关公开文件的依法编制和公开,确保公开信息的真实性、准确性和完整性。

另外,因为上市公司的财务报告的制作需要很强的专业知识,必须经过专业的会计师事务所审计,以确保它的真实性、准确性和完整性,维护广大投资者的合法权益。若相关会计师事务所提供虚假审计报告或律师事务所出具失实法律意见书，也应承担相应法律责任。

2. 及时原则

上市公司的财务状况对公司的股票价格有直接影响。因此，上市公司应按规定的第一时间及时披露财务报告。及时公布财务报告，也有利于防止内幕交易的出现而损害投资者的利益。